CARA E'CRIMEN

Pablo Medina Carrasco

Créditos

Autor:	Pablo Medina Carrasco
Editores:	Yolanda Medina y Luis Medina
Supervisora de Producción:	Aleira Maniord
Diseño de Logo:	Kevin Barrios
Diseño y composición:	Jacqueline Landaeta

La información en este libro era correcta en el momento de la publicación, pero el Autor no asume ninguna responsabilidad por pérdidas o daños causados por errores u omisiones.

Estos son mis recuerdos, desde mi perspectiva, y he tratado de representar los acontecimientos de la manera más fiel posible.

Yo, Pablo Marcial Medina Carrasco, autor del libro **CaraE'Crimen** otorgo los debidos reconocimientos a las siguientes personalidades que hicieron posible la publicación de esta obra:

Al historiador Eduardo Guzmán Pérez, a quien tuve el honor de entrevistar y concederme valiosas informaciones. Al escritor Edilio Peña por sus interesantes consejos; y, quien es el autor de la contraportada.

A la Dra. en Educación y licenciada en Comunicación Social Yolanda R. Medina C. por las acertadas opiniones y correcciones que aportó en la redacción de este libro. A las amigas periodistas Alfonsina Ríos, Roberta Montesinos y Glenda Miranda por sus inapreciables colaboraciones. Al amigo David Natera del Correo del Caroní por las extraordinarias fotografías de Guayana (estado Bolívar).

1ª edición: Febrero 2022
CaraE'Crimen 9798443260754
LCCN: 2022902197

"La Cumbre de un Líder" por Edilio Peña

Hay hombres que hacen de la épica de su nación, la épica de su vida. Son aquellos que no persiguen la gloria ni la trascendencia, sino la justicia, la dignidad y los beneficios que hagan feliz la vida de sus semejantes. Es la razón del espíritu ético de todo verdadero servidor público. Eso representa y ha significado Pablo Medina al fundir su corazón con el de la Venezuela profunda. Su patria amada.

Pablo Medina es un auténtico líder del pueblo venezolano porque como hijo dilecto del mismo, ha asumido la pasión suprema de luchar por liberarlo tanto como ayer y hoy, en diferentes escenarios, donde hasta su propia vida se ha jugado. En el pasado, cuando el pueblo venezolano fue víctima de una democracia populista, corrompida y represiva; y ahora, cuando ese mismo pueblo es sojuzgado por una dictadura aliada a grandes potencias vinculadas al narcotráfico, el terrorismo y el mercado voraz que saquea naciones frágiles y vulnerables en el orden institucional y ético.

La acción del liderazgo de Pablo Medina ha develado el pasado oculto y el presente que se ha querido sustraer para evitar la creación de una verdadera democracia que dignifique la vida de cada venezolano. Este, su nuevo libro, CARA E'CRIMEN, es el testimonio inédito, contundente y deslumbrante de su lucha incesante por liberar a Venezuela de la actual dictadura que la oprime con hambre, enfermedad, degradación y tristeza. Aunque una rebelión de rabia acecha. Pero también el libro, expone la ambigüedad de una oposición que rindió su compromiso con la patria ante la dictadura actual, al abortar el cese de la usurpación, el gobierno de transición y las elecciones libres.

La prosa con la que está escrito este libro, no sólo da cuenta de los acontecimientos políticos y sociales junto a sus caracteres que los protagonizaron, sino que también en esa frondosa y lúcida prosa, nos encontramos con un brillante escritor de la épica venezolana, en sus momentos más cumbres, laberínticos y tormentosos de las últimas décadas, como nunca antes habíamos leído.

Índice

Índice

Índice

Prólogo

Al Bravo Pueblo

En la música está la palabra de Dios, como la presencia viva de todas las artes que acompañan al ser humano en lo bueno que cultiva para sus semejantes y para sí, con el fin de protegerlo del mal, la oscuridad y el crimen que encarnan a aquellos disfrazados de sus hijos dilectos. A Venezuela hay que devolverle la luz que la iluminó, porque la vida de sus habitantes fue secuestrada y reducida en un lento mortal.

Existe un paralelo entre el pueblo de Venezuela sumido en su actual tragedia que la oprimen los actuales

Oswaldo Munoz

poderosos, y aquel pueblo de Israel que nos recuerda la memoria de los tiempos. La historia pareciera repetirse como una enseñanza que no terminamos de aprender. Especialmente en el momento en que el pueblo de Israel era prisionero del Rey Nabucodonosor en Babilonia, cuando Dios es decir Jehová, los castigó por adorar a otros dioses como Molot, Astarté y Ouenós y cuando habiendo jurado los mandamientos los olvidaron, porque la falta de fe los debilitó ante la responsabilidad que los comprometía.

Siglos después, más allá de las arenas y los desiertos lejanos, en una circunstancia similar, frente al inmenso Mar Caribe con su ardoroso trópico, muchos venezolanos olvidaron el sentido de Patria ganada en su independencia con la ayuda divina de Dios que condujo a sus próceres épica valiente y estelar, y se dedicaron a saquearla desde el poder en nombre de falsas democracias y revoluciones anacrónicas que se importaron a través de un sofisticado coloniaje que dirigió la dictadura cubana. Desde entonces, hoy el paisaje de la patria venezolana luce desolado, deprimido, impotente y triste. Desilusionado de fraudulentas y engañosas elecciones. ¿Quiénes robaron su riqueza?, ¿Quiénes la alegría de su gente? Preguntas que resuenan y que tienen su respuesta en este libro, CaraE'Crimen, escrito por Pablo Medina.

Giuseppe Verdi, en una de sus óperas, inmortalizó ese momento triste y duro para los prisioneros del pueblo de Israel, y escribió la ópera Nabucco. Donde pone a volar " ¡El pensamiento con alas doradas!". "Recuerda el río Jordán donde Juan el Bautista bautizó a Jesucristo. La memoria de la historia sobre las destruidas torres de Sion y exclama " ¡Ay mi patria tan bella y abandonada! " ¡Revive en nuestros pechos el recuerdo, háblanos del tiempo que fue, canta un crudo lamento! "…" ¡O que te inspire el Señor una melodía que nos infunda valor en nuestro padecimiento! ".

Venezuela está destruida como las torres de Sion en aquel momento devastador y culminante que nos recuerda la historia. Su paisaje humano y geográfico lo han desdibujado, convirtiéndolo en un espectro que vaga entre las sombras. El Amazonas pulmón de la humanidad está sometido a un ecocidio sin dolientes. Poniendo en peligro a todo ser viviente. No olvidemos que con la respiración Dios nos trajo al mundo con un grito. En Venezuela, los apagones eléctricos dañan los pocos alimentos que la gente puede comprar y precipitan la muerte de aquellos seres que están tratando de salvarle la vida en un quirófano. Los venezolanos han terminado por iluminarse con las llamas de las velas que se hunden en las cuencas de sus ojos. Cuántos niños han muerto en los hospitales por no contar con las proteínas necesarias o por no poder ser amamantados por una madre desnutrida, sin leche en sus pezones. En Venezuela, los ataúdes han desaparecido y los cadáveres son enterrados en un saco de piel que es lo último que se llora.

La peor tortura es someter a un pueblo al hambre. La comida, esa ausencia vital para poder existir. Especialmente cuando abundan Bodegones, donde los enchufados y corruptos del régimen, compran las exquisiteces a precios elevados en monedas extranjeras. El dólar, paradójicamente, es la insignia de la dictadura. Mientras la mayoría del pueblo no puede abrir la boca porque no halla que masticar o tragar más allá de la lengua. Por eso muchos hambrientos han terminado por hurgar en la basura, a la búsqueda del alimento que no consigue en su dura y penosa realidad cotidiana. En Venezuela nadie tiene un poder adquisitivo digno para comprar alimentos, mucho menos, para adquirir medicinas.

Hay un paralelo entre Nabucodonosor y Nicolás Maduro. El primero rey de Babilonia, y Nicolás Maduro, dictador de la que una vez fue una

República próspera: Venezuela. Nicolás Maduro es el dictador que se hace llamar presidente y que no es venezolano. La República de Colombia lo sabe. Su ambición y capacidad destructiva lo ha llevado a aliarse con el terrorismo internacional para someter a los venezolanos en una cárcel con dimensiones y con el régimen de un campo de concentración. Eso ha hecho que más de siete millones de venezolanos hayan huido, desesperados, hacia un exilio con el que buscan vencer la incertidumbre y la nostalgia de regresar a la patria amada cuando se conquiste la libertad. No es Justo que esta tragedia acontezca en la patria del libertador Simón Bolívar que liberó buena parte de un continente.

CaraE'Crimen, de Pablo Medina, es un libro excepcional que hace un trazado profundo y vital por lo histórico, social, existencial, y por las causas erráticas que propiciaron los protagonistas que le infligieron una de las heridas más dolorosas a Venezuela y que nos compromete restaurar hoy, sin olvido, venganza ni impunidad. La sangre derramada que pudo ser la nueva generación nos los reclama desde las largas avenidas donde protestaron por más allá de dos décadas, de los antros de torturas que fueron convertidos en tumbas heladas, de aquellos fusilados en los cerros por ser los más pobres y desvalidos, pero desde donde también acecha, la rebelión de un bravo pueblo que la actual dictadura de Nicolás Maduro teme con horror.

Oswaldo Muñoz

Hace dos años me sentía en deuda con mi querido y arruinado país. El estar en conocimiento de acontecimientos que fueron vitales para llegar a este triste y dolorosa situación. por lo cual, consideré oportuno darlos a conocer a los venezolanos mediante este medio. Estar en el exilio era una oportunidad valiosa pero solo contaba con un celular para materializar el anhelado propósito. Conociendo el abogado Roy Bayer y el empresario Sareto Carnata de mi intención de narrar todos estos momentos del acontecer nacional, me regalaron una laptop en mi cumpleaños del 30 de junio del 2020 y a partir de ahí se acabaron las excusas. Durante varios meses me concentré y senté frente a mi computadora a desentrañar los hechos.

Dos estimados amigos me acompañaron desde el inicio en este duro trajinar, el consagrado escritor Edilio Peña; y el analista de Inteligencia y Seguridad Nacional e historiador J. Eduardo Guzmán Pérez. Con Edilio me fue muy útil precisar la parte psicológica de los personajes; y, porque además, cada noche al fin de mi jornada manteníamos sabrosas e importantes conversaciones sobre autores y libros que habíamos leído.

Con Guzmán Pérez, que en sí mismo es un centro de información, una especie de pendrive, precisamos fechas, momentos y circunstancias de varios temas complejos. Especialmente lo relacionado con la enfermedad y muerte de Hugo Chávez, que estoy seguro permitirá al lector formarse una idea más precisa sobre este capítulo de la historia de gran trascendencia continental.

A la periodista Glenda Romero, quien nos localizó fotos inéditas de la tormentosa y triste realidad de nuestro país, Igualmente nuestro agradecimiento al Correo del Caroní, medio periodístico que forma parte de la historia de Guayana. Extensivo mi agradecimiento a las periodistas Roberta Montesinos y Alfonsina Ríos por la información brindada.

A mi hermana, la periodista Yolanda Rosa, quien me ha apoyado en todos los requerimientos de mi estadía en Miami. Ella ha sido un apoyo sólido para todo lo relacionado con este libro **"CaraE'Crimen"**.

Y, a mi hermano Luis Alberto Medina, presidente de Uno Productions, quien junto a su empresa, ha sido mi artífice y soporte para hacer realidad la publicación de **"CaraE'Crimen"**.

Dedicatoria

Dedico este nuevo libro a mi padre Alberto Jota Medina quien nos marcó en el camino de las letras y a nuestras abuelas Dominga Medina y Juana Carrasco quienes sembraron el pasado en nuestros corazones. Al hermano número 12 Simón Enrique, quien a pesar de su temprana desaparición, siempre está presente entre nosotros.

A mi madre María Luisa Carraco poeta, cantante de música sacra, promotora de la cultura y ex prefecta de mi querido pueblo de El Tocuyo quien libra la lucha más importante de su vida y nosotros junto a ella.

A mis hijas Sarah, Achaba y Elizabeth a quienes por circunstancias de mi actividad política no pude darles todo el amor que merecían, aunque saben que las amo.

Al pueblo venezolano que sufre día a día un encarcelamiento espiritual y la más atroz de las torturas, la del hambre.

A las madres venezolanas que soportan con estoicismo estas torturas, que sueñan con la esperanza de una vida diferente. A las mujeres con quienes me he relacionado de múltiples maneras a lo largo de mi vida.

A mi inolvidable amigo y líder Alfredo Maneiro, quien me guio por el complejo mundo del arte de la política.

A mis compadres el senador Luis Lizardi y al abogado Diego García Urquiola, al economista; abogado Luis Eduardo Ortega; y al insigne luchador Víctor Martínez, Ignacio Muñoz, César Caballero y profesor Pedro Duno quienes ya se nos fueron, pero los extraño profundamente.

A Oscar Pérez, los hermanos Lugo, al Capitán de Corbeta Carlos Acosta Arévalo, a todos los que han sufrido torturas y persecuciones de este régimen salvaje.

Y a todos los que compatriotas asesinados por el narco régimen de Chávez, quienes ofrendaron su vida por la democracia y libertad de nuestra patria, y con quienes tenemos el compromiso asumido de que con la Resistencia en la Nueva República apoyaremos la construcción un nuevo panteón Nacional para honrar sus memorias. Ellos son en el periodo de Maduro: Jairo J, Ortiz B., Daniel A. Queliz A., Miguel Á. Colmenares M., Bryan D. Jiménez P., Gruseny A. Canelón S., Carlos J. Moreno B., Niumar J. San Clemente B., Paola Ramírez G., Elio M. Pacheco P. ,Jairo Ramírez, Robert J. Centeno B., William H. Marrero R., Jonathan A. Menezez L., Romer E. Zamora, Kenyer A. Aranguren P., Yorgeiber R. Barrena B., Albert A. Rodríguez A., Ramón E. Martínez C., Francisco J. González N., Kevin S. León G., Manuel Pérez , José R. Gutiérrez, Ángel L. Salas , Estefany Tapias M. Mervins F. Guitian D., Almelina Carrillo V. , Jesús L. Sulbarán, Luis A. Márquez, Renzo J. Rodríguez R., Orlando J. Medina A., Jackson E. Hernández, Christian H. Ochoa S., Juan P. Pernalete Ll. , Eyker D. Rojas G, Yonathan E. Quintero A., Ángel E. Moreira G., Carlos E. Aranguren S., Ana V. C. de Hernández, María de los Ángeles Guanipa B. , Armando Cañizales , Gerardo Barrera, Bebé recién nacida, Hecder V. Lugo P. , Jesús A. Alonso V. , Jesús A. Sarmiento, Miguel J. Medina, Luis E. Pacheco, Carlos Mora, Daniel Gamboa, Anderson E. Dugarte , Miguel F. Castillo B., Luis J. Alviarez Ch. , Diego A. Hernández B., Yeison N. Mora C., Diego F. Arellano De Figueredo, José F. Guerrero, Manuel F. Castellanos M., Freddy J. Ramírez C., Andinson R. Márquez R.,Yeiber O. Guzmán Y., Paúl R. Moreno C., Daniel Rodríguez, Jorge D. Escandon C. Edy A. Terán A., Yorman A. Bervecia C., Jhon A. Quintero, Elvis A. Montilla P. Alfredo J. Briceño C., Miguel Á. Bravo R., Ynigo J. Leiva, Freiber D. Pérez V., Juan A. Sánchez S., Erick A. Molina C., Augusto S. Pugas V., Adrián Duque, Manuel Sosa, Danny J. Subero, César D. Pereira V., Nelson Moncada G., María E. Rodríguez, Luis M. Gutiérrez M., Yoiner J. Peña H., Orlando J. Figuera, Edwar J. Paredes, Neomar Lander, Sócrates Salgado, Douglas Acevedo S., José A. Lorenzo G., Luis A. Machado, Luis E. Vera, José G. Pérez P., Iván Bastidas, Nelson D. Arévalo A., Lendy Guanipa M., Luis A. Montiel H., Fabián Urbina, David J. Vallenilla L., Ronny A. Parra A., Jhonatan J. Zavatti S., Javier A. Toro T., Alexander R. Sanoja S., Isael J. Macadán, Roberto Durán, Luiyin A. Paz B., Víctor M. Betancourt G., Alfredo Figuera, Eduardo J. Márquez A., Rubén Morillo, José G. Mendoza D., Fernando Rojas, José R. Bouzamayor B., Ramsés E. Martínez, Engelberth A. Duque C, Jhonathan A. Giménez V., Rubén D. González J., Oswaldo R. Britt, Yanet Angulo P., Manuel Á. Villalobos U., Xiomara Soledad S., Héctor A. Anuel B., Juan Moleiro, Andrés J. Uzcátegui Á., Ronney E. Tejera S., Eury R. Hurtado, Víctor M. Márquez, Yamile M. Vásquez G., Carlos A. Paredes C., Rafael A. Vergara, Jean C, Aponte, Enderson Caldera, Glimber Terán, Leonardo González B., Rafael Canache, José M. Pestano, Oneiver Quiñones R., Eduardo Rodríguez G., José G. Leal V., Marcel Pereira, Iraldo J. Gutiérrez, Ángelo Méndez, Eduardo Olave, Wilmer Flores C., Ricardo Campos, Luis Zambrano, Luis Ortiz, Albert Rosales, Adrián Rodríguez, Ronald D. Ramírez R., Juan J. Monjes P., Ender R. Peña S., Miguel Urdaneta, José Sánchez, Haider Ocando, José Cárdenas, Antoni R. Labrador, Daniela de Jesús Salomón M., Jhonny A. Colmenares C., Ramón Rivas, Martín S.

Baudin Q., Willmerys Zerpa, Eduardo Orozco, Luis G. Espinoza C., Alixon Osorio Dos Santos P., Stefany M. Layoy N., Franklin A. Figuera, Carlos A. Olivares B., Cleiner J. Romero, Luisdy Bolívar, Ángel Tovar, Yeimbert J. Rangel, Efrén S. Castillo, Yhonny A. Hernández O., Edwar J. Marrero, Gustavo Ramírez, Wilmer Mendoza, Iván A. Álvarez F., Juan R. Medina T., Luigi Guerrero O. , Jhonny J. Pacheco V., Nick S. Borges , Yeskarly J. Gil , Emmanuel Zambrano, Francisco Acosta, Andrés R. Rodríguez O., Pedro Díaz, Kevin A. Cárdenas B., Luis A. Martínez, Germán Cohen, Rafael Alabbi, Yohni J. Godoy B., Frank D. Correa G.2, Adán Pérez, Luis F. Pérez, Robert Cabello, Daniel Véliz, Alfredo Núñez, Moisés Araujo, Zoraida Rodríguez, José E. Pérez M., Kleyber Pérez, Rolando García M., Bassil Da Costa, Juan C. Montoya, Robert Redman, José E. Méndez, Génesis Carmona, Luzmila Petit de Colina, Julio E. González P., Arturo A. Martínez, Elvis R. Durán De La Rosa, José A. Márquez, Geraldine Moreno, Willmer Carballo A. , Jimmy Vargas, Antonio J. Valbuena M., Joan Quintero, Eduardo Anzola, María J. Heredia, Giovanni Pantoja, Deivis Durán U., Luis Gutiérrez C., José G. Amaris C., Acner Isaac L., Lyon G. Rubilar, Daniel Tinoco, Jesús E. Acosta, Ramzor Bracho, Guillermo Sánchez, José Guillén A., Francisco Madrid, Anthony Rojas, Jhon Castillo, Wilfredo Rey, Argenis Hernández, Jesús Labrador, Adriana Urquiola, Miguel A. Parra, Luis A. Romero M., Roberto Annese, Mariana Ceballos, José Daza, José Steven Colina y Josue Farías.

A los venezolanos que soportan el viacrucis del destierro, a los que viajaron a pies largas jornadas huyendo del narco régimen hacia otros países y continentes, portando la huella tricolor de nuestra bandera, con la mirada y el corazón de un pueblo que no se rinde, poderosa razón por lo cual seremos libres como el pueblo de Dios, el pueblo de Israel.

A mi querida hermana Yolanda en Miami, porque gracias a su apoyo moral y espiritual logré hacer realidad este gran sueño.

Especialmente, doy gracias a Dios por iluminarme con su don de sabiduría; para que yo hiciera posible el relato de esta edición de **"Cara E 'Crimen"**.

Introducción

Historiadores; y amistades cercanas como el profesor Eduardo Guzmán, el periodista Napoleón Bravo, la periodista y profesora Angela Zago, el empresario y líder Luis Ortiz, Freddy Solorzano, mi estimado sacerdote y amigo José Palmar. Así, como sociólogos, internacionalistas y conductores de programas de medios de comunicación, reiteradamente me han preguntado con perspicaz curiosidad, el por qué, yo, en el año de 1994, cuando le abrieron las puertas de la cárcel de Yare, a Hugo Chávez, ya lo rechazaba y no ocultaba mi molestia y desazón al liderazgo del que fuera candidato y futuro presidente de Venezuela para 1998. Esta es mi respuesta: "Porque conocía de antemano su prontuario; y no me era ajeno que Hugo traía oculto en su buche un pacto de sangre con bandas criminales a quienes liberó en forma inmediata de la Cárcel de Yare. Cumpliendo así; con su juramento; y los mantuvo bajo perfil a lo largo de su gobierno".

Como yo conocía al personaje lo suficiente, me permito puntualizar que Chávez, carecía de una visión de estadista. Mas bien, era un intérprete de solapa. Desconocía con exactitud la historia de la gesta de nuestros héroes independentistas; y, de allí, que fabulara con persistencia fechas inexactas de la épica de Simón Bolívar. Este personaje faltaba al compromiso de la palabra empeñada. Sufría de una incontinencia verbal por el abundante litio metal que le suministraba el psiquiatra Edmundo Chirinos, a fin de, equilibrarle y apaciguarle su bipolaridad. Tratamiento que no le era suficiente para domesticar el impulso permanente de la manipulación de la cual hacía gala. "Se creía el Florentino del poeta Alberto Arvelo Torrealva, pero asumía con gran satisfacción la personalidad del Diablo como un futuro Farinelli que habría de ser castrato hacia el oscuro destino que lo esperaba y desconocía". Igualmente, creía personificar al Libertador Simón Bolívar, pero actuaba como el "Boves el Urogallo" de Herrera Luque; y, de Eduardo Guzmán Pérez. Pienso, que descubrió que no podía alcanzar la profundidad del lenguaje y su dimensión ética que compromete a aquel que tiene una voz propia, la verdadera voz del pueblo. Por eso, se agarró como un clavo ardiente en forma desproporcionada y grosera del célebre músico y poeta falconiano Alí Primera.

De la misma manera, en sus discursos, apelaba a las dolorosas y profundas páginas de Los Miserables de Víctor Hugo, dizque para justificar; que, el que tiene hambre tiene derecho a robar. Chávez fue siempre la fórmula sibilina que, en nombre de los pobres, reiteró para que sus civiles y generales le entraran a carrillo batiente al tesoro petrolero de la Republica. En algunos momentos podía derivar al vejamen o a la procacidad dirigida a sus opositores o enemigos. o incluso a su propia esposa Marisabel Rodríguez cuando en un acto público en cadena nacional, la amenazó con esta frase "Esta noche te daré lo tuyo". Quizás porque su lactante vital que lo movilizaba era un hondo resentimiento y odio, el cual fue sembrado en la primera familia que lo había procreado y fundado. Aunque sus carencias lo habían convertido en un cultor del engaño permanente.

Recuerdo que el legendario guerrillero Douglas Bravo, quien deambulaba por el país, quedó encantado con el joven militar sin conocerlo a fondo; y se ilusionó con la idea de que ese cadete pudiera redimirlo al convertirse en una punta de lanza dentro de las Fuerzas Armadas para crear un movimiento cívico militar. Pero Hugo se apropió con desfachatez del movimiento "El Tercer Camino" y la idea programática del viejo guerrillero, "El Árbol de las Tres Raíces", que lo apartaría, según Hugo, del capitalismo, el socialismo clásico y lo llevara a un proyecto que no culminó en nada, sino en la completa destrucción de Venezuela, que era lo que ansiaba su mentor Fidel Castro. De manera que el traidor Chávez burló esa promesa del comandante guerrillero; y, se embarcó en una conspiración donde los militares comandados por su generación jugarían el rol principal; y, su figura aparentemente estelar de un proceso que causaría la defenestración de las bases republicanas, con sangre, dolor y un torrente de lágrimas. En ese torbellino, era una pieza, un simple peón de fuerzas superiores, que se movía en la oscuridad con suprema astucia y habilidades en el ajedrez político militar a la caza de las oportunidades que se le presentaran.

Había momentos en que Hugo Chávez parecía hablar para sí mismo, en una especie de trance que lo conducía a un onanismo narcisista. Se creía la encarnación de Simón Bolívar; y, en reuniones con sus íntimos, exigía respeto ceremonial para tres sillas, porque consideraba que en ellas se encontraban presentes los espíritus del maestro Simón Rodríguez, de Ezequiel Zamora y Simón Bolívar. Amaba el mito que no podía ser y que lo llevó a desenterrar y profanar los restos del Libertador para configurarle un nuevo rostro que se pareciera más al suyo. Especialistas de la medicina anatomopatológica, y expertos informáticos de la configuración virtual, se dedicaron a crear la imagen que quería el obcecado de Sabaneta de Barinas. Entre los restos de una tumba buscaba una heredad que no le pertenecía. Un legado inmerecido. Un vestigio que desconocía su ADN. Quizás hubiese querido que su abuelo, un legendario cuatrero de carretera llamado Maisanta, hubiera tenido la estatura moral y libertaria de Simón Bolívar. Por eso trató de catapultarlo a prócer fundamental de su destino que consideraba libertario. Pero, cuando un compañero militar lo cuestionó en su despropósito, Chávez se vengó de lo que consideró una afrenta del crítico oficial; y ordenó que **el mayor Adames fuera atropellado** por un automóvil en las sombras de la noche. Esa fue una de las primeras rivalidades e instintos criminales conocidos, que ya se gestaban en aquel hombre. Este asesinato, fue lo que motivó a que su suegra, madre de la que fuera su pareja sentimental y confidente de Hugo, la historiadora y analista política venezolana, **Herma Mercedes Marskman, lo bautizara con el alias "Cara E'Crimen".** A quien la profesora, en su obra: "Chávez me utilizó", lo describe como un hombre carente de valores, principios, codicioso, ingrato, traidor y asesino.

De tal manera que, Hugo Chávez había comenzado a sembrar el miedo en sus más cercanos. Necesitaba que se le temiera. Entonces, se propuso ser una influencia entre las tradiciones históricas y la metafísica de los brujos que lo invitaban a sacrificios de sangre en los que se bañaba. Así por igual, comenzó a sobornar la incondicionalidad de sus allegados "nomas" llegar al poder. La boina roja militar seria su símbolo, a partir del momento en que lo nombraron comandante de uno de los batallones de paracaídas que le brindaría la oportunidad de llevar a cabo el golpe de Estado, que, desde hacía más de diez años, fraguaba. Ya era teniente coronel.

Pese a que en los Servicios de Inteligencia existía la sospecha; y hasta las pruebas de que, a las sombras, Hugo Chávez planificada un Golpe de Estado. Sin embargo, siempre se le subestimaron sus ansias de poder. No evaluaron su astucia y su capacidad de sobrevivencia. **Fue en 1974, cuando el expresidente Dr. Caldera a solicitud de su padre el maestro Hugo de los Reyes Chávez, le solicitó personalmente al presidente en funciones Carlos Andrés Pérez, que no lo dieran de baja.** Aun cuando el informe elaborado por el grupo de inteligencia al servicio del Comando General del Ejército, basado en la Ley Orgánica de las Fuerzas Armadas **(LOPA)**, encontraron que, por su pésima conducta, había motivos suficientes para despedirlo. De manera, pues, que el juramento que había hecho con su facción ante el árbol centenario de la independencia republicana volvería a florecer; y, a dar sus frutos. Pero serían los frutos más amargos que consumiría la nación venezolana.

Para colmo de males, Chávez destruyó la gramática de la comunicación donde se sustentaba el civismo y el arte de la política. Jamás hubiese podido escribir una carta, diario o proclama al estilo de Simón Bolívar. Ese prócer que no sólo fue un estilista de la espada; sino que también, fue cultor del arte de juntar las palabras con lúcida brillantez. Por cierto, el general O'Leary, irlandés de nacimiento, quedó asombrado no solo por la cantidad de correspondencias, decretos y proclamas del Libertador al recopilarlas, sino por la elegancia propio de las mismas. La prosa estética que dimensionaban sus escritos hacia la posteridad. En la política como en la guerra, ninguno como Simón Bolívar, llegó a comprender y a potenciar valores de trascendencia apolíneo que apostaba el movimiento romántico hacia el porvenir.

Hugo Chávez intentó tomar el poder en 1992; sin embargo, fue el único de los comandantes de la facción conspiradora, que no logró el magno objetivo militar que se planteó como meta estelar. Se refugió en el museo militar (Actualmente Cuartel de la Montaña) con un parque nutrido de armas y tropas, más que suficiente, para lograr lo que era su finalidad, tomar: El Palacio de Miraflores. De allí no salió como si el museo militar fuese el escaparate donde lo escondía la abuela. La debilidad como una pulsión inconsciente al temor a la muerte o al castigo posterior como una paliza materna devenida, lo privó; y, no le quedó otra alternativa que rendirse, sin combatir, no sin antes de pronunciar un discurso a su tropa desconcertada ante la decisión de abdicar; y, **lo único que pudo mostrar a sus soldados fue la máscara de su llanto.**

Desgraciadamente, un minuto que le dieron después en la televisión, convertirían su fracaso militar en un éxito político. No se cumplió lo que había ordenado el presidente de la Republica Carlos Andrés Pérez, de no permitirle acceso a la tribuna televisiva, pero grabada antes, para que llamara a deponer las armas a todos los conjurados que aún se resistían. Esto no se cumplió porque el Ministro de la Defensa, el General Ochoa, quien juntamente con el Alto Mando Militar le abrió las puertas de la historia de llevarlo a la televisión desobedeciendo las órdenes dictadas por el Presidente Pérez, que se enteró de la decisión de esta contraorden cuando ya el mito comenzaba a transmutarse en héroe.

El pueblo manipulado comenzó a considerar a Hugo Chávez como el héroe que era y simulaba. En los estadios de béisbol lo coreaban. Era el personaje de una de esas telenovelas que había socializado el cuerpo emocional de la mayoría de los venezolanos. Los supuestos valores del suertudo ' cuatriboleado' se reafirmaron. Un acto fallido que pagaría caro la República de Venezuela por la televisión, ya que era para la mayoría de los venezolanos, la deidad de la fantasía y el regocijo que los mantenía lejos de la comprensión política de su propio país. Es decir, todo lo que salía en los medios televisivos, era la representación o proyección del inconsciente colectivo del pueblo venezolano. Pocos connacionales advirtieron la sombra negra que cambiaría el destino democrático republicano.

Es necesario destacar, que Chávez padecía de una frustración "la imposibilidad de no haber logrado ser el soldado que le hubiera gustado ser". La abuela fue su único refugio afectivo donde lograba protegerse de los horrores maternos. Después sería Fidel Castro, quién vino a sustituir la figura paterna que le hacía falta. Para Hugo, el dictador cubano encarnaba la aureola de la historia. Protectorado que también le permitiría entrar en ella, donde se enseñoreaba con cualquier tropelía o apocalipsis que pudiera desencadenar. Casualmente, hay una imagen emblemática que colmó los medios de comunicación del mundo, en el que aparecía el comandante Chávez, desde el aeropuerto Internacional Simón Bolívar, despidiendo el avión donde volaba su ídolo de regreso a Cuba. De pronto, el soberbio presidente de Venezuela, revestido de verde oliva estaba violentando lo dispuesto en la ley orgánica de las Fuerzas Armadas, en cuanto al uso del uniforme y símbolos, ya que era un oficial dado de baja, sin sentencia firme, lo que le impedía utilizarlo; y con su boina roja, en una especie de frenesí desbocado, con los ojos nublados en lágrimas, comenzó a lanzarle besos a su icono que ingresaba entre las nubes del cielo. Nunca en la historia presidencial de Venezuela, ningún estadista había hecho público su amor por otro estadista. Probablemente, Hugo Chávez veía en Fidel a Alejandro Magno, mientras él se consideraba un "Hefestión Amíntoros", el general predilecto del "Macedónico" en cualquier campo de batalla. Entonces comenzó a imitarlo. Empezó a hablar con un tonillo cubano. Prosperaban sus discursos maratónicos. Se contenía de orinar o excretar en esos largos discursos públicos o multitudinarios. Pero cuando la necesidad era excesiva buscaba desahogo. Para ello, ya tenía puesto un instrumental logístico para aliviar sus esfínteres.

Hugo descubrió que con su protagonismo enfermizo e incontinencia verbal podía hacer y deshacer. La mentira fue su arpa y el sonido de las maracas el hechizo del cascabel. Una característica que le serviría para gobernar, entre la mano dura del resentimiento y el sentimentalismo piadoso que promovieron las telenovelas. Al estilo de Juan Domingo Perón y Evita, quienes fueron los precursores de una de las cualidades del populismo que se instalaría en Venezuela, a través de un medio de comunicación; y que convirtió al pueblo en una masa postrada y embelesada en la estupidez de la televisión. Era la nueva forma de sembrar la política de aquel entonces.

Traigo a colación, que, en la última década de la democracia representativa venezolana, un canal de televisión logró subir el rating, gracias a una telenovela que abogaba por la destrucción de los corruptos partidos políticos sin mostrar las alternativas reales. Chávez, capaz de venderle el alma al diablo en ese progresivo contexto de desarrollo de su personalidad patológica, se convirtió en una figura televisiva. Grupos económicos y medios de comunicación aprovecharon esa fisura de su personalidad que rayaba en la ambigüedad. Se dieron cuenta que estaban ante un militar que no practicaba la ética, y carecía de valores y principios de honor. Era un ambicioso demagogo que había ingresado a la Academia Militar a cumplir la encomienda de una organización, que sabiéndose derrotada por el ejército venezolano, optó por fraguar con el tiempo un golpe de Estado contra una democracia ya debilitada. El tráfico de influencia, el nepotismo y la ineficiencia en el ejercicio de la conveniente gobernanza, corroída por la corrupción, y que no tenía la fortaleza necesaria para enfrentarla. Los dos partidos que gobernaron esta supuesta democracia por cuarenta años la fundaron sin principios libertarios e ideológicos auténticos, sino bajo la premisa de la renta petrolera que la hacía tentadora para la corruptela de sus gobernantes.

El tiempo tiene la virtud de limpiar los espejuelos, y, simultáneamente, hacer desaparecer las sombras chinescas que no permiten calibrar la dimensión del pasado histórico de una nación, que al analizarlo; y ver en retrospectiva los acontecimientos, siempre habrá cambios de pareceres. Con el transcurrir del infinito y poderoso tiempo, agrega nuevos elementos que no apreciabas en el momento del fragor cotidiano. Por ejemplo, en el año de 1993 se produjo un cruce de caminos determinados por tres figuras que tenían un origen común, a pesar de que uno fue un militar, el segundo un abogado y el tercero un trabajador.

Es curioso que estos tres personajes conformaron un triángulo decisivo de la historia contemporánea venezolana; y, que los tres hayan padecido o sufrido del mismo mal. Nos referimos a una orfandad o ausencia total de sus progenitores en sus vidas infantiles que los marcó a cada uno en sus respectivas personalidades para el resto de sus vidas. Cómo interpretar que el Dr. Caldera no haya aceptado, por ejemplo, su derrota en el partido Copei del cual había sido su fundador, pero si, aprobar luego, el apoyo de una colección de electores "El chiripero" como él mismo los llamó, para aspirar por segunda vez a la presidencia de la República, mediante un vulgar fraude, en los comicios de 1993, los cuales fueron respaldados por grupos de poder, que ante la opinión estaban cuestionados moralmente. Desde luego, no deja ser meritorio sus logros alcanzados en su larga vida política, incluyendo su primer gobierno que fue aceptable en el complejo mundo de la historia. Es público y notorio que el vacío paternal y maternal de Rafael Caldera fue llenado por una familia honorable del brillante escritor y abogado Dr. Juan Liscano.

Las acciones desde la cárcel de Hugo Chávez dirigidas a entorpecer el ascenso de la Causa R y la candidatura de Andrés Velázquez llamando a la abstención de los comicios en diciembre de 1992; y también en 1993. De esta manera movió los hilos para que me enjuiciara la Corte Marcial por unas armas que fueron robadas en el Fuerte Tiuna por el teniente Bracamonte, quien había cumplido órdenes del propio Hugo de culparme a mí. Es conocido que el Dr. Caldera estaba al tanto de la acción militar del 4 de febrero de 1992. También tengo información, que, por orden suya, un allegado de su confianza le entregó a Chávez, antes del alzamiento, los equipos de comunicación que necesitaba para tal fin. Pienso que, el gran beneficiario fue el Dr. Caldera, quien aprovechó el preciso momento en que se debatía el intento golpista en el Congreso Nacional, para reforzar su candidatura presidencial; y al mismo tiempo, terminar de demoler la "IV República"; y, supuestamente, el teniente coronel era la mejor opción para esta tarea, pero no observó que este militar no tenía los kilates de ser el constructor de un país democrático; sino de un destructor como lo hizo Fidel con Cuba.

Igualmente es público su compadrazgo con el padre de Hugo Chávez; y la utilización de su influencia para que ingresara a la Escuela Militar. ¡Qué casualidad!, tanto el Dr. Caldera como Hugo Chávez eran al mismo tiempo pacientes del psiquiatra Edmundo Chirinos en su clínica donde atendía a enfermos mentales en el Cedral en Caracas. Eso explica, en cierto sentido, la orden emitida para otorgar la libertad a Hugo Chávez. Desde luego, no se puede desconocer que la mayoría de los venezolanos estaban identificados con este militar golpista y clamaban por su liberación

Es importante subrayar, que, en esas mismas elecciones presidenciales de diciembre de 1993, participaba Andrés Velásquez, candidato impulsado por la Causa R; y que fue quien ganó, pero, extrañamente no las defendió, a sabiendas, que una fuerza militar muy importante estaba conectada con su candidatura. Pero, a la hora de los hornos, no fueron invitados a defender su impresionante triunfo. Era un número de oficiales activos muy respetados. Entre ellos figuraban los Coroneles Medina Rubio, Carlos Quintero Gamboa, Emilio Arévalo Bracho, y el General Alberto Müller Rojas, que han podido ser la diferencia; y, que además, tenían la capacidad para exigir el respeto al resultado electoral; y, al mismo tiempo, su participación hubiera servido para rechazar el fraude organizado por el Ministro de la Defensa Radamés Muñoz desde la Escuela Militar, donde ocurrió todo el escrutinio de votos finales, utilizando al personal de alumnos de esa Academia; y, por supuesto, a los factores de poder. Nos llamó la atención, que, por primera en su historia, el Consejo Nacional Electoral (CNE) no emitió en esa noche de las votaciones, los obligatorios boletines con los cómputos electorales señalando el ganador de esa justa electoral.

Con relación al comentario antes mencionado sobre el fraude electoral ocurrido en 1993, recuerdo al mocho Ledezma, quien fue un personaje muy cercano al Dr. Caldera; y muy amigo del general Rubén Rojas, yerno de Caldera, quien ocupaba el cargo de jefe de la Casa Militar. Entonces, cada vez que me encontraba con el mocho Ledezma, me decía "ese enano", refiriéndose a Andrés Velásquez, es muy corrupto. Hasta que un día lo emplacé:

-Dime, ¿Por qué aseguras que Andrés Velásquez es corrupto?"

-Me respondió,

-Bueno, porque él entregó las elecciones. Rubén Rojas primero lo amenazó; y luego, a los días le dio la suma de más de doscientos millones de bolívares".

Para esa época, esa cantidad en bolívares era millón y medio de dólares. Eso mismo ocurrió las dos veces que fue candidato a la gobernación de los estados Anzoátegui y Bolívar. Tres veces ha ganado y tres veces se ha rendido. Esa inconsistencia política y falta de valor del propio Andrés Velásquez, quien permitió que se frustrara el primer punto de inflexión que hubiese cambiado la democracia venezolana secuestrada por el bipartidismo que no seguía los principios originarios liberales. Quizás por eso, los partidos oficiales se dividieron y algunos militantes emigraron hacia las agrupaciones políticas izquierdistas, que ingenuamente estaban seducidos por la revolución cubana y el paradigma de la insurrección de herencia estalinista

Mientras la intelectualidad de Caracas se movilizaba entre su característica, su ambigüedad. Por un lado, en los recintos universitarios era casi obligatorio estudiar los manuales del marxismo leninismo, para acallar el pensamiento de Hana Arendt, Albert Camus, Alexander Solsenisky, El Profeta Armado, El Profeta Desarmado y el Profeta Desterrado, Auge y Caída del Tercer Reich. etc. Ejemplos

reveladores de lo que había sido el totalitarismo del nacional/
socialismo, pero también del estalinismo que creó una cabeza de
playa en Latinoamérica, con la aparición de la revolución cubana.
Probablemente, el misterioso destino de estos tres hombres sería lo
que cambiaría el destino de una nación. El de un primer niño criado
por otra familia como es el caso de Rafael Caldera, el de aquel segundo
niño encerrado en un escaparate presa del llanto o del terror (Hugo
Chávez), y el del tercer niño que habría de nacer en el desamparo de
un cementerio (Andrés Velásquez) tal como lo confesó en su biografía.

Capítulo I

Oscuros antecedentes del 4 de febrero

Tuve la oportunidad de conocer a Andrés Velásquez en un barrio pobre de Puerto La Cruz, en el Estado Anzoátegui. Para ese entonces, él tenía 16 años de edad y yo 23. En esa región, Alfredo Maneiro y yo, ambos miembros del partido Comunista, planificamos salir con un movimiento llamado Venezuela 83, en el que planteamos el proyecto de la "Reversión Petrolera" porque se cumplían los 200 años del natalicio de El Libertador, fecha que coincidía precisamente con el año de la Reversión Petrolera; y que, a nuestro juicio debía ser adelantada. Posteriormente, cuando yo trabajaba en la Siderúrgica del Orinoco, y en la que, desde los Hornos Eléctricos, comencé mi misión política de construir La Causa R, Luego, a los dos años, con las bases ya construidas, se incorpora Andrés a la Siderúrgica del Orinoco. Después de analizar la situación, decidimos admitirlo a nuestro movimiento Causa R. Con este comentario trato de demostrar que conozco suficientemente a Andrés. Aunque soy consciente que es un hombre inteligente, de buena oratoria, muy alegre, dicharachero; y, fue un excelente trabajador siderúrgico. Pues así éramos los matanceros a diferencia de los trabajadores de los grupos izquierda para ese tiempo. No obstante, pienso que Velásquez es una persona que no ha cultivado el hábito por la lectura. Quizás, el único libro que ha leído fue el que le regalé "Amor en Tiempos de Colera" del escritor colombiano Gabriel García Márquez, a lo mejor, por lo atractivo del tema.

Desdichadamente, la tendencia personal de Andrés consistía en conciliar cuando el momento requería calzarse los guantes, especialmente con los de arriba. También manifestaba un temor acendrado a los riesgos. A través del tiempo, acumuló un círculo de intereses que, a la hora de las chiquiticas, es decir, de tomar las decisiones en la cual tienes que apostar "El Perico", como en el juego de truco, del cual Andrés es un gran aficionado, y en el que debía apostar el todo por el todo, no se arriesgaba. Otras veces lo doblegaban, y presumo que todavía lo siguen doblegando.

La segunda causa política que también afectó el ánimo del cambio histórico de la población venezolana fue el pésimo ejercicio del gobierno II de Rafael Caldera, que habiendo perdido las elecciones fue impuesto como presidente por diversos agentes de poder, entre ellos, el Alto Mando Militar, el canal de televisión Venevisión, el Fiscal General Dr. Ramon Escobar Salom, el CNE, entre otros factores políticos.

Así que, su segundo gobierno a principios de 1994 comenzó con una crisis económica de grandes consecuencias. Todo el sistema financiero, estaba prácticamente, en quiebra con ¡nueve bancos privados! Por otro lado, su edad generó una influencia determinante que lo afectó tanto a él como a su gestión gubernamental. De tal manera, que las decisiones las tomaba su yerno, el General y efe de la Casa Militar Rubén Mathías Rojas, su hijo Caldera, alias "El Pimentón" quien era el Ministro de la Secretaria de la Presidencia; y su Ministro de Finanzas Teodoro Petkoff Malec. Reiteramos que las ansias de poder de Rafael Caldera; y su odio al partido Copei del cual había sido su fundador, lo indujeron a buscar una segunda presidencia, sin importarle que su tiempo histórico había concluido.

Desafortunadamente, la alta dirigencia de los partidos políticos históricos Acción Democrática (AD) y COPEI, secuestraron las estructuras de esas organizaciones, impidiendo la renovación generacional en el relevo del poder. Lo que significó la saltada frustración de una generación que afectó el curso político de la Republica.

La tercera causa y poderosa razón, fue la masacre del 27 de febrero de 1989 inducida por Carlos Andrés Pérez, que condujo indefectiblemente al golpe de Estado de Hugo Chávez el 4 de febrero de 1992. Somos conscientes que las logias militares siempre han existido en las Fuerzas Armadas. No por ello, esas logias culminan con un "Coup D'état". Es evidente que el oxígeno que impulsó la acción militar de Chávez y Arias Cárdenas fue el Caracazo de 1989; y por supuesto, su breve intervención mediática en público en 1992, causando una honda impresión en los venezolanos, eso fue como lanzar una gigante piedra en un estanque.

En 1977 fue cuando conocí a Hugo Chávez, durante un viaje que hicimos de Caracas a Maracay con Alfredo Maneiro y Federico Ruiz. La reunión tuvo lugar en un apartamento de su propiedad. Federico Ruiz y su familia, quienes eran militantes del Partido Comunista, mantenían una estrecha amistad con Hugo en Barinas. El amigo Alfredo le explicó el proyecto de La Causa R que consistía en construir una nueva fuerza política desde las bases, denominado La Democracia Radical. Por su parte, Hugo nos informó de sus andanzas por el oriente de Venezuela. Pero lo que nos llamó poderosamente la atención fue su admiración hacia los guerrilleros que operaban en los distintos frentes en el Oriente de Venezuela, siendo él un teniente activo del componente Ejército. Después de ese encuentro no nos volvimos a reunir.

En el año de 1985 me contacta nuevamente a través de la profesora de historia Herma Marskman, su pareja de vida para esa época. La cita tuvo lugar en mi oficina que tenía en Chacaíto (Caracas). Para entonces, había ascendido al grado de Capitán; y ya había formado su logia militar que denominó MBR200. Nos llamaba la atención, que tanto Chávez como su compañero Arias Cárdenas, se caracterizaban por ser impuntuales cuando se trataba de reuniones, cosa extraña en ellos por su condición de militares.

Empero, fue una semana antes de ocurrir los sucesos del 4 de febrero de 1992, cuando empezó a mostrar con fuerza su verdadera personalidad, desvirtuando las informaciones y opiniones a su conveniencia. No se podría asegurar para el momento, que no sabía tomar las decisiones adecuadas; pero privaba en él su salvaguarda personal. En situaciones decisivas o coyunturales se privaba, se paralizaba; como, por ejemplo, en el caso de su intentona golpista cuando partió de Maracay hacia Caracas, comandando su batallón Aerotransportado Aragua en la posición de retaguardia de la avanzada que lideraba el teniente coronel Joel Acosta Chirinos. Según me contó el mismo Chirinos, que Chávez, en lugar de continuar la ruta establecida; cuando llegó a la redoma de la Encrucijada de Cagua, resolvió alterar el rumbo sin notificarle a Joel Acosta; y se desvió por la carretera vieja en dirección hacia el Museo Militar (actual cuartel de la Montaña).

Nos confesó uno de los comandantes; que, cuando el primer grupo de tropa militar llegó al Palacio de Miraflores; y, comenzaron a oírse los primeros intercambios de disparos, Chávez se niega en forma reiterada a bajar del Museo Militar para que apoyara a sus compañeros que combatían en el frente principal, que para ese momento era el Palacio de Miraflores, sede del poder. Cuando los oficiales de su batallón Aragua le exigieron marchar a respaldarlos, su jefe Chávez les ordenó pararse firmes. Por cierto, vale la pena recordar, que, en circunstancias parecidas, su carnal Fidel Castro, actuó de forma similar cuando se quedó detrás de la línea de fuego en el último puesto de la retaguardia durante el asalto y toma del Cuartel Moncada, en el preciso momento en que los guerrilleros urbanos combatían dentro del citado Cuartel en Santiago de Cuba.

Las armas robadas por el teniente Raúl Álvarez Bracamonte. Otra de las condiciones personales de Hugo Chávez, era que no practicaba el elemental principio de la lealtad entre los seres humanos. Fui descubriendo esos rasgos de su personalidad a finales de enero de 1992. Asimismo, me di cuenta que era capaz de mentir para salvarse. Él atacaba por la espalda, sorpresivamente. Una demostración de ello fue la campaña que inició en mi contra por venganza, porque no quise involucrarme en los momentos finales en su fallida revuelta golpista del 4 de febrero. Fue así como preparó su macabro plan. Ordenó al teniente Raúl Álvarez Bracamonte, a quien nunca he visto en mi vida, que se llevara unas armas del Fuerte Tiuna. Cuando era público, notorio y comunicacional, que ese teniente había sido detenido junto al abogado Walter Ramón Gavidia (ex esposo de Cilia Flores), con un lote de armas. Reitero, que no conocía ni conozco a ese señor.

Dos o tres meses después, envió un mensaje al ministro de la Defensa Iván Darío Jiménez, para decirle que quería negociar, quien aceptó recibir al Sargento Iván Freites en una Unidad Militar especial hasta el Fuerte Tiuna en la sede del Ministerio de Defensa.

Luego de tenerlo sentado, el General Darío Jiménez le preguntó al Sargento:

- ¿Qué es lo que quiere el comandante Chávez? ¿Qué tiene el comandante Chávez para negociar?

El sargento Freites va al grano:

- Las armas del teniente Bracamonte

El ministro Iván Darío Jiménez, repregunta:

- ¿Y, ¿quién tiene las armas del teniente Bracamonte?

El sargento Freites, le dijo:

- El diputado Pablo Medina

Esa conversación está narrada en el libro "Los Golpes de Estados", escrito por el mismo ministro de la Defensa Iván Darío Jiménez.

Reinicio mi relato con la masacre del 28 de febrero de 1989, cuando el presidente Carlos Andrés Pérez, por mandato de la Constitución ordenó la suspensión de las Garantías Constitucionales. Esa misma noche se inició una masiva represión contra los sectores populares de Caracas y municipios adyacentes. Para ese entonces, yo era diputado recién estrenado, y viví intensamente toda esta situación. Recuerdo que el Ministro de la Defensa Ítalo del Valle Alliegro admitió que hubo 350 muertos, pero sabemos que fueron mucho más. Se hablaba, incluso de que existe un cementerio oculto de fosas comunes llamado "La Peste", donde supuestamente lanzaban los cadáveres; y, se filtró que habían 3500 asesinados. En la memoria de los habitantes de los barrios estaban presente los disparos durante las terribles noches contra quienes, contradictoriamente, habían votado masivamente por Carlos Andrés Pérez; es decir, le habían dado su triunfo electoral.

Esa tarde del 28 de febrero llegó Carlos Andrés Pérez, ¿Saben de dónde? Venía de Barquisimeto, estado Lara. Para ese momento, Andrés Velásquez y yo recorríamos el centro de Caracas; y, de repente, nos informaron por teléfono de su urgente convocatoria a una reunión con los representantes de los partidos políticos. De inmediato nos dirigimos al Palacio de Miraflores. Llegamos directamente al Salón Ayacucho en donde había una mesa rectangular; en la que CAP estaba presidiendo la reunión con la asistencia de dirigentes políticos y de algunos militares.

Nos sentamos en la larga mesa, cerrando yo la única fila. A mi lado izquierdo, Andrés Velázquez. Inmediatamente el presidente CAP se levantó de su silla presidencial y comenzó a caminar como aproximadamente 15 metros. Para para mi sorpresa se sentó frente a mí. Como la reunión ya estaba finalizando, le pedí la palabra:

-Presidente, permítame un minuto

Él respondió con gentileza,

-Adelante diputado"

-Le pregunté:

- ¿Presidente, entonces "Alea Jacta Estars?

Él se sorprendió:

- ¿Qué es eso?

Le contesté:

-Bueno presidente, eso fue lo que dijo el emperador Julio Cesar. Es su famosa frase antes de cruzar el rio Rubicón, que quiere decir, ¡la suerte está echada!

CAP respondió:

-Si diputado, ¡la suerte está echada"!

Le repliqué,

-Permítame presidente un minuto".

Entonces me cedió la palabra:

-Cómo no, ¡adelante!

Y yo continué:

- Presidente, usted va a ordenar la suspensión de las garantías constitucionales y el pueblo venezolano no sabe lo que es eso. Usted está trayendo tropas bisoñas del interior de la República; y eso es lo que hay que evitar porque habrá una represión, un baño de sangre".

Luego, le hice la siguiente propuesta:

-Es una solución para el grave problema que usted tiene como primer mandatario. En lugar de suspender las Garantías Constitucionales, detenga el paquete de medidas económicas del FMI que usted ha anunciado a los venezolanos. Le proponemos que para resolver el déficit fiscal que tiene su gobierno, y que sabemos que es una parte de la herencia de la administración anterior de Jaime Lusinchi, quien dejó un hueco fiscal de 20 puntos. Nosotros le ofrecemos colocar un impuesto a los capitales fugados a los miles de millones de dólares qué están depositados en los bancos internacionales; y que usted como presidente puede aplicarlo a través de un decreto. Además, hay excelentes experiencias. Eso no es la primera vez, que ocurre. Esa decisión la llevó a cabo el General Park en 1959, cuando Corea del Sur sufrió una severa crisis económica. Además, nosotros contamos con el proyecto de ley; y, tenemos la lista oficial del Banco Central de Venezuela que no las suministró su presidente Leopoldo Diaz Bruzual. No propicie lo que sabemos va a ocurrir, un lamentable y doloroso baño de sangre".

Y eso fue lo que sucedió.

Ante la presencia de representantes de los partidos políticos, contestó:

-Diputado ya eso está decidido.
Le respondí,

-Entonces, presidente, como se terminó el temario, nosotros nos retiramos.

No obstante, la dirigencia opositora presente mantuvo un extraño silencio, que se interpretó como un respaldo al baño de sangre que se iniciaría horas después. Inmediatamente al salir de la reunión, informamos a los periodistas presentes en el Palacio, de nuestra posición de rechazo a la decisión del presidente Carlos Andrés Pérez, pero nuestra declaración no fue publicada.

Les confieso que para ese momento que le presenté esa solución, ya habíamos decodificado el casete del Banco Central de Venezuela (B.C.V). También habíamos clasificado la valiosa información. Asimismo, teníamos en nuestro poder una lista numerosa de adinerados venezolanos, con sus montos y los nombres de los bancos donde habían enviado el dinero.

Precisamente, el domingo 26 de febrero de 1989, el diario EL Nacional, publicó en primera página como la noticia más significativa del día, una foto del ministro Miguel Rodríguez y la del banquero Pedro Tinoco, presidente de Banco Central de Venezuela, anunciado su viaje a New York, a una reunión con el Fondo Monetario Internacional. Ese anuncio me motivó a preguntarme *"¿Estos dos encumbrados viajeros, irán a mostrar imágenes de los saqueos y la sangre que se derramará a borbotones estos trágicos días, estando precisamente, en la mesa de negociaciones con el FMI? Creo que Maquiavelo se quedó como un niño de pecho".*

Definitivamente, esta historia tiene un pasado muy triste, porque en esos eventos se derramó sangre inocente. Después de la narración de esos dolorosos hechos, escribí una carta al socialista pragmático señor Willy Brandt, quien era El presidente de la Internacional Socialista

 Le comuniqué que la noche del 28 de febrero de 1989 comenzó la plomazón contra los residentes de los barrios de Caracas y municipios circunvecinos. El general Ítalo del Valle Allegrio era el Ministro de la Defensa. Lamentablemente, la gente no disponía de ninguna herramienta para hacerle frente al fuego graneado que se había iniciado. Fue una masacre deliberada, planificada. Como éramos diputados, nos dimos cuenta que previo a la semana de la suspensión de garantías, el Presidente Carlos Andrés Pérez aprovechó para firmar en forma desconocida para los venezolanos; y a espalda del Congreso Nacional, dos contratos con bancos internacionales, uno con un Banco de Inglaterra para obtener una suma importante de dólares, cediendo 60de tonelada métrica (tm) de oro del BCV bajo la forma de pignoración; y otro con el Banco de Basilea con sede en Suiza, por la suma en dólares por 30 tm de oro para lograr el certificado "Good Delivery", que era un comprobante de calidad, que nadie desde 1948 había puesto en duda y el cual aceptaban como garantía sólida para el comercio. De tal modo, que en el transcurso de esa semana; y con las garantías suspendidas fueron transportados desde del Banco Central de Venezuela las 90 toneladas de oro a esos bancos internacionales; haciendo la salvedad, que a los presidentes anteriores no se les había ocurrido moverlas del Banco Central de Venezuela.

Es necesario hacer la salvedad, que eso sucedió en el segundo mandato presidencial de Carlos Andrés Pérez, lo cual asombró a muchos venezolanos; puesto que en su primer gobierno realizó obras de gran envergadura, tales como la nacionalización de la industria petrolera y la industria extractora de hierro que fueron favorable para el país. Adicionalmente inició el programa "Plan de Becas Gran Mariscal de Ayacucho e impulsó una política de pleno empleo. Aun así, vale citar el enorme endeudamiento ilegal contraído con la banca Internacional; y, por ende, la gigantesca corrupción que se desató a nivel gubernamental, siendo denunciado por personajes de gran credibilidad, tales como el fundador de la OPEP Dr. Juan Pablo Pérez Alfonzo, el Dr. Domingo Alberto Rangel; y el fundador de la Causa R, Alfredo Maneiro, quienes advirtieron sobre el ingreso petrolero, el cual no era producto del esfuerzo de los venezolanos. Por lo tanto, iba a causar una descomunal corrupción; que, infortunadamente sucedió.

Para colmo de males, CAP guardó silencio ante las decisiones tomadas por el mandatario anterior Jaime Lusinchi, quien firmó un contrato con la banca internacional, reconociendo deudas ilegales ocasionadas en el primer gobierno de Pérez. En virtud de lo cual, ambos guardaron silencio. En otras palabras, no hubo acusación de ninguno con el otro de sus corruptelas gubernamentales. Y, eso fue la razón para solicitar un nuevo préstamo al Fondo Monetario Internacional (FMI) por 5 mil doscientos 70 millones para financiar nuevamente el gasto corriente.

Otra impronta que viene a mi mente fue la presencia en Caracas de Fidel Castro, quien era invitado de honor por Carlos Andrés Pérez para su toma de posesión presidencial. Ese acto lucía como una coronación con un séquito de personalidades invitadas. Por supuesto, la figura central fue el dictador cubano, que permaneció durante 20 días en Venezuela, y fue alojado en el hotel Eurobuilding, donde permaneció custodiado por organismos de seguridad civil y militar de Venezuela. El tipo llegó acompañado de una escolta de 320 funcionarios cubanos.

Durante esa temporada, el tirano criminal participó en diversos eventos de todos los sectores sociales, incluyendo los estudiantes y la aristocracia caraqueña. Por cierto, se supo que unas cuantas mujeres de esa clase mantuana perdieron el juicio ante su presencia. A la semana de su estadía en la capital, la embajada cubana nos invitó a una reunión con el personaje. Al llegar nos encontramos con 20 invitados más. A los 20 minutos aproximadamente se apareció Fidel Castro con su comitiva. Yo Fui acompañado con la viuda de Alfredo Maneiro, la arquitecta Ana Brunlin y Alí Rodríguez Araque.

Inmediatamente de su llegada se inició la reunión. El primero en hablar fue Castro. Luego de su saludo protocolar, nos llamó la atención la sugerencia de que había que apoyar las medidas económicas que anunciaría el presidente Carlos Andrés Pérez. Pero nunca aclaró que se trataba de negociar con el Fondo Monetario. En el contexto de las propuestas, dedujimos de que se trataba de eso. Los asistentes hablaron por orden de llegada una vez que terminó su intervención. Le siguió en el uso de la palabra el doctor Luis Beltrán Prieto Figueroa, persona de mucho aprecio popular, quien le expresó que estaba muy contento por su presencia; y lo elogió con tan buena prosa que Fidel Castro parecía un pavo real cuando abre su plumaje como una especie de arcoíris. Acto seguido, habló el exdiputado por el MAS y economista Freddy Muñoz, un individuo muy brillante, buen orador y valiente, quien le expresó:

- "Usted nos está proponiendo que debemos apoyar esas medidas económicas que forman parte la filosofía y la política del Fondo Monetario Internacional. Aquí le hablo en plural. Con esto le quiero manifestar que nosotros estamos en total desacuerdo; y, le reitero, rechazamos esas medidas leoninas".

De paso le insinuó que estaba interviniendo en los asuntos internos de Venezuela. Fidel Castro reaccionó muy molesto expresando:

- "Yo no he dicho eso, y le dio un golpe a la mesa. Yo no he dicho que hay que apoyar al presidente Carlos Andrés Pérez".

Pero ya no había forma de recoger sus palabras. El dictador creía que con su presencia y sus palabras iba a influir, supuestamente convencido que tenía ante sí una audiencia dócil.

 Yo también solicité un derecho de palabra. Lo saludé sin mencionar su nombre ni títulos. Entré directamente al grano y le dije:

- "El gobierno de su amigo Carlos Andrés Pérez, que usted apoya.
En ese instante, Fidel se agarró la barba, y me miró arqueando los ojos. Mientras, yo continué:

- Tiene otras opciones distintas a las del FMI, y le mencionaré una de ellas. Hay una experiencia histórica con el general Park en Corea del Sur, quien, ante una situación similar de la existencia de un déficit fiscal debido a la avasallante corrupción, estableció un impuesto a los capitales fugados; y de esa manera salvó a su país. Rescató recursos para pagar la deuda. Asimismo, recuperó dinero para la inversión y generar empleo. De esa manera salvó a su nación de una inminente ruina. En cuanto a Venezuela, nosotros tenemos una propuesta de un anteproyecto de ley, y una lista de empresarios que fugaron esos capitales a bancos internacionales, para pecharlos con un impuesto. En mi condición de diputado lo vamos a presentar al Congreso.

Antes de finalizar mi intervención, le sugerí:

- Convenza al presidente Carlos Andrés Pérez para que aplique esas medidas; y así le evita mayores males a Venezuela.

Fidel Castro guardó silencio. Por cierto, esa reunión fue días antes de la emboscada del 27 de febrero. Aunque no dudo cuáles fueron los consejos diabólicos de Castro a su amigo Pérez, porque él aplicó las medidas con creces.

Aun cuando la invasión cubana fue derrotada por el gobierno de Rómulo Betancourt. El dictador Castro la repitió, pero esta vez, muy bien planificada; jamás imaginada. Primero fue con entrenadores deportivos instalados en diferentes gobernaciones de AD y Copei. Yo estaba muy preocupado por esa situación. Por lo tanto, participando en una plena asamblea en el Congreso, pedí un derecho de palabra para proponer un veto contra el Dr. Pedro Tinoco. Me parecía insólito que el dueño del Banco Latino con relaciones estrechas con Nelson Rockefeller haya sido nombrado presidente del BCV por Carlos Andrés Pérez. En ese instante hice alusión al popular refrán venezolano "Zamuro cuidando carne".

Posteriormente escribí una carta a la Academia de Ciencias Económicas; específicamente al Dr. Pedro R. Tinoco, quien había sido designado miembro honorario por la directiva, la cual llevé personalmente y distribuí entre los presentes. Luego vino el debate en la Cámara de diputados. Pese a que la mayoría de los colegas parlamentarios compartían el veto a Tinoco, lamentablemente no votaron por disciplina partidista. ¡Qué casualidad!, en esos días me presentaron al encargado de negocios de Cuba, un señor muy simpático quien me preguntó con su acento cubano:
-Oye Pablo, ¿Tú sabes quién es la persona que nos manda los pollos a Cuba? es Pedro.

Le respondí con una pregunta:

-Pedro ¿De cuál, me estás hablando? ¿De Pedro Tinoco? Lo siento le dije, como diputado venezolano estoy obligado a hacerlo.

Luego le comenté:

Las relaciones entre el banquero Pedro Tinoco y Fidel Castro eran muy estrechas. Aun cuando el régimen cubano a través de la Ley de Reforma Urbana era y es el Dueño y Señor de las viviendas en Cuba. Sin embargo, extrañamente, en La Habana la señora Carmen Montilla esposa de Tinoco, llamada cariñosamente "La negra", era la propietaria de una lujosa quinta en la Habana, la cual fue convertida posteriormente en un museo, ubicado frente al templo de San Francisco.

-Hace años otro diplomático cubano había salvado a CAP en un juicio por corrupción al regalar el barco Sierra Nevada a Bolivia, un país que no tiene acceso al mar. Ese diplomático convenció a cuatro diputados del Movimiento de Izquierda Revolucionario (MIR), para que, con su decisivo voto, salvar al presidente de su culpabilidad ante el delito del uso indebido de fondos públicos.

Me remonto nuevamente a los sucesos del fatídico lunes 27 de febrero de 1989. Los macabros y arrolladores efectos de la presencia de Fidel Castro, la sentimos el lunes 27 de febrero con pequeños grupos de estudiantes vinculados a la embajada de Cuba. Ese día a las 6:00 de la mañana las protestas se sentían en diferentes puntos, entre ellos, el viejo terminal de pasajeros ubicado en Nuevo Circo de Caracas, otros en Guarenas, Los Teques y La Guaira. Una vez que transcurrieron los terribles y sangrientos hechos de sangre y los saqueos permitidos vino la masacre al pueblo venezolano. Como resultado del debate en la Cámara de Diputados, se acordó que la investigación la efectuara la Comisión de Política Interior. Yo no era miembro de esa Comisión, pero había amplitud en la participación. Comenzaron las interpelaciones. Los primeros citados fueron los oficiales de la Policía Metropolitana y cuál es mi sorpresa que los oficiales que estaban ahí, uno era el asesor, el Comisario Rivero, alias "El Chingo", acompañado de otro alto oficial de apellido Girón. También asistió el ex comisario de la extinta Policía Metropolitana Henry Vivas.

Las preguntas obligadas y de anteojitos, fueron:

"¿Por qué ustedes no actuaron para evitar los saqueos al comercio? "¿Por qué permitieron los saqueos en Caracas y otras ciudades y no los detuvieron a tiempo? ¿Por qué la Policía Metropolitana ni la Guardia Nacional no actuaron cómo les correspondía?? ¿Qué ocurrió el lunes 27 y martes 28 de febrero cuando los canales de televisión transmitían todas las noticias e imágenes de los incesantes saqueos, a sabiendas que habían empezado a la 6:00 AM con grupos minúsculos en los puntos ya descritos?

Después de La Guaira. Igualmente grupos de la policía de la Digepol trajeados de negro, con sus rostros ocultos con pasamontañas, recorrían la avenida Libertador de Caracas, agitando la paciencia de la gente. También en las parroquias de El Valle, Coche, el Cementerio, Catia, el 23 de Enero y otros sectores populares los uniformados forzaban las puertas y Santamaría de los diferentes abastos, supermercados y centros comerciales, invitando al saqueo generalizando y convirtiendo a la capital en un infierno.

Los policías interpelados coincidieron todos con las mismas respuestas:

"Señores diputados de la Comisión de Política Interior, el problema fue que nos enviaron un cablegrama del ministro de Relaciones Interiores Dr. Alejandro Izaguirre, en el cual nos ordenaba que no actuáramos... Que permaneciéramos en nuestras unidades de los diversos cuarteles y comandos policiales. En la mañana del lunes 27 estábamos listos con las patrullas encendidas, esperando la orden que nunca llegó. En esos momentos ciertamente los saqueadores eran grupos pequeños que hubiésemos reprimido con facilidad. Incluso, podíamos disolverlos porque teníamos fuerza y estábamos preparados para hacerlo, pero recibimos instrucciones superiores de no actuar".

Lo que nos pareció muy sospechoso, fue que en medio de los saqueos y el caos del día lunes 27, el ministro de Relaciones Interiores, quien era conocido con el remoquete de "Policía Izaguirre" se había ido a Valencia; y, el presidente Pérez, por su lado, había viajado a Barquisimeto. Lo que ocasionó un deliberado vacío de poder; y, con esa actitud, dieron hasta pie en los saqueos.

El martes 28 de febrero de 1989, a las 6:00 pm, después de habernos reunido con el presidente Carlos Andrés Pérez en el Palacio de Miraflores, momentos antes de que anunciara la fatídica suspensión de Garantías Constitucional, nos retiramos, y nos dirigimos a la oficina parlamentaria de La Causa R. Durante el corto trayecto nos concientizamos de que los acontecimientos por transcurrir le impregnarían un sello trágico ya que las aterradoras órdenes impartidas por el Presidente Pérez, ensangrentarían las horas de los días o de las noches a Caracas y poblaciones circunvecinas; y por ende, eso marcaría el tiempo político en adelante.

En la oficina de La Causa R se encontraba los diputados Aristóbulo

Isturiz y Andrés Velázquez. Este último (Velázquez) se retiró minutos después. A las 7:00 aproximadamente, recibimos una llamada de un director de un diario, quien nos informó que una periodista de su medio estaba detenida en el Fuerte Tiuna, ubicado en la Parroquia El Valle. Inmediatamente nos trasladamos al señalado edificio, para averiguar con contactos que teníamos allí, antes de presentarnos en el ministerio de la Defensa, por qué la reportera había sido arrestada. Nos encontramos con el dirigente parroquial Coronado quien nos informó de la versión oficial que se tejían de que la reportera arrestada formaba parte de un grupo de francotiradores.

Coronado nos respondió con una sonora carcajada,
-No Pablo, eso es completamente falso. En la parroquia lo que se comenta es que en ese apartamento lo que había era un grupo de francotiradoras.

En el Ministerio de la Defensa se conocía de nuestra inminente visita. En efecto, una comisión dirigida por un General nos atendió con amplitud. Le exigimos que ordenara su libertad; pero el militar nos comentó que estaban en la fase de averiguaciones. Le dijimos que su padre estaba muy enfermo en el Hospital Universitario y que era muy importante que ella lo visitara. Le prometimos que nosotros después de la visita la íbamos a regresar. Aceptaron, su situación estaba muy delicada. Ella conversó con su papá durante una hora. Cuando nos disponíamos a regresarla, cumpliendo así lo acordado con el Ministerio de la Defensa, ella nos expresó que también quería ver a su madre, quien vivía en la parroquia La Pastora. En ese momento miré el reloj, eran las 10 de la noche. Las tropas militares estaban desplegadas a esa hora por todo el área metropolitana de Caracas. Habían instalados alcabalas en numerosos puntos desde donde disparaban hacia los cerros. Aristóbulo Isturiz manejaba, yo iba de copiloto; y la periodista, una morenaza de ojos verdes, iba en el asiento trasero del vehículo. A esa peligrosa hora nos trasladamos a la Pastora El carro donde andábamos portaba su respectiva placa de diputados que nos otorgaba el privilegio de transitar con inmunidad por las alcabalas sin ser detenidos y registrados. Así llegamos a la casa de su madre. Le exigimos que su visita fuera breve, porque debíamos hacer una larga travesía; y sortear sitios de peligros rumbo a la sede del Ministerio de la Defensa.

En el trayecto, Aristóbulo se fumó una cajetilla de cigarrillos. Yo portaba mi pistola debidamente registrada para nuestra protección. Andábamos siempre a velocidad moderada. Fue una prueba muy difícil. Los tiros hacia los barrios ensordecía nuestros oídos. Era el inicio de una gran masacre. Llegamos al Fuerte Tiuna, entregamos a la periodista y nos trasladamos al Parque Central donde yo residía. Ya en mi habitación sentí un gran agotamiento por la actividad vivida de la fuerte presión de ese día. Recuerdo que en esos días de suspensión de garantías, las noches en Caracas fueron un infierno por el plomo y plomo contra los cerros. Masacraron a más de 3.500 personas. Esos inocentes asesinados a sangre fría fueron enterrados en fosas comunes, en un lugar especial denominado "La Peste". Esa cifra de víctimas circuló entre los propios oficiales de las Fuerzas Armadas. Desafortunadamente, esa criminal emboscada la ocultan los que defienden la memoria de CAP.

A partir de esos tristes acontecimientos en Caracas que enlutaron al país, el terror se apoderó de la gente. Pero meses después, el miedo se convirtió en odio; y, ese odio en protesta contra el presidente Carlos Andrés Pérez. Fue un rechazo monumental que se manifestó de múltiples maneras, en cualquier lugar donde se presentaba era recibido con fuertes cacerolazos.

Consideramos, que eso lo hicieron para justificar el convenio acordado previamente a los acontecimientos, transfiriendo 90 toneladas de oro del Banco Central a los bancos de Inglaterra y Suiza. Por ello provocaron la masacre y el derramamiento de sangre inocente, mientras estaban en la mesa de negociaciones con el Fondo Monetario Internacional para obtener préstamos endeudando otra vez a Venezuela, teniendo otras opciones reales y positivas.

Hago la salvedad que soy partidario de equilibrar los presupuestos nacionales a través de una Hacienda Pública. No obstante, las cargas tienen que ser compartidas socialmente para alcanzar una sana economía hacia el desarrollo, que origine la confianza necesaria, a fin de atraer a los inversionistas tanto nacionales como internacionales. Pero es fundamental enfrentar la corrupción, comenzando con la dirigencia del régimen y la funesta oposición; y, si es necesario, copiar el modelo de Indonesia pues que se copie; o, también el decreto del Libertador redactado en Perú. Simultáneamente se debe corregir con la educación, el trabajo y los buenos ejemplos. Empero, equilibrar con engaños y a la fuerza como lo ha hecho el Fondo Monetario internacional que se conoce como las políticas del electro shop a la población venezolana y a otros pueblos eso no lo debemos aceptar nunca más.

No tengo dudas que fue la orientación de su propia experiencia contra el pueblo cubano, que recomendó el siniestro Fidel Castro a su amigo a CAP. Actuando al estilo del teórico político italiano Antonio Maquiavelo, autor de "El Príncipe", obra en la cual aconseja que se debe usar medios inmorales para lograr sus fines. En este caso, escoger entre ser amado o ser temido. Carlos Andrés Pérez escogió lo segundo. Las medidas económicas de carácter fondomonetarista que pensaba aplicar, nunca las anunció en su campaña electoral, nunca habló en ningún mitin que recibió un país hipotecado y que no tenía otra opción que la de aplicar esa política económica. Que yo recuerde, tampoco lo comentó en su campaña electoral. Tristemente, el miedo se apoderó de la gente. Un temor, un culillo cundió en toda la geografía nacional, así lo palpamos. Desde el año 89 hasta junio del 91, no se produjeron protestas de ningún tipo. Fue a partir de partir junio, cuando el país reacciono y comenzó a protestar. Ciertamente, la economía del país comenzó a recuperarse levemente. Mejoraron las grandes cuentas macroeconómicas, pero el ánimo revanchista estaba a la orden del día, el deseo de salir de CAP era una voluntad de la inmensa mayoría del país. En cualquier lugar donde se presentaba la gente en forma espontánea lo caceroleaban. Esto es historia patria.

Transcurridos los acontecimientos sangrientos, una Comisión de Finanzas presidida por el diputado Homero Parra y mi persona visitamos el Banco Central de Venezuela, y nos abrieron la bóveda. Hubo que esperar media hora porque adentro se concentraba un gas venenoso. Disipado el olor del gas, entramos y contabilizamos el oro que jamás había visto. Igualmente, contamos los ladrillitos dorados. Efectivamente, faltaban las 90 toneladas que habían sido enviadas a bancos europeos. Narro estos hechos porque muchas veces de manera injusta, o por desconocimiento, hacen afirmaciones de que la Causa R; y en particular mi persona, fuimos los promotores del 27 de febrero. Por ello, "Juro ante Dios Todopoderoso por mis padres, mis hijas y nietos, que en este libro doy fe de la veracidad de estos hechos".

Retomo la tesis inicial acerca de por qué, yo pensaba que Chávez ganaría las elecciones de 1998. En primer lugar, por la frustración qué generó la actitud indiferente del candidato presidencial de La Causa R Andrés Velázquez ante su inminente triunfo.

- ¿Qué ocurrió en ese decepcionante día de las elecciones?

Esta es mi respuesta,

El lunes 7 a las 7am el Fiscal Ramón Escobar Salón anuncia que el candidato Rafael Caldera ganó esas elecciones. Escobar gozaba de inmenso prestigio y fue uno de los personajes principales que influyó que nuestro postulante no defendiera su victoria. Le insistí que había que salir a la calle a defender su triunfo electoral. Pero ni él, ni la mayoría de la dirección del partido lo aceptaron. Les recordé que los trabajadores de Guayana estaban esperándonos para declarar la huelga general. Sin lugar a duda, la suerte ya estaba echada. Nos llamó la atención, que, por primera en su historia, el CNE no emitió esa noche de las votaciones, los obligatorios boletines con los cómputos electorales señalando el ganador de esa justa electoral. Recuerdo que se convocó a una rueda de prensa con los resultados de las actas en las que ganaba Andrés; y, ningún medio de comunicación transmitió la información. Me fui a la sede del CNE y nos encontramos que los Rectores del ente electoral habían abandonado la sede. Doy unas declaraciones e igualmente ningún medio las publicó. Para mis adentros pensé, Radamés Muñoz fracasó en su intento de dar un golpe militar; sin embargo, reconozco que triunfó con este golpe electoral.

Eso mismo ocurrió las dos veces que fue candidato a la gobernación de los estados Anzoátegui y Bolívar. De tal manera, que Andrés Velásquez ha ganado tres veces y tres veces se ha rendido. Esa inconsistencia política y falta de valor del propio Andrés Velásquez, quien permitió que se frustrara el primer punto de inflexión que hubiese cambiado la democracia venezolana secuestrada por el bipartidismo, que no seguía los principios originarios liberales. Quizás por eso, los partidos oficiales se dividieron y algunos militantes emigraron hacia las agrupaciones políticas izquierdistas, que ingenuamente estaban seducidos por la revolución cubana y el paradigma de la insurrección de herencia estalinista.

Años después, cuando el doctor Ramón Escobar Salom estuvo consciente de que se acercaba su muerte, me invitó a su apartamento en la a Florida (urbanización situada en la Parroquia El Recreo del Municipio Libertador al este de Caracas). Me extrañó, pero fui por curiosidad. Sostuvimos una conversación muy breve. El propósito de la reunión era solamente para decirme, lo que yo llamo la confesión del moribundo, me dijo estas palabras: *"Pablo, Andrés Velásquez, ciertamente como tú lo has dicho, ganó las elecciones"*.

Como se darán cuenta, he comentado en este primer capítulo las tres causas políticas: 1ra. La del segundo gobierno del doctor Caldera; 2nda. La rendición incondicional de Andrés Velázquez; y, 3ra. La masacre del gobierno de Carlos Andrés Pérez al pueblo de Venezuela, que se mantuvo con el corazón herido y engañado. Esta 4ta causa que narro en este libro se relaciona con Hugo Chávez, a quien la gente consideraba como su vengador. Un vengador con su conciliábulo, el MBR200. Para nadie es extraño, que siempre han existido logias militares en el seno de las Fuerzas Armadas. No por ello esas logias culminan en golpes de estado. Fue precisamente el llamado Caracazo ocurrido el 27 de febrero de 1989 el motor, la gran justificación o el argumento histórico del intento del Golpe de Estado del 4 de febrero de 1992, encabezado por Hugo Chávez y Arias Cárdenas.

Sin duda alguna, ya se han publicado una gran cantidad de exégesis en relación con esos acontecimientos golpistas. Una de esas versiones corresponde a la actuación de quien fue ministro de la Defensa, el General Fernando Ochoa Antich, integrante del Alto Mando de Carlos Andrés Pérez. Para ese tiempo, entonces, se comentaba en las Fuerzas Armada; y en los altos corredores políticos, que, a Ochoa Antich le gustaba practicar la ley milenaria de irse por lo más fácil, o sea, "¡Agarrar los mangos bajitos!".

Recuerdo que en una oportunidad, estando yo de visita en México; y, siendo Ochoa Antich, embajador de ese país, me invitó a una cena, la cual acepté. Apenas me había sentado, o, mejor dicho, no me habían servido el primer plato, cuando me comentó:

-Pablo, yo estoy escribiendo un libro sobre el 4 de febrero del 1992.

-Inmediatamente lo interrumpí,

- ¿Sobre el 4 de febrero?, Pero el que más posee Informaciones de ese tema eres tú que fuiste su autor intelectual.

 Me respondió, haciéndose el yo no fuióo.

- ¿Yoooo?

Del tiro se le manchó la chaqueta, y prosiguió:

-Yo no tengo nada que ver con ese golpe.

Le reiteré,

- ¡Claro que sí! Todos sabíamos que ya tenías organizado un gabinete de sombra.

Luego le interrogué:

- ¿Quién colocó en puesto de mando a 22 comandantes del MBR200?

Ahí se acabó el tema; y, decidimos continuar con la cena.

Esta ocasión es propicia para comentar la última reunión que sostuve con Chávez ante de los sucesos del 4 de febrero, la cual se realizó en un taller mecánico en la ciudad de Maracay. Allí me informó que lo van a trasladar a la frontera, debido a que había tenido una discusión muy fuerte con el ministro Ochoa Antich por su Movimiento Bolivariano

Revolucionario cívico-militar de izquierda, 200 o MBR-200. Todo ello debido a que propuso que había que desencadenar la operación prevista para esa fecha. Yo me opuse rotundamente.

Y me dirigí a él por su seudónimo,

- Caridad, yo no estoy de acuerdo con esa operación cómo está planteada. Eso es equivalente a un golpe de Estado.

- ¿Qué propones tú?, me preguntó asombrado.

Le comenté,

-Bueno chico. Aquí la gente está muy descontenta, está peleando por sus derechos. La gente perdió el miedo; y ya comenzó a protestar masivamente en las calles.

En ese instante recordé un artículo del escritor Arturo Uslar Pietri, en el cual analizaba una encuesta relacionada con el malestar de la gente, que buscaba un cambio utilizando la vía de la protesta. Basado en esa encuesta, le dije a Hugo, que nos encontráramos a finales enero de 1992. Que era pertinente esperar, porque la respuesta a la grave crisis socioeconómica no puede ser un Golpe de Estado tradicional o una asonada. Creo que se debe esperar de mayo a junio, porque pensábamos que iban a ocurrir acontecimientos de calle. Estaba seguro de que La Causa R, del cual yo era Secretario General, tenía mucha fuerza en toda Venezuela. Además, estábamos muy vinculados a los trabajadores y los sectores populares; y podríamos convocar a una huelga general. Por consiguiente, ese escenario originaría el pronunciamiento militar. Creo que esas opiniones que le expresé, fue la razón para que "CaraE'Crimen" no cumpliera el compromiso que le hizo a Ali Rodríguez, quien se quedó esperándolo en Tazón.

El mismo 4 de febrero de 1992, luego que fue derrotada la intentona militar, el Congreso Nacional en pleno inició un intenso debate que fue transmitido por todos los medios de comunicación. Ese día, el senador David Morales Bello, de la bancada de AD, finalizó su intervención pidiendo muerte a los golpistas. Por su parte, el Dr. Rafael Caldera hizo gala de su experiencia y de su habilidad oratoria, y respondió al senador Morales Bello con una frase para la historia: *"A un pueblo con hambre no se le puede pedir que se inmole en nombre de la democracia"*. Críticó con fuertes argumentos las adquisiciones de las deudas externas, pero sufrió de amnesia muy rápido, puesto que en su segundo gobierno en 1993, en sus cinco años como presidente no las mencionó.

También fue muy aplaudida la participación del diputado por La Causa R Aristóbulo Isturiz. Su lucido discurso, fue un extra político para conquistar electores y ganar la Alcaldía de Caracas. Yo fui el último orador, lamentablemente los reporteros de los medios de comunicación ya se habían retirado. En ese auditorio marqué distancia con el golpe de Hugo Chávez.

Durante todo el año de 1992, Venezuela parecía "un cuero seco". El ambiente era de protestas y cacerolazos sin que nadie los convocara abiertamente. Carlos Andrés Pérez decretó la censura de prensa. Su gobierno se debilitaba aceleradamente. Sugerí a la oposición la conformación de una Mesa Democrática que comenzara a trabajar la transición. Se convocaron ruedas de prensa y el grupo de Notables con Uslar Pietri insinuó una reforma Judicial que fue clave en los acontecimientos posteriores.

El 27 de noviembre se produjo otro alzamiento militar liderados por el Almirante Hernán Grüber Odremán y el General de la fuerza Aérea Francisco Efraín Visconti Osorio, el cual fue controlado rápidamente, pero la situación se agravó para el Presidente Pérez. En tanto, el canal Radio Caracas Televisión transmitía la telenovela "Por Estas Calles", serie que expresaba la tragedia global que sufríamos los venezolanos. Mientras en la Fuerzas Armadas, especialmente en el Ejército, se discutía, que la democracia de esos partidos políticos ya se había ido por un barranco. "Tenemos que hacer algo", según, expresó un comandante en una reunión de Oficiales Superiores a puerta cerrada en el Museo Militar.

En diciembre de 1992, conjuntamente con el diputado, abogado y amigo Freddy Gutiérrez, preparamos una solicitud de antejuicio de mérito contra el Presidente Pérez por cuatro casos; 1) La entrega de las minas de carbón El Cerrejón ubicadas en la frontera con Colombia al presidente Turbay Ayala; 2) El desvío de recursos asignados a la CANTV que fueron a parar a manos del Buro sindical del partido AD; 3) El caso de Nicaragua, a donde envió una fuerza especial encabezada por el policía Freddy Bernal quien era escolta de CAP para custodiar a la presidente de Nicaragua Violeta Chamorro; y, 4) La masacre del 27 de febrero.

Con el documento acusatorio contra Carlos Andrés Pérez ya elaborado, me trasladé a Guayana (estado Bolívar). Allí, se los presenté a los dirigentes de la Causa R, y les dije que en enero de 1993 lo íbamos a introducir ante la Corte Suprema de Justicia. Asimismo, les expliqué las razones y condiciones que existían para enjuiciarlo y destituirlo.; y, que luego vendría una transición necesaria que facilitaría el triunfo de Andrés Velásquez en las elecciones presidenciales de diciembre del 93. Nada opinaron. Fue como hablar con una pared.

Esa actitud de los dirigentes causaerreístas de Guayana no nos desmoralizó. En enero del nuevo año (1993), amanecimos el Dr. Freddy Gutiérrez, Aristóbulo Isturiz, y yo, en la oficina del presidente del Tribunal Supremo de Justicia Dr. Rodríguez Corro, quien inicialmente admitió la acusación. Pero 30 días después la desechó por temor a que favorecería a La Causa R. De todas maneras, el Fiscal General Escobar Salom la introdujo y los magistrados del TSJ encontraron pruebas suficientes para enjuiciar a Carlos Andes Pérez, y lo sentenció, despojándolo de su inmunidad presidencial. Luego el Congreso lo destituyó, y designó al historiador Ramon J. Velásquez como Presidente Provisional.

La Directiva regional de la Caura R en Caracas, apostábamos por una transición, y nuestro candidato era el Dr. Carlos Delgado Chapellín, quien había sido presidente del Consejo Nacional Electoral (CNE). Inexplicablemente los miembros del partido en Guayana ignoraron esta propuesta. También actuaron indiferente a la convocatoria de un Cabildo abierto en la plaza Caracas cuyo único punto de la agenda era, si Carlos Andrés Pérez debía seguir gobernando. La inmensa mayoría respondió en el referéndum que debía irse. Por ello, no entiendo por qué, el juicio, condena a prisión a CAP, sorprendió a la dirigencia de la Causa R de Guayana, que no creían en esa propuesta; y que, bien pudo haber culminado con el Dr. Chapellín como presidente de transición. Nosotros estábamos seguros que él no hubiera aceptado el fraude de 1993, y hubiese metido en cintura al Almirante Redames Muñoz. Estos son los antecedentes de porque hablo de esta frustración, que considero fue el primer combustible del triunfo de Hugo Chávez en 1998.

El Dr. Caldera había sustituido al ministro Jiménez por el Vicealmirante Radamés Muñoz León, quien se inició solicitando ante la Corte Suprema de Justicia, un antejuicio de mérito contra mi persona. Claro, él estaba gestando una asonada golpista; y yo, era un obstáculo para sus planes. A esa operación la llamó **"Lobo Gris"**. Me enteré de que este nuevo Ministro de la Defensa había viajado a Washington en el avión del banquero Gustavo Gómez López, quien había desfalcado al propietario del Banco Latino Pedro Tinoco. Allí, Radamés se reunió con el General Colin Powell, quien era Jefe de Estado Mayor, y según nos informaron, le propuso que lo apoyara para dar el Golpe de Estado antes del 6 de diciembre e impedir las elecciones de 1993. Powell al parecer le dio el apoyo, pero cuando fueron al Departamento de Estado, habló con los funcionarios Richard Feinberg y Alexander Watson, quienes se negaron.

Se sabía que el Vicealmirante Muñoz tenía el control de Venezuela, mandaba en Miraflores y en la transición. Mientras que el mandatario Ramón J Velázquez se notaba muy débil políticamente. Observando que la situación estaba muy crítica, intervengo, y le propongo al Presidente que convoque un acto de "Reafirmación Democrática" en el Palacio de Miraflores Ya él le habían llegado los rumores que un "Golpe de Estado" estaba en marcha. Por lo tanto, le encantó mi sugerencia. De inmediato circuló las invitaciones para el evento cívico, el cual se realizó mediados de noviembre de 1993. Me acuerdo de ese día, porque en la entrada del palacio se encontraba nuestro querido amigo el gran Simón Diaz, quien al verme me dijo:

-Pablo, esa corbatota, y soltamos la risa.

Me presenté en el Palacio de Miraflores con Andrés Velásquez. El acto fue con un sencillo protocolo. Inicio su discurso y los aplausos correspondientes a favor de garantizar la democracia como sistema. Pero noté algo muy extraño. El Alto Mando Militar estaba allí detrás de él, sin la presencia del Ministro de la Defensa Radamés Muñoz. Claro, él sabía el propósito del acto. Como no lo veía, eso me generó preocupación.

Al concluir su discurso el Presidente Dr. Ramon Velázquez, como yo estaba a 10 metros de él, me levanté como un resorte e inmediatamente cuando él va a dar media vuelta para recibir a su comitiva, me le acerqué, lo saludo, le entregué un vídeo; y le comenté:

-Presidente, aquí está el vídeo de una entrevista, una declaración del teniente Eliezer Otaiza, en el cual sostiene que las armas del teniente Bracamonte que se había robado del Fuerte Tiuna, que no fueron recuperadas por los cuerpos policiales las tenía él en su poder. Razón por la cual este Ministro Radamés Muñoz no tiene razones legales para enjuiciarme.

Luego que me despido del Presidente, inmediatamente el Dr. Caldera se me acercó y me preguntó:

- ¿Pablo cómo estás? ¿Qué le entregaste a Ramón?

- Le entregué el vídeo del teniente Otaiza.

Nos despedimos y salí con mi hermana Flor y otros diputados que me acompañaban, pero yo no veía al Ministro Radamés Muñoz. Cuando comienzo a retirarme, a unos 20 metros observé un extraño movimiento donde estaban congregados una veintena de periodistas; y me acerco. Para mi sorpresa, veo que es el vicealmirante. Entonces doy media vuelta y decido encararlo.

Comencé a entrar a esa especie de circulo pidiéndole permiso a los

Pareja Presidencial 1993-1998. Presidente de
Venezuela Rafael Caldera y Alicia Pietri de Caldera

Momento en que Hugo Chávez se juramentó como nuevo Presidente de la República.

Andrés Velásquez

periodistas con la ventaja que muchos me conocían. Cuando me acerco, el Ministro de la Defensa estaba declarándole a la reconocida periodista Sofía Imber, con el cuerpo medio doblado porque él era alto y fornido. En ese instante me dirijo a él con fuerza y lo increpo:
- Ministro.

Pero no me escuchaba, lo vuelvo a increpar con mayor decibel,

- ¡Miiniistrooo!,

Entonces volteó; y cuando me mira. Se asombró tanto que volvió a doblarse hacia Sofía Rangel. Pero yo le objeté:

 -Usted está abusando de su cargo. Me está tomando como excusa para dar un golpe de Estado.

Estuvimos como cuando dos boxeadores antes de comenzar un combate se miran cara a cara. En ese momento me dio ganas de reírme porque yo decía que era un gorila con ojos azules, pero sus ojos eran de color medio verdoso. Nos mantuvimos así varios minutos, lo único que me respondió fue:

 -Usted es un civil.

Intentó irse y lo frené, así frente a frente prácticamente echándonos saliva. Lo paré en seco, y le repetí

-Lo que usted pretende hacer es un abuso de autoridad.

Eso conmovió a la opinión pública; y, pienso, que de alguna forma contribuyó a la candidatura presidencial de Andrés Velásquez porque en las encuestas subió. Aunque nunca lo reconoció, pero tuve la oportunidad de ver varias mediciones electorales y en efecto pasó del segundo a posicionarse en primer lugar en el sentimiento del electorado.
Me parece importante comentar, que el primero de diciembre de 1993, cinco días ante las elecciones, el diario El Nacional publicó en la portada con foto y un gran título,

- Los dos funcionarios del Departamento de Estado Richard Feinberg y Alexander Watson, declararon que si hay un golpe de Estado en Venezuela se congela las relaciones con Estados Unidos.

En fin, Radamés Muñoz no pudo consumar su "Golpe de Estado". No obstante, los factores de poder entre ellos Venevisión, se prestaron para el colosal fraude e impusieron a Rafael Caldera como Presidente de facto para el periodo 1993- 1998.

En Sao Paulo nace el Foro

El 26 de marzo de 1994, el presidente Rafael Caldera cumplió su promesa electoral de otorgarle el sobreseimiento al comandante Hugo Chávez preso en la cárcel de Yare. Al día siguiente el expresidiario se dirigió al Panteón Nacional, dizque para homenajear al Libertador Simón Bolívar. Posteriormente visitó varios países entre ellos Guatemala donde se incorporó formalmente al Foro de Sao Paulo. En ese tiempo, recibió la invitación de Fidel Castro para visitar a Cuba, viaje que realizó el 13 de diciembre de ese mismo año.

Un Misterioso Pasajero

En un vuelo comercial directo a la Habana, iba un misterioso pasajero. Según nos comentó el capitán de la aeronave Dr. Rafael DeLima,

-Yo no tenía conocimiento, en ese momento, de que entre los pasajeros se encontraba el expresidiario Hugo Chávez.
Nos agrega DeLima, que su asombro fue mayúsculo cuando en el momento de aterrizar en el hangar correspondiente en el aeropuerto de La Habana, recibió una llamada del Ministerio de Relaciones Interiores de Cuba, para ordenarle que piloteara la aeronave hasta la rampa presidencial porque eso era un mandato de fiel cumplimiento.

El Capitán DeLima obedeció la orden y aterrizó en el área que le indicaron. Nos expresa que su sorpresa fue mayúscula al observar que cerca de la escalerilla del avión se encontraban los dueños de Cuba, Fidel y Raül Castro, esperando al pasajero Teniente Coronel Hugo Chávez.

Posterior a la sesión de fotos, el invitado Chávez y el piloto de la aeronave, Rafael DeLima, fueron transportados al hotel El Viejo y el Mar, ubicado en la marina Hemingway. Y, que luego de bañarse, recibió una llamada telefónica de un empleado para ofrecerle "toda clase bebidas incluyendo una botella de Don Perignon". Una hora después fue conducido a una sala diplomática de la Habana, cuya dirección no logró ubicar en ese momento, donde nuevamente se encontró ante la presencia de los hermanos Castros, y ministros militares de la tiranía cubana.

DeLima nos confiesa lo que escuchó en Palacio de la Revolución del dictador Fidel hacia Chávez,

-Para ese momento en que me presento a ese círculo observé que Fidel Castro tenía unos cuantos minutos impresionando a los presente con su verborrea; y clausuró ese encuentro con su invitado de esta manera,

"Comandante Hugo Chávez, tenga presente lo siguiente, usted debe ser candidato presidencial. Nosotros, tenemos la forma de hacerlo Presidente de Venezuela. Eso sí, una vez en el cargo debe recordar nuestro gesto y apoyar la revolución cubana con creces".

Continua DeLima "Fidel Castro finalizó sus consejos a Chávez con este mandato",

-Una vez que se juramente como presidente de la República, usted debe dedicarse a destruir la industria privada y empobrecer a la población, para que toda la gente dependa de usted como lo hemos hecho aquí en Cuba.

También le sugirió que se integrara al Foro de Sao Paulo, porque ya había dado los primeros pasos.

Sin una sentencia definitivamente firme como establece el Código Penal y la Constitución, El doctor Rafael Caldera, en su condición de presidente de la República, indultó en 1994, al teniente coronel Hugo Rafael Chávez Frías, de su responsabilidad de capitanear un alzamiento militar en 1992. La gesta de una intentona, que, aunque fallida, ocasionó derramamiento de sangre y pérdida de vidas humanas, infligiéndole una grave herida apocalíptica, que aún sufre el pueblo venezolano. Este perdón no inhabilitó políticamente a Chávez, al contrario, lo dejó vivo al igual que "el huevo de la serpiente". Ese mismo año del indulto, CaraE'Crimen viajó a Cuba para reunirse con Fidel Castro. Después se dirigió a Guatemala para participar en el Foro de Sao Paulo. Precisamente, esa fue una de las razones por la cual no asistí más a los actos programados del Foro; y al mismo tiempo, me sirvió para tomar la irrevocable decisión de deslindarme para siempre de ese proyecto continental que suavemente se deslizaba hacia los intereses hemisféricos de la dictadura estalinista de Fidel Castro.

Formé parte de esa organización desde su fundación en 1991. Su principal convocante fue el político brasileño Lula Ignacio Da Silva, con quién tuve una gran empatía porque, como es conocido, él era un trabajador siderúrgico; y yo también había sido trabajador siderúrgico en la empresa Sidor, ubicada en el estado Bolívar, frontera con Brasil. Desde Guayana y en esa posición, seguía de cerca las luchas de los trabajadores metalúrgicos de ese país. De tal forma que, cuando fui invitado a la primera reunión del foro de Sao Paulo teníamos un origen parecido y la prefiguración de un sueño común en beneficio de los trabajadores en una sociedad democrática.

Lula, influenciado por sector trotskista del Partido de los Trabajadores (PT), había expresado su opinión a raíz de la estruendosa caída del muro de Berlín y de la Unión Soviética en 1989. Este discurso de Da Silva fue calificado como muy importante porque se refirió al desplome del bloque soviético, el cual fue muy bien apreciado en el continente americano. Eso nos permitió luchar en condiciones democráticas sin las limitaciones de la candente Guerra fría. Las destacadas cualidades de Da Silva como orador y batallador en las lides por la defensa de los derechos de los trabajadores en aquel entonces, evidenciaba las mismas limitaciones en la formación política de Andrés Velásquez. Pero él resolvía sus carencias con un grupo de gente muy brillante de su partido, el PT, tales como Marco Aurelio García, Dirceu, Genoino. etc. Desafortunadamente, el destino posterior de este líder de los trabajadores, una vez que llegó al poder le fue adverso. Se dejó atrapar tanto por la corrupción, que lo convirtió en otro "Espejismo del Trópico" como diría el novelista Don Rómulo Gallegos, en su novela "Doña Bárbara".

Recuerdo que Fidel Castro pensaba de una manera distinta a la de Lula con relación al punto central del desplome de la Unión Soviética. El tirano cubano prefería continuar con su imperio, porque Cuba y el castrismo dependían completamente de los jerarcas del URRS. En el mundo se sabe que la dictadura castrista fue subsidiada por décadas por casi o más de cinco mil millones de dólares anuales, con el que se ocultaba el primer fracaso de la economía socialista en la isla antillana. Todo un país cortando caña como esclavos mal alimentados y pésimamente remunerados, gobernados por el déspota Castro en multitudinarios mítines, no lograron alcanzar el reto astronómico de una zafra para construir un capital de sostén propio para la revolución cubana en su primavera con la que enamoraba al mundo.

El dictador Castro debió recurrir al tráfico de drogas y al turismo sexual, que enmascaraba su parte más perversa: la pelotilla y las jineteras. De ese fracaso y de esa manutención de la Unión Soviética por décadas, quedaría una deuda que sería condonada después por Vladimir Putin en su interés expansionista en el hemisferio. Cuando me invitaron al evento de la fundación del Foro de Sao Paulo, acepté y en ella se firmó un acta con aproximadamente sesenta personas de varios países, de Uruguay y Argentina, México, Venezuela, dirigentes de Perú, Chile, que incluía también al partido comunista cubano.

Al final de ese foro, se firmó un documento criticando las políticas extorsionistas y usureras del FMI, pero sin referirse al gravísimo problema de la deuda externa en el continente americano. Ya el caudillo Fidel Castro pregonaba que la deuda externa era impagable, con un sesgo de victimización que ocultaba las verdaderas razones de las deudas y sus cómplices dentro y fuera de las fallidas democracias hispanoamericanas. Comenzando por el mismo Castro. Entonces, se acordó en el foro convocar la próxima reunión en Montevideo en 1992. Teniendo como anfitrión el Frente Amplio, de Uruguay. También asistí a esa reunión, pero sin mayor significación que considerar porque no la mantengo en mi memoria.

En 1993, la Universidad de Princeton en Estados Unidos, nos invitó a los dirigentes hispanoamericanos; Lula de Silva, de Brasil, Cuauhtémoc Cárdenas de México, Navarro Wolf de Colombia, Andrés Velázquez y yo por Venezuela, para escuchar nuestras opiniones más allá de sus interpretaciones y posturas ideológicas. Inesperadamente, Andrés no aceptó asistir. No terminé de comprender su negativa a participar a un evento tan importante relacionado con los intereses de los pueblos de nuestro hemisferio.

Aunque nunca me dijo los motivos, sea lo que fuere, pienso que Andrés no quiso asistir al foro influido por su síndrome del cementerio. Esa incapacidad de considerarse menos por haber nacido en un camposanto, y no tener ideas para hablarle con transparencia a la vida y a los seres que dice encarnan. La agenda del foro consistía en la discusión de las relaciones entre Estados Unidos y América Latina. Un debate interesante con estudiantes y la prensa internacional. Llegado el momento, de inauguración del tan esperado evento, comenzó con la participación de cada panelista. Se habló con mucha franqueza de las relaciones con Estados Unidos y nuestros respectivos países.

Se trataron temas variados, desde los respaldos que han dado a las dictaduras militares incluyendo las relaciones comerciales. Para mí fue más fácil porque la relación entre Venezuela y Estados Unidos eran históricas por razones no solo de carácter petrolero. Yo les comenté que la familia del general George Washington le había enviado un medallón a Bolívar cuando el iluminó al continente con los valores de la independencia; y, la libertad; presente que yo reconocía y celebraba por la trascendencia de nuestro Libertador en el país del norte. Después, intervino Estados Unidos como árbitro, en la solución del bloqueo contra Venezuela por parte de las potencias de Europa, para cobrarse las deudas en 1905.

Cumplido el programa previsto en la mañana, nos dispusimos a prepararnos para el almuerzo. En ese momento se me acercó un grupo de personas, incluyendo un gran escritor. Uno de los miembros del equipo me comenta:

- ¿Sabe Ud. que en EE. UU. hubo una corriente religiosa llamada Los Cuáqueros que actuaban, como usted dijo que lo hacía La Causa R?

El escritor Mario Vargas Llosa, quien se encontraba en primera fila, atento a las intervenciones, con gran decencia me preguntó:

- ¿Puedo hablar con usted, puedo acompañarlo al comedor?

Le respondí con admiración y respeto.,

-Para mí es un honor caminar al lado de uno de mis escritores favoritos.

Ese encuentro fue un breve paseo entre el prestigioso escritor y mi persona. Mario Vargas Llosa tenía mucho interés en conocer sobre el antejuicio incoado contra el Presidente Carlos Andrés Pérez. Le hablé de las cuatro causas por las cuales se le acusaba; y, que todas estaban documentadas.

Concluí con un pronóstico al escritor peruano, que como había una reforma en el Poder Judicial, las probabilidades de que culminara con una sentencia condenatoria eran muy alta. Yo veía que era inevitable la salida de la Presidencia de la República de Venezuela, a Carlos Andrés Pérez. Al minuto final, de la conversación y recorrido con Vargas Llosa, le comenté en justa deferencia su obra literaria. Entonces, me preguntó que cuál había sido la que más me había emocionado, y sin ninguna duda, le dije "La Tía Tula" y soltó una carcajada.
Terminado el foro en la universidad de Princeton, nos fuimos a Washington, Lula Da Silva, el colombiano Navarro Wolf y yo. Me acompañó mi hermana Flor y una periodista amiga. En esa ciudad fuimos invitados por la vicepresidente del diario New York Times. Allí, se encontraban doce funcionarios del recién electo Gobierno del presidente William Jefferson "Bill" Clinton. Observamos, que había interés y expectativa

con nuestra presencia; y con los temas que íbamos a exponer. Se conversó sobre las relaciones entre Hispanoamérica y Estados Unidos. Intercambios comerciales, mejoramiento de la diplomacia. También se habló de la galopante corrupción en los países. Yo, por mi parte, planteé el tratamiento de la deuda externa. Nos escucharon con mucha atención. Muchos oyentes presenciales tomaron notas con sus lapiceros. Hispanoamérica se encontraba en situación deficitaria, bajas tasas de crecimiento sin contar con el horizonte con planes de inversión, sumamente endeudada con la banca internacional producto de la corrupción de los gobiernos y la elevación de las tasas de interés después de aquella medida unilateral tomada por el Presidente Richard Nixon en 1972, cuándo estableció la libre convertibilidad del dólar en relación con el patrón oro, que causó grandes impactos negativos en Venezuela y Latinoamérica.

Finalizada la reunión en Washington, cada uno regresó a su respectivo país. Entre tanto, Lula y yo, como teníamos conocimiento que en marzo de 1993 iba a efectuarse la próxima reunión del Foro de Sao Paulo en La Habana, hicimos un alto, para intercambiar ideas acerca de la naturaleza política y planificar nuestras propuestas a plantear en ese próximo foro; entre ellas, promover elecciones libres que debería ser una bandera continental comenzando por Cuba. Ese compromiso lo hicimos ante de retirarnos a nuestros respectivos países.

Tres meses después, efectivamente, nos encontramos en La Habana. Por casualidad, en la entrada del Palacio del Congreso, donde acostumbran a hacer todas las actividades oficiales, venía Lula con un grupo de acompañantes e inmediatamente nos separamos; y, en español, pero con su acento portugués, me informó:

-Oye Pablo, anoche fuimos a la reunión con Fidel en el Palacio de la Revolución. En un breve encuentro que tuvimos, le recomendamos que convocara elecciones libres en Cuba, que eso iba ayudar a nuestros países del hemisferio, ya que unas elecciones libres significarían un cambio muy importante para las relaciones internacionales y para desbloquear a Cuba. Fidel se molestó mucho con mi sugerencia. Me respondió que mientras estuviera vivo no habrá elecciones en Cuba socialista como las que hacen en el capitalismo. Asimismo, se refirió a Mijaíl Gorbachov, lo calificó como el "hijo de puta" más grande de la historia por haber ayudado a la destrucción de la Unión Soviética, y haber entregado a Estados Unidos documentos secretos con su infame Perestroika.

Le agradecí a Lula por su confianza. Luego, entramos al Palacio del Congreso, y él subió a la tarima de los oradores, acompañado del dictador nicaragüense Daniel Ortega, un dirigente de San Salvador y Fidel Castro.

En su intervención, Ortega señaló que la revolución sandinista contaba con mucho apoyo en Nicaragua; e informó, que había realizado un viaje recientemente a Libia, país en el que se reunió con Muamar el Gaddafi. Realmente, el discurso de Ortega resultó un verdadero fastidio, a tal punto que el compatriota Gabriel Puertas, luchador social que estaba a mi lado, expresó con sarcasmo, "Ese carajo no solamente habla lento, sino que piensa lento". Todos nos reímos de su ocurrencia. Luego le tocó el turno a Lula, quien con su labia 'pico de plata' como decimos en Venezuela, le inyectó calor al evento. Se sintió la fuerza volcánica de su oratoria. Dijo que la situación era favorable para los pueblos de América porque la guerra fría había finalizado; y aprovechó de denunciar el peligro que acechaba a la democracia por causa del Neoliberalismo. La cara de Fidel Castro, agarrándose la barba, ¡era de película!

Posteriormente se abrió el debate para la audiencia. Inmediatamente levanté la mano y me dieron el derecho por cinco minutos. Comencé saludando al panel y al auditorio; y me presenté:

"Soy el Secretario General de La Causa R, una organización conformada por trabajadores, estudiantes y sectores populares, quienes consideramos que la democracia es una bandera de los pueblos. Por lo tanto, no hay que agregarle más calificativos. Para nosotros la democracia es nuestro Alfa y Omega. Pensamos y coincidimos que con la democracia se pueden hacer todos los cambios políticos, económicos y sociales. Por lo cual, estamos de acuerdo con aquel pensamiento de Abraham Lincoln, quien la definió como el gobierno del pueblo para el pueblo y con el pueblo".

Antes de finalizar mi intervención, hice la siguiente pregunta,

"Queremos saber, si para hacer los cambios en Venezuela, debemos pedirle permiso a Daniel Ortega y a Fidel Castro, quienes hace dos años atrás dieron un gran apoyo internacional a Carlos Andrés Pérez".

La pregunta los dejó gélidos. Esas palabras provocaron un revuelo en ese Foro de Sao Paulo celebrado en la Habana. Comentarios por todos lados, unos a favor otros en contra, pero yo cumplí con mi deber de hacer ese planteamiento democrático en ese escenario. Este incidente es desconocido. Posteriormente, en la noche fuimos invitados a una cena con el anfitrión Fidel Castro. Recuerdo que él recorría todas las mesas saludando a los invitados, cuando llegó a la mía, parece que hubiera visto al demonio porque dio media vuelta y se fue. Reitero que a mí me quedó la enorme satisfacción de haber expresado mi punto de vista sobre las elecciones y la democracia.

En diciembre de 1998, luego que Chávez ganó las elecciones presidenciales, se aparecieron en Caracas dos directivos del Foro de Sao Paulo: Marco Aurelio García por Brasil y Cuauhtémoc Cárdenas por México. el mismo día que Hugo Chávez asumió la Presidencia de la República. Antes, ellos se habían comunicado con Hugo, pero él delegó el encuentro en mí. En efecto los atendí; y, me plantearon que celebráramos el encuentro en Caracas. Les informé, que, desde la reunión de la Habana en 1993, ya yo me había retirado del foro de São Paulo, Tengo entendido que Chávez tiene interés en ese Foro, pero considera que deben esperar.

Capítulo III

La Traición en Cadena

Al regresar a Caracas del último Foro realizado en Cuba en 1993, me incorporé a la campaña electoral presidencial para apoyar a Andrés Velásquez; y a los candidatos a diputados de Venezuela. Nosotros conquistamos 47 curules de diputados y 8 de senadores. Desde luego, que fueron mucho más, pero nos afectó la decisión de Andrés y su comando electoral de no querer defender el gran triunfo que habíamos obtenido. Esta traición de Velásquez fue un golpe demoledor que afectó el rumbo estratégico que transitábamos. A partir de ahí todo cambió para mal. La Causa R había perdido la batalla más importante de su corta historia por irresponsabilidad de quien fue nuestro aspirante presidencial. Al parecer, es una enfermedad de los contendientes presidenciales, la tembladera de piernas cuando les corresponde jugarse el pellejo. Nos concentramos entonces en la labor legislativa, era una fracción importante y juntamente con otros partidos del Movimiento Al Socialismo (MAS) y COPEI, conformamos un frente parlamentario; y en 1996, por primera vez, desplazamos a la fracción parlamentaria de Acción Democrática; es decir, al principal partido de la directiva de ambas Cámaras del Congreso Nacional.

Así que elaboramos una agenda parlamentaria de cambios, en la que figuraron: la designación de un Consejo Nacional Electoral bastante confiable. El Congreso Nacional abrió sus puertas para reunir a la gente en las diversas comisiones a pesar del ambiente de frustración nacional. Sin embargo, se sostuvo en un buen clima y la gente comenzó a confiar en el órgano legislativo. Con esa mayoría se logró que el discurso del 5 de julio de 1996 me correspondiera pronunciarlo, día en que se celebra La Independencia. El discurso lo preparé con Farruco Sesto sobre la base de dos ideas, la Deuda Externa y la Refundación de la República. Mi alocución en esa fecha en que conmemoramos la firma de la declaración de la independencia de mi patria amada en el Congreso, refiriéndome a la deuda externa, había sido una de mis grandes aspiraciones hecha realidad.

Capítulo IV

El Cáncer de la deuda externa

La investigación y estudio de la deuda externa, se la escuché por vez primera vez al diputado Roseliano Ojeda, quien, por cierto, me entregó una primera lista de los venezolanos que habían sido favorecidos mediante corrupción con dólares que colocaban en los bancos internacionales, razón por el cual había que colocarles un impuesto de colaboración para cancelar la deuda de la República.

En 1994, viajé por un pueblo del estado Amazonas llamado San Juan de Manapiare en el que habita una comunidad indígena ubicada más allá de Puerto Ayacucho en la selva Amazónica. Encontré que en la comunidad hay un río afluente

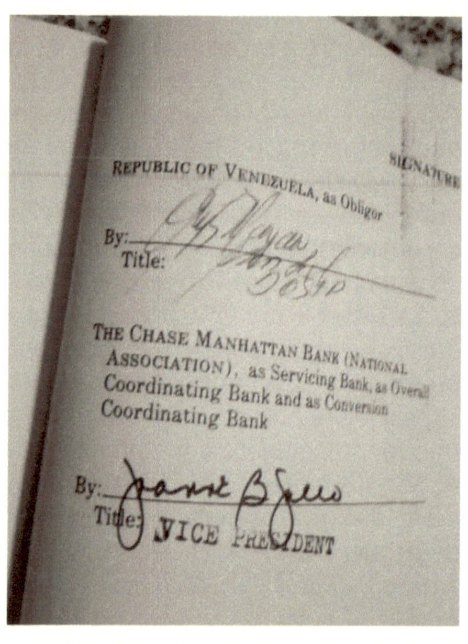

Las firmas de la traición a Venezuela, el comisionado Marcano en representación del gobierno de Jaime Lusinchi y Harold Willian, en representación del Chase Manhattan Bank y de 534 bancos acreedores

del rio padre, realmente espectacular, con agua fresca de montaña tan agradable, que al sumergirnos durante varias horas era no provocaba salirse del rio. Lo comparo como un bautizo en el rio Jordán. Los indígenas nos revelaron de la existencia de un salto de agua como el del Salto Ángel llamado Yutage, donde hay una pista de aterrizaje, cabañas y un excelente restaurant. Nos llevó 8 difíciles horas llegar hasta allá, porque el nivel de agua era muy bajo, y a veces teníamos que cargar la curiara de madera muy pesada en los diversos caños. No obstante, esa travesía, embelesa, se siente un éxtasis por la variedad de animales, tales como bandadas de pájaros de diferentes clases y colores y cocodrilos, entre otros.

Luego llegamos a la laguna de Marjorie. Los viejos indígenas sostienen que, en el fondo de esa laguna se encuentra un gran galeón español sumergido, que naufragó hace muchos años cuando los ríos no estaban bifurcados. A orilla de la laguna improvisamos un campamento y en la noche con los acompañantes Farruco Sesto, David Paravisini y dos de la comunidad, cenamos gracias a la pesca y a la improvisada cacería de un pato que se atravesó en nuestra aventura. Mi mente se fundió con los dioses de los nativos y con sus creencias mágicas acerca del nacimiento del mundo. Me dormí con fiebre, originada tal vez, cuando quitaba el anzuelo a un pez caribe, que rozó mi dedo con uno de sus afilados dientes, sentí el dolor en todo el brazo como la herida de una espada. También esa noche calurosa, recordé al Barón de Humboldt, cuyo nombre de pila era Alexander Von Humboldt, quien navegó por el Edén Amazónico.

Para el viaje me había llevado el diario El Universal. Leyéndolo, me sorprendió la noticia relacionada con la denuncia de un empresario zuliano llamado Ananías González Christopher Koby Denel, quién afirmaba que la deuda externa venezolana había sido cancelada dos veces. Al regresar de San Juan de Manapiare, contacté al primo ingeniero, Ricardo Valbuena, para preguntarle si conocía a Koby González. Me respondió afirmativamente, y lo llamó e invitó a Caracas. Efectivamente en mi presencia, él me contó que él tenía una empresa petrolera An-Son Drilling muy importante en el estado Zulia y Anaco, y que había adquirido una deuda con el banco American Express con dos pagarés, la cual había cancelado; y, sin embargo, tenía un juicio nada más y nada menos que en el Tribunal de Nueva York, cuyo juez era el siciliano Jhon E. Sprizzo.

Lo interesante del caso jurídico fue que sus abogados se dieron cuenta que la deuda externa que había reconocido y firmado el Gobierno de Jaime Lusinchi a nombre de la República con el banco Chase Manhattan Bank y 534 bancos más, donde el presidente, a nombre de la República se comprometió a cancelar la deuda pública de Venezuela; y, también los 7. 000 millones de dólares de la deuda privada. De tal forma que el banco American Express no podía cobrarle a la empresa An-Son Drilling los pagaré ya que estaban incluidos en el paquete de la deuda privada reconocida por Venezuela. Todos esas letras o compromisos tenían que ser regresados a la Hacienda Pública de Venezuela para recuperar 7 mil millones de los empresarios deudores.

El Chase Manhattan Bank y el banco American Express se negaron a hacer esa devolución; y, en ese juicio en el Tribunal de New York ocurrió, digamos, un milagro de Dios. Una extraordinaria confusión, por la cantidad de documentos relacionados con el caso, que llevaba ese bufete; y, donde se encontraban reunidos las partes contratantes. Con relación a ese "Documento Principal", se percibía en Venezuela una ola de misterio, aunque se sabía que había sido firmado por el Presidente Jaime Lusinchi con El Chase Manhattan Bank y el banco American. Resulta entonces, que, luego que Kobi González y su equipo Eduardo Villalobos, entre otros regresaron a Maracaibo, encontraron en uno de los maletines el "Documento Original Oficial", en inglés, con la firma del representante Carlos Luis Marcano por Venezuela; y de Harold Williams, en representación de los bancos internacionales.

Les recuerdo, que los grandes bancos en esa década de los 80, firmaban pagarés con los gobiernos de América Latina, pero se burlaban de los gobiernos y de las naciones al ocultar en forma aviesa, y guardar en sus bóvedas, el Documento Original de cada nación. Los representantes de los bancos solo entregaban copias sin firma donde obligaban a los pueblos y naciones a ceder la jurisdicción y soberanía. Así que, Jaime Lusinchi reconoció un monto de la deuda externa de la República por 33.000 millones de dólares de los cuales 14 mil millones. de dólares era deuda ilegal, 7.000 millones de la deuda privada reconocida y el monto efectivo y enteramente legal, eran 11 000 dólares más de 1.000 millones de dólares de comisión al banco Chase Manhattan Bank.

De esa manera, el Doctor Lusinchi, natural de Puerto Píritu (estado Anzoátegui), y dirigente de Acción Democrática le enterró un puñal sin guante en el mero corazón a la República.

Comprometido y juramentado en quitarle a Venezuela una de las cadenas de acero que impiden la evolución económica; y, con el propósito de salir del foso de la corrupción y la inmoralidad, consideré prudente presentarnos ante el propio juez siciliano Jhon Sprizzo en New York, para reclamar y asumir la defensa de los venezolanos que desconocían e ignoran el impacto de la deuda en sus vidas, que están encadenados en forma invisible por un déficit de 2.000 dólares promedio per cápita.

En efecto, viajamos a New York: Kobi González, el ingeniero Ricardo Valbuena, el comisario Eduardo Villalobos, el contador Otto Mollegas; y yo, en condición de diputado de la República. Al llegar al poderoso e implacable Tribunal de New York, los policías custodios conocían al comisario Villalobos y nos permitieron seguir adelante hasta el piso del bufete. Cuando llegamos, Kobi Ananías González se da cuenta de mi intención; y me dice: "Pablo no vayas a entrar sin permiso del juez que eso es prohibido". Pero yo estaba dispuesto a lo que fuese. Entré al despacho del juez Sprizzo con la firme idea de reclamar los derechos que asisten a Venezuela, pero se había retirado cuando se enteró que nosotros íbamos a visitarlo, y que entre los integrantes de la Comisión andaba un diputado. En el despacho del juez estaban dos jóvenes, pero no respondieron de mis preguntas *"¿Dónde estaba? y ¿Cuándo se encontraba el juez en su oficina?"* Luego miro a la derecha y observé, que encima del escritorio la silla pegada a la pared del Juez ausente estaba el símbolo del Águila, que como sabemos tiene varias connotaciones.

La dirigencia de los partidos políticos estaba consciente que la República estaba financieramente herida de muerte, pero ocultaban la triste y dolorosa realidad de que la democracia política ya se había ido por un barranco. Carlos Andrés Pérez quien gana las elecciones de 1988, en esa circunstancia, la República tenía las arcas del tesoro público en bancarrota, pero el nuevo presidente, guardó silencio, no informó a los venezolanos la actitud irresponsable y cobarde de Jaime Lusinchi. Era una época de complicidades, de los contubernios y alianzas falaces, donde pocas figuras alzaban la voz y levantaban su perfil como auténticos patriotas venezolanos.

Uno de esos pocos fue el Doctor Uslar Pietri, quien, en un programa de televisión con Marcel Granier, alertó al país sobre la traición, en la cual adujeron al expresidente Lusinchi a que firmara ese Convenio. Y el mismo Granier introdujo un documento en el mismo sentido. Yo declaré también en nombre de la Causa R; pero la mayoría de los medios de comunicación miraban hacia otros lados. El beodo Jaime Lusinchi solo declaró que la banca internacional lo había engañado. Esa gran confesión era la prueba más contundente para enjuiciarlo; pero la clase política también guardó silencio porque era cómplice.

Continuo mi relato acerca de Christopher Ananías Kobi González, quien abrió la caja fuerte y me entregó el Documento original. Ese que vino en traspapelado en uno los maletines desde New York, entre libros y reportes escritos. Solo se dieron cuenta cuando llegaron a Venezuela. La existencia de otro informe que no era el habitual pero que los abogados del banco América Express lo tenían por un por si acaso. Fue como el vellocino de oro perdido. El Dr. Caldera, para ese entonces Presidente de la República conocía de la existencia del famoso documento. Él sabía que se encontraba en Venezuela en buenas manos, pero no hubo por su parte, un atisbo de interés en archivar algo tan importante para la República. En la Contraloría General, el Banco Central de Venezuela y la Procuraduría solo existe o existía la fotocopia del documento, pero sin firma. Demostración palpable de que los distintos mandatarios le dieron la espalda al país que había cancelado miles de millones de dólares. Pero las autoridades aceptaron recibir papeles sin ningún valor probatorio que permitiera resarcir el daño al patrimonio de Venezuela y sus habitantes. Reiteramos que Caldera, enmudeció. No hizo nada para revertir la dañosa y catastrófica circunstancia para la vida de la familia venezolana.

En la Cámara de Diputados solicité un derecho de palabra para denunciar las circunstancias de la doble deuda pagada y cobrada por los bancos. Luego de mi intervención, se nombró una comisión para investigar la gravísima denuncia, la cual estuvo integrada por el diputado Edgard Valle Valle por AD, otro de Copey, Freddy Gutiérrez y mi persona.

Sin pérdida de tiempo comenzamos la investigación. Se comentaba en ese momento que resultaba imposible solucionar el peso diabólico de la deuda externa, debido a que estábamos encadenados por siempre y para siempre como esclavos de la antigüedad, con esos papeles de la deuda. Se comentaba que supuestamente estaban distribuidos y personalizados; y dizque nadie sabía en manos de quien estaban esos bonos, conocidos como los bonos Brady, en nombre del Secretario del Tesoro en EE. UU., Nicolas Brady, quien aconsejó un nuevo convenio de condonación de la deuda a los países en vías de desarrollo.

Sin embargo, el respetado abogado y poeta Dr. Ramón José Medina, quien fungía como Contralor General de la República, había clarificado el espinoso asunto en una investigación solicitada por el Congreso. Él afirmó, que efectivamente, había un componente importante de deuda ilegal porque tanto el deudor y el banquero acreedor habían violados los procedimientos legales de nuestra República al adquirirla. Y; que, por su origen, esa inmoralidad, así se transformara en bonos u otra forma fiduciaria, siempre tendrían la marca, la huella de la ilegalidad. Ese documento de la Contraloría estaba oculto en el Congreso Nacional; y; cuando uno de esos días me tocó hacer una suplencia al Dr. Ramón Guillermo Aveledo, presidente de la Cámara de Diputados, al revisar la biblioteca, me sorprendí de la existencia de un documento nada menos que de la prestigiosa Contraloría General de la República, tan valioso y necesario para salvar a Venezuela; y, a su gente del "Congrio" de la deuda externa como la llamó el Libertador.

Invitamos entonces al Ministro de Finanza Luis Raúl Matos Azócar para esclarecer ese misterio financiero. El ministro Matos, había sido diputado de AD, profesor de la Universidad Simón Bolívar. Cuando era diputado, habíamos iniciado la conformación de la Mesa Democrática. Pero como Ministro de Hacienda nos decepcionó al manipular las cifras financieras de las empresas básicas de Guayana para ser rematadas a precio de gallina flaca en el gobierno de Caldera.

Le preguntamos al ministro:

- ¿En qué consiste el circuito de los pagos de la deuda externa de la República?

Respondió,

-Las cancelaciones de la deuda externa se efectúan de la forma siguiente, previsto el presupuesto nacional y aprobado por el Congreso sobre la base del monto de la deuda pública acordada con los bancos acreedores, la dirección de Crédito Público del Ministerio de Hacienda revisa lo correspondiente a cada cancelación durante cada año. Se conforma el cheque cada tres meses y se hace las debidas transferencias a través del Banco Central de Venezuela al Chase Manhattan Bank como banco Coordinador de los 530 bancos internacionales. Luego cada banco en particular transfiere a los tenedores de los bonos Brady la cancelación.

Consideré que esa respuesta era una vulgar mentira que resultaba imposible conocer quiénes eran los propietarios de los bonos Brady.

Continuamos desarrollando la investigación y fuimos ante el Parlamento Latinoamericano con sede en São Paulo, Brasil. Les interesó tanto que se acordó organizar un evento con el Congreso de Venezuela, al cual acudieron diputados, senadores de varios países. Se acordó una resolución con el fin de organizar un magno evento de carácter mundial sobre la deuda externa. Invitar a las iglesias, a los colegios de economistas, universidades públicas y privadas, a los parlamentarios, empresarios, intelectuales, sindicatos. El Centro Coordinador sería la Segunda Vicepresidencia de Diputados que yo lideraba con el apoyo del presidente del Congreso Nacional, el senador Cristóbal Dalo, nos constituimos en un comité muy amplio y decidimos convocarlo e inaugurarlo el día 7 de julio de 1997.

Viajamos a varios países para invitar a ese importante acontecimiento. El primer objetivo fue el Estado Vaticano. Allí se encontraba el Cardenal Castillo Lara, oriundo de San José de Guaribe, estado Guárico. Me reuní con él durante una hora, inicialmente lo percibí muy serio y con los brazos cruzados en señal de desconfianza y cuidado. Empero, en la medida que fui explicando el gravísimo congrio de la deuda externa; y la manera de encararla, fue gesticulando los brazos y cambió su postura y su rostro. Se transformó en un entusiasta partidario sobre el tema de la deuda. Cambió cuando comenté que todo el mensaje central estaba enmarcado en el Jubileo que adelantaba el Papa Juan Pablo II. El Cardenal se emocionó tanto, que luego me dijo: *"No te muestro la Capilla Sixtina porque la están reparando"*. Me quedé con las ganas de conocerla. Me dio la bendición y recomendó que, en el evento de Caracas, invitara a representantes de los acreedores y deudores.

Luego me dirigí hacia la misa dominical en la Plaza de San Pedro. Había una larga lista de fieles emocionados por tocar o conversar con el popular y querido Papa Juan Pablo II, hoy en día es santo. Me correspondía el puesto número 7. Observé que la gente duraba muy poco tiempo dialogando con él. Unos le besaban el anillo Papal, y él, siempre tranquilo, sonriente, su mirada tenía destellos de luz, de alegría sublime y expresaba en su rostro un halo de picardía, como queriendo decir *"A mí no me engañan"*. La fila de feligreses era como de 1000 personas. Contaba a su lado con un asistente, que cuando el Papa hacia una seña, su auxiliar se acercaba y con el dedo tocaba a las personas en el costillar, en señal de que había concluido la cita y que viniera el próximo.

Cuando me correspondió mi turno, sabía que debía ser concreto; o sea, ir al grano. Me había preparado y estaba seguro del éxito. Comencé con estas palabras:

-Su Santidad, vengo en nombre del Parlamento Latinoamericano con el propósito de apoyarlo en su bíblico mensaje del Jubileo del fin del Milenio y proponerle una estrategia.

Inmediatamente dio media vuelta y puso su oreja derecha en forma directa hacia mis palabras. Le expliqué en que, consistía el proyecto aprobado por el Parlamento Latinoamericano. Le hablé del evento "La Deuda Externa, El Jubileo; y El fin del Milenio"; y, que el centro del esfuerzo convocante era acudir a la Corte Suprema Internacional para denunciar las alzas de las tasas de interés a raíz de la medida tomada por el presidente Nixon en 1972, que estaba relacionada con la libre convertibilidad del dólar con el patrón oro. Al finalizar mi exposición de motivos, Me puso la mano en el hombro, me dio la bendición y me dijo buena suerte. Respiré profundo porque no sentí la uña de su asistente en mi costilla.

Mi estadía en el Vaticano fue relevante y de buen augurio. Después de mi conversación con el Santo Papa, hablé con su eminencia cardenalicia Rosalío José Castillo Lara; y con otros purpurados como el Cardenal francés Echegaray, presidente de la Comisión de Justicia y Paz, un señor bastante mayor de hablar pausado, quien al igual que yo, era conocedor del asunto de la deuda externa y el Jubileo. Él me entregó documentos del Vaticano referido a ese tema. Allí conocí al presbítero Pedro Freitez Romero, sacerdote venezolano muy querido y respetado en Monagas y en toda Venezuela; que ejercía como director de la estación radiofónica Vaticana; y, acompañaba al Sumo Pontífice a todas sus giras internacionales. El sacerdote Freitez, quien irradia sencillez y humildad, me concedió dos entrevistas para la estación radial que dirigía, la cuales fueron transmitidas a más de 200 emisoras.

Gracias a la gentileza del padre Freitez, logré conocer al jefe de la Guardia de la seguridad del Papa, el suizo Alois Estermann, quien estaba casado con Carmen Meza, una mujer morena, muy bella, nacida en Urica (estado Anzoátegui). Él hablaba con lentitud el español y andaba en una campaña santificadora de un sacerdote de Suiza. María Cristina Iglesias se comprometió a apoyarlo con firmas. Nos mostró la foto cuando ocurrió el atentado sosteniendo en sus brazos al Papa Juan Pablo. Tristemente, tanto Carmen como Alois fueron víctimas de un extraño crimen dentro del Vaticano, el cual afectó a su Santidad, que muy compungido hizo comentarios de ese asesinato. Mi amistad y agradecimiento con el sacerdote Pedro Freites me llevó tiempo después a proponerle que escribiera el prólogo de mi Libro "Quien mató al fiscal Danilo Anderson". Freitez, por su parte me invitó a comer a una trattoria romana, restaurante que permanece en mi memoria en forma recurrente.

Al regresar a Caracas, desde el Parlamento, invitamos a varios presidentes de Hispanoamérica; pero ninguno aceptó acercarse al fuego candente de la deuda externa. No querían tener problemas con los bancos y organismos financieros internacionales. El que nos recibió fue Fidel Castro en el Palacio de la Revolución adornado por bellas plantas y cuadros de pintores de reconocimiento mundial. Allá fuimos. Farruco Sesto, Ali Rodríguez y Chirinos, como integrantes de la Comisión preparatoria del evento de la deuda externa.

Al llegar nosotros, Fidel invitó a un brindis. El mesonero trajo whisky y dos copas de Martini y en cada copa una aceituna. Él agarró una copa; y, yo supuse porque nada dijo, que la otra era para mí; y yo la tomé. Para iniciar la conversación con buen ánimo, el anfitrión Fidel lanzó puentes. Se refirió a mí, mientras alzaba la copa: *Este hombre se reunió con el Papa Juan Pablo II y ha armado todo un escándalo mundial de grandes proporciones*. Por supuesto, todos nos reímos de la ocurrencia.

Evidentemente, se refería a la portada de un periódico que había publicado la foto mía con el Papa Juan Pablo II. Mientras conversaba, me llamó la atención los gestos en su cara y manos que notaba un nerviosismo perpetuo. Castro, famoso por su memoria recordó mi intervención en la reunión del Foro de Sao Paulo en la Habana año 1993, y me preguntó:

- ¿Sigues pensando que la democracia es el mejor sistema?

Le respondí,

-Desde luego que si, en una República democrática.

Horas más tarde, me sorprendió que Fidel Castro, habiendo realizado una reunión internacional sobre la misma materia varios años antes, demostraba un desconocimiento histórico del tema de la deuda externa. Sin embargo, mostró mucho interés en las investigaciones que adelantábamos, especialmente en el documento original del Tribunal de New York y la estrategia a desarrollar en función de resolver el peso de la deuda a las naciones. Cuando escribo este libro, recuerdo y reflexiono, que Fidel Castro mantuvo una larga amistad con Nelson Rockefeller quien era dueño del principal acreedor de Venezuela, el Chase Manhattan Bank.

Al filo de la media noche tocamos los temas políticos de África, Vietnam y América. Se le preguntó sobre Colombia, y en ese momento tenía cierto tiempo con su bota derecha encima de un taburete, pensé que debía tener un problema de circulación. Se llevó la mano a la barba encanecida, y dijo con su acento característico "La verdad es, que de Colombia no he pensado mucho. Pero yo me imagino, a los guerrilleros de las FARC tomando las haciendas y repartiendo el ganado a los campesinos".

Le contesté,

-Pero, eso es abigeato. Los caudillos en Venezuela lo hicieron durante años y fue una etapa decadente.

"La revolución en Colombia no avanza", dijo, esquivando comentar mi observación sobre el abigeato.

A final tocamos el tema de la antigua Unión Soviética, calificando a Mijaíl Sergueievich Gorbachov, quien fue jefe de Estado de la Unión Soviética, como el hijo de puta más grande de la historia. Finalmente se comprometió a que, *"Si Caldera me invita, los acompaño, de lo contrario, envío a alguien para el evento de ustedes".* Le recordé que fue invitado por el presidente Rafael Caldera a la Cumbre Iberoamericana en la isla de Margarita en el hotel de los Ciegos y no habló del espinoso tema de la deuda externa.

De regreso a Venezuela, el diputado Freddy Gutiérrez y yo, fuimos a la sede de la Conferencia Episcopal, para conversar con Monseñor Ovidio Pérez Morales, a fin de incluir el tema de la deuda externa como parte del Jubileo. Nuestra solicitud fue aprobada e incluida en las resoluciones de esa institución. Les comento que sentí gran alegría cuando, el Nuncio Apostólico Cardenal Solana dijo en el patio de la Nunciatura Apostólica al Monseñor Mario Moronta lo siguiente: *"el diputado Pablo Medina es uno de los pocos que navega al lado del Papa en el mismo bote del Jubileo."* El plan del Papa era partir vía marítima en un barco desde Jerusalén a Roma; recorriendo pueblos y ciudades, siguiendo la ruta del apóstol San Pablo llevando la voz de Cristo. En esta oportunidad el viajero peregrino Papa Juan Pablo II lo haría llevando el mensaje del Jubileo. A ese propósito del viaje había dado mi palabra de asistir, pero lamentable, por razones ajenas a nuestra voluntad, el viaje no se efectuó.

Empero, nuestro magno evento se realizó en julio de 1997, en el Hotel Caracas Hilton, el cual fue presidido por el diputado uruguayo, Juan Adolfo Singer, quien era presidente del Parlamento Latinoamericano; y contó con la asistencia de más de 800 personas, quienes deliberaron durante la noche inaugural del día viernes. Luego, el sábado se realizó el debate central; y, el domingo se hicieron las conclusiones en cincos Comisiones. El punto central de la estrategia era lograr que algunos gobiernos se decidieran a solicitar una opinión sobre las tasas de interés para acudir ante La Corte Internacional de Justicia

Este Congreso internacional acordó como parte de sus conclusiones dirigirse a la Unión Interparlamentaria Mundial, ya que era una herramienta fundamental. Deseando que al menos, un gobierno en el mundo asumiera la responsabilidad de acudir ante la Corte de la Haya a presentar esa denuncia; y una opinión sobre el alza de las tasas de interés a partir de la libre convertibilidad del dólar con relación al patrón oro que causó muchos problemas a las naciones.

El Comité promotor de ese Congreso estuvo integrado por el Senador Humberto Celli, los diputados Edgard Valle, Freddy Gutiérrez, Vladimir Villegas, Alexis Rosas, Ali Rodríguez Araque, Koby Ananías Cristofer González, Ricardo Valbuena, el sacerdote Vives Suria, pastores evangélicos, la fracción parlamentaria del recién creado PPT. Asimismo, por Europa participaron reconocidos especialistas en el tema de la Deuda Externa, tales como el Dr. Tabaré Vásquez del Frente Amplio de

Uruguay; y una representación de expertos abogados italianos en derecho público internacional. Por su parte, El Vaticano cumplió su compromiso con una interesante carta que personalmente leí en el evento inaugural, la cual estaba firmada por el Cardenal Solana quien fungía de Secretario del Estado Vaticano.

Esta fue la gran oportunidad de presentar por segunda vez en la historia la reclamación sobre la ilegalidad de una parte considerable de la deuda externa de Venezuela. La repercusión del evento no fue lo que esperábamos. La naturaleza nos sorprendió. El día previo a la inauguración del acto, sucedió un catastrófico terremoto en Carúpano (ciudad situada en el estado Sucre); y, para colmo de males, para la clausura, hubo un desbordamiento de ríos en los Valles del Tuy (estado Miranda) que opacaron el enorme esfuerzo del Congreso, como también la inauguración de una galería con pinturas de la gran cantante y pintora Meru, alusivas a los personajes en la historia de la humanidad asociados a las denuncias de las deudas de los pueblos.

En franela, blue jean y sandalias en la UIM. Como es conocido, las resoluciones del acto internacional tuvieron por finalidad, plantear la deuda externa en La Unión Interparlamentaria Mundial que le correspondía sesionar en enero de 1998 en Namibia, África. Por lo tanto, nosotros, los parlamentarios invitados, viajamos de Caracas a Londres y de ese país a Johannesburgo, Namibia. Cuando aterrizamos en el aeropuerto de Namibia; pasé a chequeo en inmigración, al ir a recoger mi equipaje, no lo encontré, había desaparecido Yo andaba en blue jeans, franela y unas sandalias. Llegué al hotel, me lavé la cara. Aunque por breves instantes dudé si debía presentarme en esas condiciones o quedarme en el hotel. Conociendo muy bien la elegancia, la forma de presentarse ante tan magno auditorio mundial. Había realizado un largo viaje, un gran esfuerzo ya que mis piernas se inflamaron. Como tocuyano que soy, me inspiré en el lema de mi pueblo "Por encima de los obstáculos ¡Adelante!". Pero antes, elevé una plegaria al Creador; y clamé al Espíritu Santo su ayuda. Esa oración me dio fuerzas, y finalmente decidí presentarme con un norte muy claro y definido. Al llegar a la entrada del edificio donde se desarrollaba el evento, miré hacia el auditorio del edificio, y de inmediato contabilicé aproximadamente la presencia de unos 600 diputados y senadores de 90 naciones. Me consideré un privilegiado de lograr asistir e intervenir con una propuesta con tanto poder como la nuestra.

Allí me encontré con los compañeros diputados Héctor Vargas, el basquetbolista y diputado Jhojan Perozo de Caracas; y, mi amigo Humberto Celli, quien, por cierto, fue presidente del Parlamento latinoamericano. Esa amistad con el compañero Celli, nació precisamente por el tema de la deuda, porque ejerciendo la presidencia del Parlatino en 1990, los reclamos y denuncias de la deuda externa venezolana y Latinoamérica, siempre estuvieron presente. Fue en el evento en Caracas donde acordamos solicitar que, en la agenda de la Unión Interparlamentaria, se incluyera un derecho de palabra sobre la deuda externa. Pero, ellos tienen un mecanismo que consiste en pedir con antelación el derecho de palabra para hacer propuestas. Luego de realizarse todas las intervenciones de cinco minutos, se someten a votación y la que obtenga dos terceras partes de los votos, ingresa a la agenda de la gran deliberación parlamentaria.

Minutos antes de iniciar el acto inaugural, me informó el Senador Humberto Celli:

-Pablo, ya te van a llamar

Pero, como yo estaba incómodo por mi vestimenta y le dije:

- ¡Humberto!, mira cómo estoy vestido. Yo no debo intervenir en estas condiciones.

Él me insistió:

- Pablo, te van a llamar. No importa, porque tu dominas el tema, y eso es lo que nos interesa.

Y en ese momento, escuché por el parlante: ¡Diputado Pablo Medina de Venezuela!"

Entonces, Humberto, me dio un empujón hacia la alfombra roja. Estábamos situados al final de la gran reunión y la asamblea con masiva asistencia llena hasta los tequeteques (expresión venezolana que significa lleno total).

En un segundo recordé a mis padres Alberto José Medina (QEPD) y María Luisa Carrasco, quienes siempre nos repetían que *"En los casos que lo amerita hay que mirar siempre hacia adelante y hacia arriba"*. Esa frase me reforzó; y, trajeado con mi ropa de viaje, empecé a caminar con paso marcial sobre la larga alfombra roja, erguido, mirando hacia arriba. Me concentré en el discurso que iba a pronunciar para convencer a esa dirigencia parlamentaria mundial allí convocada. Subí al estrado y me situé frente al micrófono, mirando fijamente al Presidente de la Unión, un famoso economista; quien precisamente, fue quien me anunció:

-Tengo el gusto de presentarles al diputado Pablo Medina de Venezuela, con el tema de la Deuda Externa.

Saludé al presidente, y a la augusta audiencia que me miraba sorprendida de abajo hacia arriba como si yo fuera un marciano. Las palabras me brotaron y comencé mí discurso: *"Se puede admitir que la historia de la humanidad es la historia de las deudas. Por eso a nuestro Señor Jesucristo, Dios lo inspiró en su idioma arameo y llamó a la humanidad a orar el 'Padre Nuestro' y en esa oración maravillosa, la segunda parte de ella expresaba 'perdona nuestras deudas como también nosotros perdonamos a nuestros deudores'..."* Tengo entendido que, aunque no es exacto, que la banca francesa presionó a la iglesia para modificarla. Ahora no se reza de esa manera original; sino; perdona nuestras ofensas como también nosotros perdonamos a quienes nos ofenden".

-Y yo rematé,

"Claro!; "Quizás se deba a que es más fácil perdonar una ofensa que una deuda".

Se escucharon los aplausos y risas en el amplio auditorio parlamentario. De igual forma mencioné a las leyes mosaicas; y por supuesto, *"el sentido bíblico del jubileo, cuando por voluntad de Dios, cada 7 años había que condonar las deudas, dar la libertad a los esclavos. No rematar el vestido de la viuda. Tampoco rematar el molino. Los siete años del Jubileo es el tiempo necesario para que igualmente la tierra recupere su fertilidad. Después fue elevado a 49 años, y lo que quiere el Papa Juan Pablo II en este final de Siglo XX; y comienzo del XXI, es iniciar este nuevo siglo sin deudas que pesan como la inmensa Piedra de Sísifo sobre las cabezas de las naciones pobres".*

Seguí con mi discurso ante un auditorio ávido del tema. Pensando en la traducción simultánea, continúe: *"Al planeta tierra le salieron propietarios porque ya en 1995 habíamos chocado con el Nuevo Orden Internacional, en la cual, el 5% de los habitantes del hemisferio controlan el 95% de la circulación del dinero y el comercio, la tecnología, las comunicaciones. El Banco de Reserva Federal de Estados Unidos creado en 1913 en forma ilegal por el Senado de USA con solo 3 Senadores en 1887. Una estructura de 13 grupos poderosos bancarios, entre ellos Rockefeller y Jacob Rothschild, controlan a ese Nuevo Orden.; y, por ende, someten a las naciones y pueblos a través de las palancas de los endeudamientos y tasas de interés e impulsadores también de las guerras".*

Simultáneamente me referí a la deuda externa de Los Estados Unidos desde 1858, que se refiere a los ocho Estados de la Unión que se negaron en forma contumaz a cancelarla, lo cual ha transcendido hasta el día de hoy. "Estos 8 Estados no honraron los compromisos, ni a los dueños originales de los bonos londinenses, ni a los herederos de esos bonos. En ese tiempo, ellos los transfirieron al Principado de Mónaco; y, el Tribunal Supremo de Justicia de New York evacuó un dictamen que blindó a los 50 Estados de la Unión con el principio de la Inmunidad para que ningún sector privado o público internacional pueda demandar y cobrar las deudas a esos ocho Estados de la Unión".

Expliqué de qué manera Venezuela fue bloqueada a finales de 1903 por barcos alemanes e ingleses *para cobrar deudas mal adquiridas por un monto de 350. millones de bolívares desde la época de la independencia".* Pero que, gracias, contradictoriamente, "al apoyo diplomático de EE. UU. en 1905 se fue a un arbitraje y se firmó los Protocoles de Washington. En consecuencia, Venezuela demostró que la deuda a cancelar era de 150 millones de bolívares y no de 350 millones de bolívares como manifestaban los acreedores.

Les recordé que el presidente Nixon había declarado la libre convertibilidad del dólar frente al patrón oro; y que eso provocó el alza de las tasas de interés y la deuda de las naciones creció ocasionando una fuga de capitales en masa de América Latina hacia Estados Unidos para compensar el déficit financiero producto de la loca guerra de Vietnam.

Finalicé mi participación diciéndoles, que esperábamos el apoyo de ellos para impulsar el Jubileo. Los diputados me miraban en forma muy extraña. *"Pensé, se debe a la vestimenta, y se preguntarían internamente ¿De dónde salió este tipo para inaugurar este acto parlamentario?"*

Me vi en la obligación de disculparme y les aclaré:

-Yo no soy deudor. Estoy trajeado así, en franela, blue jean y sandalias, porque mi maleta no apareció, ni en el avión ni, en el aeropuerto, pero estoy aquí para cumplir con mi compromiso de presentar a ustedes la propuesta por mi país".

Fui despedido con sonoros aplausos, y bajé del estrado muy convencido, que obtendríamos la votación requerida de más de dos terceras partes para incluir la deuda en el temario del Parlamento.

Las otras intervenciones de los colegas parlamentarios fueron muy interesantes, una sobre escasez del agua a escala mundial, otra sobre ecología. Eran 5 propuesta para ser votadas. Al terminar el último orador, se pasó a votar las cinco proposiciones. La nuestra, "La Deuda Externa y el Jubileo" arrasó, obtuvo un récord 97% de los votos, siendo rechazada por Inglaterra, Israel y Estados Unidos; y, fue incluida como punto especial en la Comisión de Economía. Luego se debatió en la Comisión de Economía del Parlamento Mundial; y, al día siguiente, fue aprobada en la Asamblea General de la Unión Interparlamentaria Mundial; y se celebró el grandioso éxito en esa tarde. El próximo paso era dirigirse a las Naciones Unidas, para luego acudir a la Corte de Justicia Internacional con sede en La Haya.

La condición importante para llegar a la Corte Internacional de Justicia era que el caso de la deuda externa fuera presentado por un Gobierno en las Naciones Unidas. Teníamos por nuestra parte un brillante equipo de abogados italianos. Contábamos con otro equipo en Venezuela de primera línea con toda la documentación necesaria, especialmente en mi poder; y a buen resguardo teníamos el cuerpo del delito, el Documento Original que se traspapeló en el Tribunal de New York. Y que ningún Gobierno posee al firmar el compromiso para cancelar obligatoriamente las ilegales e inhumanas deudas externas.

Al regresar del gran evento del parlamento mundial, me reuní con el equipo del PPT para analizar la Convención convocada para Valencia por la inminencia de las elecciones de gobernadores, parlamentarias y presidenciales de 1998. En esta Convención se acordó por votación en las diez comisiones de trabajo apoyar la candidatura Chávez. No estaban dadas las condiciones para impedir su triunfo. Tampoco para crear otra fuerza política diferente; ya que estaba muy reciente la fractura con La Causa R. Por otro lado, Hugo se había comprometido a ofrecer solución al problema de la deuda externa; y, ofreció una Constituyente, que nosotros 1992, desde el seno del partido la habíamos presentado al país, motivo por el cual estábamos como atrapados y sin salida.

Capítulo V

Alfredo Maneiro, un personaje fuera de serie

Antes de narrar mis comentarios acerca de la agitada campaña electoral de 1998; y, lo que pasó con la Asamblea Constituyente de 1999, considero interesante y oportuno para los que siguen la historia política, ventilar, por supuesto, desde mis puntos de vista, los problemas internos de La Causa R entre los miembros de la dirección nacional. Es importante destacar, que, para ese entonces, mi partido político, que fue construido ladrillo sobre ladrillo, surgió como una fuerza arrolladora. Reitero, era la única organización levantada desde abajo con un diseño estratégico; y, en cierta forma cuántico. En este pensamiento influyeron dos físicos, uno de ellos, Luis Alfredo "Gaucho" Herrera Cometta, quien para ese tiempo formaba parte del Comité Nacional de asuntos atómicos en Francia; y, también de Kapra, el libro de moda que se refería a la física cuántica, el cual leí años después.

Previo a mi exposición acerca de las contrariedades que había en el seno de nuestra "Causa R", es propicio hacer un breve preámbulo de mi gran amigo; y fundador de este partido. Alfredo Maneiro, a quien siempre he recordado y estimado como un personaje fuera de serie, había sido miembro del Comité Central del Partido Comunista. Se destacó como comandante guerrillero. Sin embargo, fue el primero en reconocer que esa lucha armada había sido un grave error. Mi amigo Maneiro, era descendiente del General Manuel Placido Maneiro firmante del Acta de la Independencia. Alfredo, recorrió mundo y se enfrentó a Fidel Castro. Era una persona culta, una biblioteca ambulante. Se caracterizada por su agilidad mental en dar respuestas lúcidas. Entre sus simpáticas salidas recuerdo cuando entró al cafetín de Sociología de la UCV, y pidió una botellita de agua mineral. En eso, un argentino que estaba cerca lo oyó y le preguntó:

-Pero che, ¿Cuál es el agua que no es mineral?

Y Alfredo, con la velocidad del rayo respondió:

-El agua de coco que es vegetal.

El argentino avergonzado desapareció del cafetín.

Conocí a Maneiro en Caracas en plena crisis del Partico Comunista. Se graduó en Filosofía Suman Cum Lauden. Fue profesor en la escuela de periodismo. Quienes fueron sus alumnos rememoran sus espectaculares clases. Cuando nos encontramos por primera vez, la empatía surgió entre los dos de inmediato. Puedo asegurar que fue mi ductor. Me marcó en la política y en la vida para siempre. Coincidimos en muchos temas de la situación política económica venezolana. Juntos planificamos y escogimos al estado Anzoátegui (ubicado a la región nororiental del país), como nuestra área de trabajo y centro de operaciones para sublevarnos y romper con el Partido Comunista. Luego diseñó las bases de la hermosa organización que bautizó con el nombre de "La Causa R". Por consiguiente, durante varios años recorrimos a toda Venezuela en su Volkswagen con el propósito de edificar nuestra Causa R. Admito con orgullo que Alfredo Maneiro era mi líder. Lo seguí, admiré y respeté como un alumno al brillante profesor hasta el momento de su muerte. Por un período de tiempo viví en su casa en San Rafael de la Florida. Cuando se enfermó del enfisema pulmonar, lo llevé al hospital Universitario en su camioneta, junto a su amigo Pedro Duno, con quien también me unió una gran amistad. Alfredo se nos murió a los tres días. Lo enterramos en el Cementerio general del Este. Su fallecimiento fue profundamente sentido en la Causa R. Confieso que la partida de mi inolvidable amigo al edén celestial me desgarró profundamente. Lo lloré incansablemente durante días. Mientras estuve viviendo en Venezuela, cada vez que tenía la oportunidad le llevaba flores a su tumba. Aquí, en el exilio, lo tengo presente en mis oraciones.

Entre su legado figuran un opúsculo; es decir, un pequeño ensayo titulado: "Notas Negativas", que consistió en las bases del nuevo movimiento, en el que demuele el dictatorial concepto del Centralismo Democrático utilizado por todos los partidos políticos en Venezuela y en América. Alfredo era muy carismático. Tenía la cualidad del cemento. En otras palabras, era como una especie de pegamento, que yo atribuyo a la suprema confianza en su dirigencia, nacida al calor de la actividad desde abajo y de la discusión permanente. Gracias a sus sabios consejos y orientaciones, en La Causa se implantó el don del debate creador; y, por ello nunca se votaba. En ese cruce de ideas se iban decantando las mejores propuestas y todos íbamos construyendo hacia el resultado final; y, las formas de llevar a cabo los objetivos trazados. De esa manera, todos ganábamos, porque al no lograr convencer con una idea, la conversábamos entre todos; cada uno ganaba una verdad. Años después me enteré, cuando fuimos a San Cristóbal de Las Casas

Alfredo Maneiro y La Causa R

en México, que esa costumbre para tomar las decisiones, la tienen los Mayas. El arzobispo Samuel Ruiz, quien era reconocido como el protector de los derechos de la población indígena de México y de América Latina, nos hizo esa referencia; y yo le comenté que esa misma rutina la practicábamos en la Causa R, quedando gratamente sorprendido.

Ciertamente la Causa era un complejo de organizaciones autónomas, a las cuales las unía la política y la confianza. Por ejemplo, movimientos que emanaron en esa época como ProCatia en Catia, Matancero en Guayana, La Casa del Agua Mansa en Caracas, Prag en la UCV, y Bafle en el Estado Mérida, con líderes diferentes. Nos preguntamos, ¿Qué pasó con ese proyecto original y de gran eficacia política? ¿Qué pasó con sus miembros?

Reitero que la credibilidad, que era el cemento en que descansaba la organización en los años cercanos al año 1992 se había perdido, no solo porque Andrés Velásquez, quien habiendo ganado las elecciones, no las defendió; sino también por los acontecimientos del 4 de febrero de 1992 en los cuales hubo posiciones divergentes, ya que La Causa R disponía en su seno con un pequeño equipo , el cual estaba vinculado con un sector de la Fuerza Armada entre ellos Hugo Chávez, Arias Cárdenas y otros oficiales del Ejército.

Capítulo VI

La Causa R, un proyecto "Cuántico"

Nosotros, en todo ese periodo de construcción de la organización, habíamos sido víctimas de los gobiernos de AD y Copei. Basta recordar, cuando en 1979, se discutía el contrato colectivo de los trabajadores siderúrgicos con la Gerencia de Sidor. Se trancaron las conversaciones, pero más que todo, fue por razones políticas que por orden del gobierno del presidente Luis Herrera, en acuerdo con Acción Democrática (AD); decidió intervenir para despedir a toda la directiva, conformada por Andrés Velázquez, Tello Benítez, Franklin Moreno, y a 3.000 trabajadores. Hubo varios dirigentes detenidos, entre ellos Moreno y el compañero luchador social Melchor Rosas quien fue desaparecido sin dejar rastro.

En el Estado Bolívar, ubicado al sureste del país, en la región Guayana, predominaban las bandas del delincuente Chino Lee; y en el campo sindical José Mollegas y Andrés Mercal de Fetrametal. Una pandilla de asalta sindicatos que impusieron por la fuerza a las directivas sindicales en todo el estado. En la propia sede de la Asamblea Legislativa, mi hermana Pastora Medina, y el amigo Alejandro Silva, quienes eran diputados, fueron golpeados y les arrojaron excrementos en sus cuerpos; y, el diputado Silva fue llevado al hospital con contusiones.

Las mafias de la Confederación de Trabajadores de Venezuela (CTV) no aceptaban la democracia sindical. Propuse la creación del Nuevo Sindicalismo para levantar banderas democráticas. junto a Tello Benítez, quien fue nuestro primer directivo sindical, una persona lúcida y coherente. Era curioso que en Venezuela existía la posibilidad de votar por un presidente de la República, pero era imposible escoger democráticamente al presidente de la CTV. Una férrea dictadura sindical sobre los hombros de millones de trabajadores y familiares.

No fue solo en Guayana. Los despidos de los dirigentes sindicales más prominentes de la industria petrolera PDVSA, se extendieron a Valencia, Puerto Cabello, Guacara (ciudades del Estado Carabobo). Las bandas armadas bajo el caudillismo de Jesús Pérez, cada vez que se iba a entablar un diálogo con los trabajadores; y entregar cualquier documento, inmediatamente arribaban las bandas armadas, disparaban o golpeaban. En las oficinas de la Inspectoría del trabajo de Valencia, Aragua; y, en los estados Zulia y, Anzoátegui, existía el mismo mecanismo dictatorial. No permitían que otras organizaciones diferentes a ellos pudieran hacer una actividad honesta y democrática.

Mantenían a una masa nacional de trabajadores atrapados, perseguidos como esclavos.

La mafia de la CTV contaba con el Banco de los Trabajadores de Venezuela (BTV) en el que la mayoría de los directivos de la Central Sindical vivían como potentados y reyezuelos. Eran los privilegiados. Tenían una cuota de diputados y senadores en el Congreso Nacional. El buró sindical de Acción Democrática era tan poderoso, que se daba el lujo de imponer candidaturas para las elecciones presidenciales. Lastimosamente, por la ambición de poder de su dirigencia, el partido AD, que había contado con un origen verdaderamente notable e interesante, se había degenerado.

No obstante, estamos consciente, que no pueden pagar justos por pecadores. Particularmente, yo siempre sentí gran respeto y admiración por algunos destacados líderes adecos, tales como: Leonardo Ruiz Pineda y Alberto Carnevaly y quienes fueron los primeros dirigentes sindicales. Sin embargo, creo que el líder más completo en cuanto a su pensamiento político fue el gran poeta Andrés Eloy Blanco, que los adecos, por cierto, no leen sus brillantes y elocuentes discursos y escritos políticos; y, mucho menos recitan sus poemas. A propósito, solo Humberto Celli, por quien tengo un gran aprecio, me recitó en varias oportunidades, las primeras estrofas del galardonado "Canto a España". También el maestro Luis Bertrán Prieto Figueroa, así como el profesor de la UCV Jesús Aquiles Jiménez Villegas, fueron personalidades que dejaron huella imborrable en la educación de la juventud, especialmente en el Instituto Nacional de Cooperación Educativa (INCE) y en las Escuelas Técnicas. Asimismo, sus famosos libros dirigidos al mejoramiento del servicio docente. Igual fue Juan Pablo Pérez Alfonzo, político y diplomático, reconocido como "El Padre de la OPEP", quien dejó una gran obra en materia petrolera.

Enfatizo, que, desde su fundación, los directivos de La Causa R teníamos la firme convicción, de que la única forma de desplazar a las camarillas de los partidos políticos AD y COPEI era mediante una acción de fuerza. Y, debido a la cruel experiencia sindical que habíamos vivido como una pesadilla cuando postulamos a Andrés Velázquez como candidato presidencial en 1983, con el objetivo de obtener una diputación al servicio de los trabajadores y sus familiares, los municipios de los estados, continuábamos con esa idea. Afirmo, que teníamos los votos necesarios, por lo tanto nos favorecía el sistema "D'Hondt", un método que se basaba en asignar escaños en los sistemas de representación proporcional por listas electorales que se aplicaba en ese tiempo en el Consejo Nacional Electoral (CNE). A pesar del esfuerzo del presidente del CNE Carlos Delgado Chapellín de resolver el triunfo de Andrés Velázquez para respetar la ley. No obstante, los funcionarios del ente comicial lo impidieron. Así fue esa época de la IV República.

La cúpula de AD y COPEI se negaban en forma reiterada a descentralizar el poder, pese al esfuerzo de Jóvito Villalva, fundador y líder del partido Unión Republicana Democrática (URD), quien planteaba una elección directa de los gobernadores. El ministro de la Comisión Especial para la Reforma del Estado (COPRE) Carlos Blanco, preparó una Enmienda en el primer gobierno de CAP, pero los grandes intereses impedían los prudentes cambios institucionales; obstaculizando de esta manera, la Reforma Constitucional; y, para, entorpecer la incorporación en la propuesta de la Asamblea Constituyente, cuya finalidad era preservar la supremacía constitucional. Sopesamos que fue "El Caracazo", el sacudón político social que activó a finales del año1989, las primeras elecciones de gobernadores y alcaldes. Ese baño de sangre que propició el presidente Carlos Andrés Pérez en 1989 al pueblo caraqueño generó una sed de justicia. Insistimos en decir que los crímenes ocurridos en ese doloroso acontecimiento le impregnaron un detonante histórico a nuestro país.

La Causa R busca el centro político. Aun cuando nuestra organización estaba recién salida del horno, tenía un futuro prometedor, gracias al gran esfuerzo que le inyectó nuestro máximo líder Alfredo Maneiro desde su extraordinaria creación. Nosotros, su dirigencia fundadora, queríamos dejar en claro que no pertenecíamos a esa izquierda que no ofrecía perspectivas de cambios reales. En ese sentido, iniciamos una búsqueda de adherentes como si tuviéramos usando un aparato de detección de metales raros.

Capítulo VII

El interesante Renny Ottolina y el polémico Jorge Olavarría

Hago un paréntesis en mi narrativa de la Causa R, para recordar a Reinaldo José Ottolina mejor conocido como "Renny", otro venezolano intachable, quien, gracias a su poder de convocatoria por ser una figura mediática, y animado por los hermanos Parsifal y Vinicio D' Sola, en 1978 anunció el lanzamiento de su candidatura presidencial; la cual provocó gran emoción entre la población venezolana que lo admiraba. Es pertinente destacar que Renny fue un gran profesional de valores morales y principios éticos, los cuales le valieron el epíteto de: "El Número Uno", calificativo que a más ninguna figura de la televisión se la han concedido. Produjo programas televisivos para elevar la autoestima del venezolano. Sus reflexiones del ciudadano ejemplar, político republicano, siguen teniendo una relevante huella entre sus innumerables seguidores. Así sintetizaba su filosofía sobre Venezuela: "Si las cosas siguen por este camino, con una sociedad indolente, impreparada"... "La gente pretende que otros le solucionen sus asuntos a cambio que le regalen cosas". ... "En donde el gobierno se mete en donde le da la gana, simplemente porque si, sin el respeto a los principios legales y morales". Mientras la gente por interés o miedo no levanta su voz y reaccione, nada somos'... "Venezuela se enfrentará entonces en menos de una generación al inmenso peligro de perderse como nación soberana e independiente y este territorio volverá a ser una colonia de alguien".

Las perspectivas de su candidatura eran muy grandes. Recuerdo que Vladimir Gessen, quien era miembro de su comando de campaña, nos contó a Alfredo Maneiro y a mí, que Renny comenzando la campaña todavía en pañales, visitó y recorrió un barrio de Petare, (parroquia del área metropolitana de Caracas, situada en el municipio Sucre en el estado Miranda); y, cuando los vecinos lo divisaron, él, les preguntó:

- *¿De quién es el Atún?*

-*La gente le respondió*

Renny Ottolina

- ¡Atún Margarita!

De esa forma logró una manifestación en el barrio con la popular cuña.

No tuve la oportunidad de conocerlo personalmente; pero Alfredo Maneiro si tuvo esa posibilidad, por intermedio del psicólogo y periodista Vladimir Gessen, quien organizó el encuentro en el restaurant la Bastilla. Según nos contó Alfredo, fue una reunión que pronosticaba magnos momentos históricos para la República. El pensamiento nacional y económico de Renny era sólido. Pero esa relación duró poco por el muy lamentable accidente del candidato Ottolina y sus acompañantes en la avioneta que los trasladaban a Margarita. Aunque, en ese tiempo no se descartó que el asesinato fue premeditado por parte del Grupo Gato; y personeros del gobierno de entonces. Se comentó que un oficial militar de alto rango llegó primero que los policías y periodistas, quienes, al observar la escena del accidente, dedujeron sus propias conclusiones, muy diferentes a la versión oficial.

Entre el patrimonio cultural que nos dejó Renny, figura "Fundapol", institución que promocionó en sus espectáculos televisivos para ayudar al cuerpo de policías. También fue un luchador tenaz en pro de la meritocracia frente a la oligarquía partidista, del sectarismo de los partidos políticos. Mi compadre Diego García Urquiola, al recordar la humanidad de Renny, nos comentó que cuando salió en libertad de la Isla del Burro en Valencia Estado Carabobo por insurrecto, lo visitó en uno de sus programas para pedirle ayuda:

Renny le preguntó:

- ¿Qué quieres, Dieguito?

Dieguito le contó los motivos de su incursión en la lucha armada, y arrepentido le dice,

-Yo quiero estudiar derecho y necesito su ayuda.

Renny, con esa dimensión humana que lo caracterizaba, lo becó para que hiciera realidad sus deseos de ser abogado; y constantemente lo llamaba para saber cómo iba en los estudios. Dieguito se graduó en derecho en la Universidad Central de Venezuela (UCV).

Pienso que Venezuela ha tenido muy mala suerte con sus líderes verdaderos. El notable gobierno del político y militar venezolano Isaías Medina Angarita, quien fue designado presidente de la república para el periodo 1941- 1946; y, de quien se dice que estaba realizando una excelente gestión gubernamental, al implantar atrevidas reformas que lograron convertir a Venezuela en una república contemporánea y totalmente incorporada al siglo XX; no concluyó su mandato porque fue derrocado por un golpe militar con la venia de militantes adecos. Supuestamente, se intentó una transición para evitar la acción violenta. Otro personaje con amplias credenciales para asumir la jefatura de la transición, fue el diplomático y político Diógenes Escalante; infortunadamente, perdió la razón en el peor momento político, por lo cual fue incapacitado para ejercer la magistratura de Venezuela; y; así, se frustraron las esperanzas de tener de una vez por todas un gobierno verdaderamente democrático. Esta lamentable noticia, fue un factor decisivo que condujo al golpe de estado el 18 de octubre de 1945. Sobre la vida del diplomático Escalante y su tragedia personal, el escritor Fernando Suniaga dejó para la posteridad el libro "El Pasajero de Truman".

Otra lamentable pérdida para el país fue el fallecimiento súbito del economista, político y escritor Alberto Rómulo Adriani Mazzei, natural del municipio Zea, estado Mérida, quien fue encontrado muerto en el demolido hotel Majestic, ubicado en el centro de Caracas. Adriani ocupó las carteras de Agricultura y después el ministerio de Hacienda en los primeros meses del gobierno de Eleazar López. El joven Adriani era la figura de mayor proyección en la Venezuela de entonces. Se había formado en grandes universidades y codeado con eminencias en economistas a nivel internacional. Se le reconoce en ser el verdadero autor de la tesis "Sembrar el Petróleo, que posteriormente difundió el Doctor Uslar Pietri"

A la trágica muerte del candidato presidencial Renny Ottolina en 1978, seguimos en nuestra búsqueda nacional y nos encontramos con el abogado, periodista, historiador y parlamentario Jorge Olavarría, director de la revista Resumen, quien había sido embajador en el gobierno de Rafael Caldera en Inglaterra. De sólida formación y polémico. Denunció la corrupción de la compra de la siderúrgica italiana Innocenti en el gobierno de Betancourt. También reveló los pésimos acuerdos de Caldera que entregaron el Esequibo a la Guayana Británica. Libró con ahínco la lucha contra las mafias sindicales. Ese tema y otros ideales nos unió, por lo cual, lo postulamos como candidato presidencial. Habíamos enfrentado juntos a los escuadrones sindicales y en un acto en el estado Bolívar en la sede Colegio de Ingenieros de Ciudad Guayana, hubo que protegerlo con un Chaleco antibalas, cuya foto causo impactó. Aprovechando la imagen le sugerí a Jorge y Alfredo: "¿Qué tal diseñar un afiche para iniciar la campaña presidencial con esa foto con esta leyenda "Jorge Olavarría, A Prueba de Todo"?

Estuve presente en la mayoría de las reuniones entre Olavarría y Alfredo Maneiro; y realmente, el panorama era muy esperanzador. A tal punto que Olavarría entusiasmado comienza a escribir el proyecto de la Nueva República. Consolidamos esa relación en una Asamblea Nacional de la Causa R que se realizó en el Parque Central de Caracas. Alfredo hizo una brillante presentación de su candidatura que causó gran impacto en el auditorio y en el mismo Olavarría. Salimos hacia Las Mercedes a un restaurant el Quijote. Olavarría se dirige a Maneiro, quisiera abrirte el cerebro para ver esas neuronas tuyas. Todo aparentemente marchaba a pedir de boca cuando ocurre lo inesperado, a la edad de 45 años se nos muere Alfredo Maneiro en el hospital Universitario de Caracas. Fue un golpe fulminante para todos en La Causa.

Jorge
Olavarria en
El Congreso

Capítulo VIII

La Secretaría General

Sustituir a Alfredo Maneiro al frente de la briosa e ingeniosa Causa, era algo que nunca pasó por mi cabeza; y, menos de esa manera a través de su fallecimiento. Al principio todo fue muy árido, parecía una misión imposible, los comentarios de los políticos era que nosotros enterraríamos con su intempestiva muerte a La Causa R. Sin embargo, hubo comprensión y confianza en la dirigencia principal. Todos conocían mi experiencia y mi trayectoria política y de cómo llegué a Ciudad Guayana.

En 1971, el gobierno de Caldera había despedido a la flor y nata de la directiva sindical de la siderúrgica y la militarizó. En esos meses coincidió con la ruptura nuestra con el Partido Comunista y el nacimiento del Movimiento Al Socialismo (MAS). Este partido nació con un gran apoyo internacional entre ellos el escritor Gabriel García Márquez, quien le otorgó el premio nobel. Pero el MAS no nos sedujo por su planteamiento socialista. Así que quedamos reducidos a un grupo de 12 personas que no cabíamos en un Volkswagen; por cierto, era la impronta que nos endilgaban.

En un día de enero del 1972, andaba para variar, con Alfredo Maneiro por la plaza Venezuela, y extasiado ante su bella fuente, le comunico seriamente lo siguiente: "Anoche tomé la decisión de irme a trabajar a Sidor y construir la naciente Causa R". Él sabía que yo no conocía a Ciudad Guayana y además que no tenía a nadie allá, y soltó una sonora carcajada. Luego detuvo el carro y me respondió "Está bien Abraham". Se refería al pasaje de la Biblia cuando el Señor le dijo, "Deja tu tierra, tu pariente y la casa de tu padre; y vete a la tierra que te mostraré". Acto seguido, Alfredo me dio la dirección de la vivienda de la gorda Arnida y su esposo Santiago, dos frascos para el asma. Allí, conocí al guerrero Mauro Marcano y al primer matancero Tello Benites, quien ingresó como empleado administrativo de Sidor.

Fue el 15 de febrero de 1972, a la edad de 25 años, cuando empiezo a trabajar en el departamento de los hornos eléctricos, en una empresa militarizada, con la tristeza a cuestas de la trágica derrota del año anterior. Inicio como obrero raso a producir "arrabio", el cual se obtiene con la inyección de oxígeno y se transforma en acero. El área de trabajo era lo más parecido al infierno, fuego, humo y polvo por doquier. El ambiente contrastaba con la interesante fraternidad, la disciplina y mística de los compañeros trabajadores. A la hora del almuerzo cada uno llevaba su vianda, la colocaban sobre mesa; y luego se servía, compartíamos e intercambiamos ideas. Esa atmósfera de trabajo me encantó. En ese lugar se formaron los primeros miembros de "Los Matanceros". Ellos no tenían mayor conocimiento de la política; pero fue ahí donde se sentaron los cimientos del proyecto La Causa R.

Confieso que quiero tanto a Guayana como a mi pueblo natal El Tocuyo (estado Lara). Esa ciudad está ubicada en el estado Bolívar al sur de Venezuela, con la confluencia de dos caudalosos ríos: el Orinoco y el Caroní Está poblada por gente trabajadora, luchadora, con su arrebatador Callpso del Callao (Baile folklórico de la región), los olores de exótica comida en los mercados populares y en las planificadas urbanizaciones. En cierta forma me sentí como aquel personaje de José Zorrilla, en la obra teatral de Don Juan Tenorio, con uno de sus diálogos "Y empecillé cuanto vi, y a las cabañas bajé, y a los palacios subí; y los claustros escalé; y pues tal mi vida fue, no, no hay perdón para mí". En esa aventura permanente, donde solo tenía como familia a mi hermana Pastora, inicié una vida sin un rumbo conocido, aun así, asumí el reto. Dejé raíces profundas, compañeros y amigas. Conocí a Susana, madre de primera hija llamada Sarah, de quien me siento muy orgulloso, es una joven muy emprendedora. Se graduó de administración de empresa. Es tan arriesgada que cruzó a nado los dos ríos: el soberbio Orinoco y el vino tinto Caroní frente a San Félix; en una de esas competencias que organizó su primer alcalde Clemente Scotto y Pastora Medina. Hace 8 años intenté seguir el ejemplo de mi hija y cruzarlo en la compañía de mi eterno amigo César Caballero; pero, por razones ajenas a nuestra voluntad, no fue posible, creo que nos quedó grande en ese entonces. Pero sigue siendo un reto en mi vida.

Cuando me eligieron Secretario General de la Causa R, pensé que era una misión cuesta arriba sustituir a Maneiro. Aunque yo tenía en mi aval haber superado el reto que significó llegar a Guayana. Y, como había que correr el riesgo, me dije, si pude allá, también puedo hacerlo en toda Venezuela. En mis manos no podía morir el legado de Alfredo. Además de la falta de recursos económicos tenía muchas lagunas en la teoría política para presentarle al país un conjunto de ideas democráticas. No obstante, no me amilané. Leí la experiencia de los demos atenienses, narrado por Tucídides en la Guerra del Peloponeso, los discursos de Cicerón y la Republica romana, los artículos magistrales del poeta Andrés Eloy Blanco sobre el municipio; y, por supuesto, los artículos y entrevistas de Alfredo Maneiro. Igualmente, la práctica nos iba ofreciendo elementos de suma importancia para presentar, posteriormente a los venezolanos un planteamiento de la Democracia Radical a Venezuela, es decir la ampliación y profundización de la democracia.

Con el tiempo, la Causa creció y se amplió. Se le dio oportunidad a grupos y líderes que pensaban como nosotros. Impulsamos el nuevo sindicalismo con mucha actividad y emoción porque contábamos con una imprenta propia para editar afiches, periódicos y libros.

Estábamos consciente que no queríamos imitar las perversas experiencias del partido Comunista soviético, chino, y el cubano, que estaban presentes en Venezuela en el mal llamado Centralismo Democrático que lo practican por igual todas las organizaciones políticas, que radica en un mecanismo diabólico propenso a todo tipo de falsificaciones. Por añadidura, en Acción Democrática existía el señor Luis Alfaro Ucero, a quien apodaban "El Caudillo", y que Carlos Andrés Pérez bautizó con el sobrenombre "El Caporal de AD" por su récord de 25 años como secretario general de AD. Pero en pleno 2021 continua el autoritarismo con otro Cacique, el diputado Henry Ramos Gallup, quien tiene más de 21 años como Secretario General vitalicio y lo risible es que se arropa con la cobija de la democracia.

Para 1995 cumplía yo 12 años como secretario general; y, pensé democráticamente, que debía renunciar, puesto que me parecía indecente y repugnante mantenerme en el cargo. Por eso propicié mi relevo. En ese año se instaló La Convención Nacional de La Causa R en el hotel Ávila en San Bernardino, en el que se expusieron diversas ponencias centrales. La Causa tenía una forma de deliberar muy interesante y democrática. Los delegados se incorporaban voluntariamente en las comisiones para discutir o tratar todos los temas expuestos, designando un coordinador y un relator. Esa sugerencia de practicar el sistema Philips 66, una inventiva del estadounidense J. Donald Phillips, se la debemos al seminarista Alfredo Sardi, que adaptamos, la cual se fundamenta en una una dinámica de grupos, Las personas del directorio nacional conversan durante horas en la mañana. Luego esa reunión social se divide subgrupos de personas, para invitarlos a discutir sobre temas concretos de política y su organización. Sin embargo, se logra una idea general de las conclusiones de cada grupo. Después, se restaura la asamblea para escuchar los informes de cada comisión, y se inicia debate. Posteriormente, a través de la discusión, se va creando el consenso que da origen a la política a seguir.

Luego de mi intervención de apertura en la asamblea, habíamos acordado entre un grupo de dirigentes, proponer a José Lira como secretario general, debido a que era un directivo muy querido y respetado, por su carácter apacible y conciliador. Además, fue cofundador de la Causa R, y de gran experiencia. Lo planteamos como una solución interesante para limar asperezas y tratar de permanecer unidos. Lira había aceptado cumplir esa misión, sin embargo, a la hora de su intervención se olvidó lo concertado, y procedió inesperadamente a postular a Lucas Matheus. Un líder inteligente y trabajador, pero de trato muy difícil con la gente; y con una visión muy defensiva de la lucha. Muchos no se sintieron a gusto, no se sentían cómodos con él como secretario general.

Esto provocó mucha molestia porque la Causa R, se había distinguido por su gran franqueza entre sus miembros; y porque los compromisos se respetaban. Cuando habló Lucas Mateo me trató de chantajista; y de paso demostró que su manera de pensar no era la que más convenía a nuestra organización.

Esa noche, cuando me tocó hablar, me referí a la intentona golpista del 4 de febrero de 1992 y a la contradictoria posición de Lucas de no participar en esa conspiración, para luego apoyar la asonada militar del 27 de noviembre. Ratifiqué mi renuncia a la Secretaria General, lo que provocó una gran preocupación. La mayoría de los delegados no compartían, pero mantuve mi posición esa noche. Al día siguiente nos reunimos el grupo de dirección, Lucas Matheu, general Müller Rojas, José Lira, Ali Rodríguez, José Albornoz, Farruco Sesto, donde les ratifiqué mi renuncia a ese cargo. En ese momento, Lucas Matheus expresó "En vista de que la mayoría de los delegados quieren que Pablo continúe siendo el Secretario General, yo estoy de acuerdo, vamos a ratificarlo ante la asamblea".

Ellos no habían entendido mi posición, que mi renuncia era irrevocable. No lo hice como una maniobra, sino que efectivamente, consideraba que tenía que renunciar a ese puesto; y que no aceptaba que me volvieran a designar. Así que renuncié formalmente ante la reunión nacional. Finalmente, después de varios meses, fue aceptado Lucas Matheus como Secretario General. La mayoría de la Causa no lo querían; pero hicimos todo lo posible para convencerlos de que era necesaria la sustitución, porque considero que no es conveniente eternizarse en los cargos.

Capítulo IX

Un gran sueño se hace realidad

Todos los 5 de Julio en mi país, el Congreso de la República, hoy en día Asamblea Nacional, conmemora el aniversario de la firma del acta de la Declaración de la Independencia de Venezuela. Para la ocasión del 5 de julio de 1996, en mi rol de vicepresidente de la Cámara de Diputados, fui designado como orador de orden para dirigirme a la nación. Para ese gran día, preparé mi intervención acerca de la historia de la Deuda Externa de Venezuela y de cómo fue contraída.

Recordando parte de la historia, comenté en mi discurso que, en la época de la Independencia, Luis López Méndez, cometió errores, lo que motivó a Bolívar a escribir una carta al general Santander calificándolo como "el genio del error". No obstante, esa deuda adquirida sirvió para contratar soldados, armas y pólvora. Sin embargo, por esos errores, López Méndez, fue juzgado por los tribunales de Londres y fue detenido. Mientras que al abogado Juan Francisco Antonio Hilarión Zea y Díaz, nacido en Medellín, antigua Nueva Granada, El Libertador lo bautizó como "¡el genio del mal!" por haber estafado a la naciente República.

También comenté que el General Bolívar, después de las batallas de Gámeza, Pantano de Vargas, donde recibió del hijo de Casilda, quien era oriundo del pueblo de Santa Ana, el hermoso caballo Palomo, con el cual cabalgó en muchos combates por la independencia, que concluyó en Boyacá, donde selló la libertad de la Nueva Granada. Tras

Plabo Medina en El Congreso

esa victoria, viajó hacia Bogotá, para organizar el nuevo gobierno, asistió al tedeum y, luego, regresó a Angostura. Pero días antes, había cruzado con su ejército de soldados el Páramo andino; con quienes, muchos de ellos, no habían sentido ni conocido el frio de esa cordillera. Se especulaba en Angostura, que los patriotas habían sufrido una grave derrota cuando remontaban la gélida serranía. La noticia fue aprovechada por los oficiales facciosos del ejército Libertador, quienes sentían animadversión por el vicepresidente Zea, a quien destituyen y lo hacen preso.

Después que Bolívar regresa a Angostura, Zea logra entrevistarse con él, y le solicita que lo envié a Washington o a Londres. El Libertador accede, además, le entrega cuatro hojas en blanco selladas y firmadas por él y por él como presidente de la República.

"El genio del mal" como lo bautizó Bolívar, descartó su plan de ir a Washington y viajó a Londres. El primer documento lo utiliza para destituir al embajador Luis López Méndez; el segundo lo usa para presentarse como genuino representante diplomático de la República de Colombia; el tercero le sirvió para solicitar un empréstito por dos millones de libras esterlinas, quedándose con un millón y medio en su bolsillo y, así, continúo haciendo otros desmanes. Luego se fue a París, allí se le veía pasear en hermosos carruajes con Fanny Duvillar. Después empezó a cortejar a la hija del general Santander con quien pretendía contraer matrimonio y, además, en "la ciudad Luz" se empeñó en negociar las minas de plutonio.

Zea fue el primer funcionario público destituido en la naciente República de Colombia. Por orden de El Libertador, el Tribunal de Justicia Supremo, ordenó su comparecencia para que fuese juzgado, pero en 1823, cuando llegó la medida de destitución y juicio a Londres, había fallecido. En el estado Mérida de Venezuela uno de sus Municipios lleva su apellido. Por lo visto, los políticos e historiadores de la "Ciudad de los caballeros", desconocen las andanzas de su epónimo.

Quienes hayan estudiado las andanzas del farsante, timador y corrupto Zea, podrán observar que ha sido emulado a la perfección por Hugo Chávez, Nicolás Maduro, Diosdado Cabello, Vladimir Padrino López y su generalato, Rafael Ramírez, Aristóbulo Isturiz, en las practicas corrupción, el cohecho y la estafa a la República donde mal nacieron.

Entonces vemos, que la historia de la deuda externa se halla marcada por trágicos capítulos en la vida republicana. En la etapa de los caudillos militares, se adquirieron deudas donde la mayor parte de los montos en libras esterlinas, se quedaban en Inglaterra a nombre del agente contratante, que no se amortizaba en bancos ingleses ni alemanes.

En el período presidencial de Cipriano Castro, el primero de la dinastía de mandatarios andinos en Venezuela, las armadas de las potencias inglesa y alemana, a finales de 1902 hasta febrero de 1903, bloquearon las costas venezolanas, debido a que el presidente Castro se negó a pagar las deudas, algunas legales y otras leoninas; y compromisos financieros contraídos de la Independencia, de los ferrocarriles cuando Antonio Guzmán Blanco y de las abusivas deudas llamadas diplomáticas. Bloqueo, que, en esa época, por cierto, fue rechazado por el Dr. José Gregorio Hernández, hoy reconocido como "El Santo Patriota", quien se alistó como soldado para defender la República.

En ese sentido, el gobierno del Presidente de los Estados Unidos, Theodore Roosevelt, colaboró con una solución diplomática, denominado "Los Protocolos de Washington", donde la administración de Venezuela demostró la falsedad de las potencias especuladoras acreedoras, al presentar garantías por un monto de 350 millones de bolívares. Finalmente acordaron con el equipo negociador por Venezuela cancelar 150 millones de bolívares.

El acuerdo de pago resultó muy rudo para un país arruinado en esa época y fuerte para el gobierno de Cipriano Castro. Venezuela quedaría cancelando el 30 % de sus ingresos aduaneros, originados por las ventas de café y cacao y más adelante por el petróleo. El régimen de Juan Vicente Gómez honró esas obligaciones hasta 1930, conmemorando el natalicio del Libertador.

A partir de ese momento, incluyendo el período de los treinta y cinco años del dictador Juan V. Gómez, los siguientes gobiernos no contrajeron deudas externas, reconstruyendo lentamente a Venezuela, y afianzándose de esa manera en la sucesión de los andinos en el poder. A pesar de la pobreza en la nación, comenzó una estabilidad económica muy particular jamás vivida en el país. Hubo un bajo nivel de inflación, sin requerir la asistencia de perversas organizaciones, como por ejemplo el Fondo Monetario Internacional (FMI). Los gobiernos andinos enfrentaron las pandemias, construyeron escuelas, vías de comunicación; y, viviendas del Banco Obrero a precio económicos. Se puede decir, que los recursos, producto de la renta petrolera, generalmente fueron bien invertidos, aunque no se puede negar, que también hubo corrupción a nivel de la elite gobernante. Venezuela en esos períodos contaba con una moneda fuerte, tenía poder adquisitivo.

La presidencia de Carlos Delgado Chalbaud Gómez en la Junta Militar de Gobierno (1948-1950), duró poco, el 13 de noviembre del 50, cuando salió de su residencia en Chapellín al Palacio de Gobierno, fue secuestrado por un grupo comandado liderado por el político y militar Rafael Simón Urbina, siendo Chalbaud traslada luego a la urbanización caraqueña "Las Mercedes", allí lo asesinan en la Quinta Maritza. Se registró como el primer y único magnicidio en la historia de la República venezolana. El crimen fue repudiado en todas las esferas del país, ya

Marcos Perez Gimenez

que su figura gozaba de prestigio. Delgado Chalbaud, era un hombre muy instruido, había realizado estudios superiores en la ciudad de París (Francia) donde se graduó de ingeniero y, además, era polígloto.

En ese breve tiempo, al igual que el gobierno de su paisano el general Isaías Medina Angarita, su administración dejó una huella constructiva, apoyándose en los recursos generados por las concesiones petroleras. Continúo la construcción de la Ciudad Universitaria de Caracas y el plan de viviendas, la electrificación, el aumento de sueldos y salarios. Asimismo, creó el Instituto de Previsión del Magisterio, y el Instituto Nacional de Deporte (IND).

Como hemos visto, es bueno refrescar conocimientos de hechos históricos para lograr develar el misterio de la Deuda Pública. Esas circunstancias de cómo fue contraída la misma; y quienes, y en qué condiciones la negociaron, sin ahondar en acontecimientos políticos en la accidentada vida republicana acerca del trienio adeco de 1945, ni del gobierno del escritor y político Rómulo Gallegos, ni tampoco del breve gobierno de Germán Suárez Flamerich (1950-1952), al igual que el desconocimiento del triunfo del Dr. Jòvito Villalba por parte del coronel, Marcos Pérez Jiménez

El coronel Pérez Jiménez, nacido en Michelena Estado Táchira, se graduó de Alférez Mayor en la Escuela Militar venezolana. Realizó estudios en la República del Perú. En 1952, se convirtió en dictador con el lema del

Nuevo Ideal Nacional. Sin duda el más brillante planificador, controlador y ejecutor de una inmensa cantidad de construcciones para diferentes propósitos y necesidades.

No se puede negar que los gobiernos anteriores pertenecientes a la dinastía andina habían echado las bases para ese salto de escala en el área de la construcción. La Reforma petrolera del General Isaías Medina Angarita, cuyo precio del barril del crudo ayudó a su gobierno, puesto que realizó concesiones petroleras con empresa americanas, aumentando en forma considerable el presupuesto nacional, siendo ello, una de las bases de plan de construcción, aumento de salarios y mejoramiento del nivel de vida de los venezolanos.

En esos años, Venezuela fue líder en América. Su moneda tenía un valor fuerte, y hubo un creciente empleo. Ese desarrollo se debió a la aplicación de la tesis del Dr. Alberto Adriani, basada en "Sembrar el Petróleo". La dictadura de Pérez Jiménez contrajo una mínima deudas con la banca internacional, los compromisos fueron una deuda interna que genera problemas, pero es más fácil de manejar.

Los tres primeros gobiernos de la democracia representativa cuyos presidentes fueron Rómulo Betancourt, Raúl Leoni y el Dr. Rafael Caldera desde 1958 a 1973, quienes gobernaron bajo el amparo del Pacto de Punto Fijo, en ese período la deuda externa contraída, no alcanzó el monto de los dos mil millones de dólares. Es entonces, en el primer gobierno de Carlos Andrés Pérez, cuando se nacionaliza la industria del crudo, pero lo que hizo con la cabeza lo destruyó con los pies, al no utilizar en forma responsable la administración del sobre/ingreso petrolero, derivado del conflicto en el Medio Oriente, cuya pugna se conoce como la guerra de Yon Kipur, que originó que el precio del barril de petróleo de 2,50 dólares se cotizara a 11.2 dólares.

El Presidente Pérez, desestimó la advertencia del Dr. Alberto Adriani, quien había señalado lo peligroso que era vivir únicamente de la renta petrolera; y, que por ello, se debía "Sembrar el Petróleo". Pero, aún, algo más grave sucedió, porque, teniendo ese cuantioso ingreso de dólares extra, el mandatario Carlos Andrés Pérez, contrajo una deuda externa en 25 mil millones de dólares, de los cuales, 14 mil millones fueron considerados ilegales por la Contraloría General de la República, ya que tanto los acreedores y los ministros del ramo económico violentaron los procedimientos de la Ley de Crédito Público para adquirir esas deudas públicas. A pesar de las opiniones de tres ilustres venezolanos, Pablo Pérez Alfonzo, Alfredo Maneiro y Domingo Alberto Rangel, quienes alertaron de que ese sobre ingreso petrolero iba a dañar el alma nacional; y que el programa de la "Gran Venezuela" destruiría la nación. Por su parte, La

Causa R en su primer documento nacional propuso reducir la producción petrolera.

El derroche de los ingresos petroleros continuó con la administración del llanero Luis Herrera Campíns (1979 a 1984). Cuando se juramentó como presidente anunció que recibía un país hipotecado. Sin embargo, en su mandato se dedicó a entretener a los venezolanos con la agenda política de sus famosos refranes. De manera que la situación económica marchaba hacia una grave devaluación, pese al aumento de la cotización del petróleo a 30.5 dólares el barril. Era la época en que el ministro de Hacienda, el Dr. Arturo Sosa, sin investigar la legalidad de las deudas, cancelaba anualmente por ese concepto 8 Mil millones de dólares. En esa gestión, se produjo la devaluación de la moneda, ese día fue considerado por la opinión pública como el nefasto "Viernes Negro".

En 1986, durante el período presidencial del oriental Jaime Lusinchi, éste les reconoció a los 534 bancos una deuda por 33 mil millones de dólares, clavándole así un puñal por la espalda a Venezuela. En esa millonaria suma de dólares, se incluía los 7 mil millones de la deuda privada y 14 millones de deuda ilegal.

Diputado Pablo Medina en Rueda de Prensa.
5 de Julio 1996.

Desde el mandato de Rómulo Betancourt hasta 1988, se convirtió en un secreto las cancelaciones trimestrales que efectuaban los Ministros de Hacienda de esos gobiernos, cuyo monto lo calculó el senador Luis Lizardi, en más de 60 mil millones de dólares.

Les comento que el discurso del 5 de julio en el congreso de la república me trajo fuertes consecuencias. Ya un gran amigo, "el gordo" Carlos Agudo, me lo había advertido: "Pablo ese discurso fue impactante. Tú has sido muy valiente al denunciar a las sanguijuelas de la deuda externa, a los beneficiaros de ese problema. Te lo van a cobrar. No creas que vas a pasar liso. Algunos banqueros y dirigentes de los partidos políticos se sienten ofendidos, porque los has desnudado". En efecto, al poco tiempo, personalidades del gran capital movieron sus tentáculos, en la que influyeron una combinación de factores políticos para dividir a la Causa R; y, expulsarnos a varios de la directiva.

Andrés Velázquez, dividió a la Causa R. A mediados de 1997, Concepción "Concho" Quijada, gran productor agrícola en Acarigua, estado Portuguesa, nos invitó a Andrés Velásquez y a mí, a una reunión con productores. Interesante fue escuchar el drama de los empresarios y campesinos. El sábado en la noche regresamos a Caracas. Al día siguiente Andrés viajó por avión al estado Bolívar; y yo me fui por tierra, hacia el Oriente del país con destino a Barcelona. Cuando paso por Guarenas entré para reponer de combustible al auto, estaciono en una bomba de servicio. Allí compré la prensa nacional; y, en el diario El Universal, me sorprendió una entrevista a página completa bajo el nombre de Velásquez, donde anunciaba que nos expulsaban a un grupo de dirigentes, entre ellos, al general Alberto Müller, Alí Rodríguez, Bernardo Álvarez, y a mí. Cuando llegué a Caracas lo llamé por teléfono para pedirle una explicación pero no me respondió.

Ante este hecho de expulsión, el 90% de la Causa R, así como la mayoría de los diputados, senadores de la fracción causaerreista, y las regiones, rechazaron la medida, dándonos abiertamente el apoyo. Únicamente Guayana estuvo con los divisionistas. Ante el caso, el Consejo Nacional Electoral por presión de Dr. Caldera, Acción Democrática (AD), sumada a los banqueros, nos expulsaron de la Causa R, apoyándose en una supuesta legalidad, motivo que nos condujo a fundar Patria Para Todos (PPT)

Nace Patria Para Todos. En los meses de junio, julio y agosto de 1997, nos dedicamos a constituir la nueva organización; y, a su vez, preparábamos el evento mundial de la deuda externa, en Hotel Caracas Hilton. A la par, yo estaba pendiente del especial acontecimiento familiar, el nacimiento el 4 de julio de mi segunda hija Achabá el cual, se adelantó un día, ya que estaba previsto para el sábado 5, justo cuando se celebra el día de la independencia de Venezuela, pero el médico, por ser judío no trabajaba los sábados, porque lo dedican al ayuno y a orar al Dios de Israel, el Todopoderoso. Caso curioso, la madre de mi hija, Mayarí nació el 19 de abril, cuando se celebra el Cabildo de Caracas de 1810 y mi Achabá el 4, día de la independencia de los Estados Unidos, pero pudo haber sido el 5.

Así, en esas condiciones anduve el resto del año, trabajando por el PPT, impulsando nuevos planes acerca de la deuda externa, atendiendo mi hogar; y disfrutando de ese regalo de Dios, de mi segunda hija. Por otra parte, se vislumbraba un ventarrón llamado Hugo Chávez, quien, en 1994, ya había viajado a La Habana, a reunirse con Fidel Castro, y este, prácticamente lo ungió como candidato presidencial de Venezuela.

El último semestre de 1997 fue fortísimo, y en la medida que pasaba el tiempo, factores económicos, grupos empresariales, canales de televisión, dueños de periódicos, periodistas y sectores de izquierda, simultáneamente se iban cuadrando de manera acelerada con la candidatura de Hugo Chávez. La embajada cubana activada en Caracas monitoreaba el ascenso de esa ambición presidencial del hijo de Sabaneta, utilizando todas las vías y, aquellos grupos de empresarios, que se habían reunido con Fidel Castro, en el acto de la "Coronación" de Carlos Andrés Pérez, fueron formando una fuerza y moviendo sus inmensos recursos para apoyar esa aspiración del teniente coronel.

En septiembre del 97, Chávez iba escalando lento, pero la popularidad de su candidatura era sólida. En aquel entonces, Alfredo Peña quien era periodista del semanario del Partido Comunista Tribuna Popular y, después fue director de El Nacional, me invitó a una entrevista en la radio YVKMUNDIAL, donde conducía un programa, así como otro espacio nocturno de gran sintonía nacional en Venevisión. De verdad, Peña gozaba de amplia simpatía.
Después de la entrevista nos invitó a almorzar a Aristóbulo Istúriz y a mí, y en medio de la conversación me preguntó:

-Pablo, ¿por qué te niegas a apoyar a Hugo Chávez, quien fue tu amigo y confidente, además, él habla muy bien de ti.

Respondí,

-Precisamente por qué fue mi amigo es que lo conozco y, como sé quién es, tengo el convencimiento qué va a clavarle a Venezuela una terrible dictadura".

Alfredo, me replicó.

-Pablo, yo no creo eso.

Le contesté,

-No lo creerás, pero te aseguro que Chávez destruirá a Venezuela como Fidel a Cuba

"Mira Alfredo Peña, Chávez nos va a imponer una dictadura destructiva. Te hablo de destrucción, porque hay dictaduras constructivas como la del gordito de Michelena"'. Te voy a referir la interesante conversación con el general Marcos Pérez Jiménez, Hay dictaduras que han sido constructivas, pero las libertades y la justicia son esenciales en el ser humano. Sin embargo, existen diferencias entre estos regímenes como la del coronel Marcos Pérez Jiménez, que, aunque persiguió y torturó a gente, tuvo un sentido nacionalista, desarrolló muchas construcciones como las autopistas. Ciertamente, levantó al país, dándole un giro a Venezuela, hacia la modernidad. Vale acotar, que cuando regresaba de un viaje de la China, donde había sido invitado, pasé por la ciudad de Madrid, para conversar con Pérez Jiménez en su casa, ya que residía en esa ciudad en calidad de exiliado. Hablamos alrededor de cinco horas. Cuando el dictador abrió la puerta me pareció ver un fantasma, se encontraba solo en su hogar. Me dijo, al inicio, yo era de poco hablar, al contrario de hoy, soy muy conversador. Resultó una amena e ilustrativa charla, y hasta nos reímos de sus ocurrencias. Como tenía fama de tacaño, le dije,

- ¿General no le sobran unas gotas de agua?,

Me respondió,

- ¡Caramba no tengo personal!

Pero se levantó a buscarla. Me llamó la atención que caminaba como si estuviera marchando y, luego, él mismo en una bandeja trajo el vaso con agua. Asimismo, quedó saciada mi curiosidad sobre cómo modernizó a Venezuela con cada una de sus obras. De igual manera, le comenté mi desacuerdo, con la reforma urbana de Caracas. Y en esa reunión me enteré de un aspecto que desconocía de la deuda externa.

Me comentó el expresidente Pérez Jiménez, que había una deuda pendiente de la naciente Republica con los oficiales y soldados de la Legión Británica; ya que, en el fragor de la Batalla de Carabobo, el Libertador ordenó al Coronel Thomas Ildeston Farriar, efectuar un movimiento táctico contra las tropas realistas comandadas por Morales, el cual significó una acción determinante para derrotar a las tropas del Rey, pero acarreó pérdidas valiosas de soldados; entre ellas, la del propio

Coronel Farriar. "Esa deuda económica nunca se canceló", afirmó Pérez Jiménez.

Volviendo de nuevo a la conversación con Alfredo Peña, en esa reunión del almuerzo, le señalé que el gran reto, era realizar grandes cambios como lo hizo, por ejemplo, Pérez Jiménez, pero desde una República libre y democrática, donde se cumpla la ley, con una economía de libre mercado. El periodista se sorprendió al escuchar esta manera de pensar. A Aristóbulo le causó risa. Recuerdo años después que Alfredo Peña, quien había sido Presidente de la Comisión de Economía de la Constituyente, exministro de la Secretaria de la Presidencia de Chávez, y exalcalde Mayor, hallándose exiliado en la ciudad de Miami, Florida, nos reunimos; y, recordó esa conversación y me dijo:

 - ¡Coño, Pablo no te hice caso, ¡qué vainón nos echó Chávez!

Concluyó exclamando,

 - ¡Si voy a morir que sea en mi tierra!!

Pero no fue así, murió en Miami.

En 1998, cuando comenzó realmente los anuncios de las candidaturas presidenciales de los partidos políticos para el proceso electoral, a medida que iba avanzando el tiempo, el mismo se fue reduciendo, ya que hubo declinaciones muy notorias y una de ellas, fue la Reina de belleza Irene Sáez, quien llegó a alcanzar en sus inicios 75% de simpatía. Luego, la de Luis Alfaro Acero, el Caudillo a la sazón, secretario general de Acción Democrática y, de esa manera, el juego comicial, se polarizó entre Hugo Chávez por el Polo Patriótico y Salas Romer, quien era para ese entonces gobernador del Estado Carabobo, por Proyecto Venezuela.

Capítulo X

El PPT se rinde

En la medida en qué íbamos construyendo a Patria Para Todos, observaba que la candidatura de Chávez ganaba terreno, aun cuando, en la dirección del partido había quienes compartían mis planteamientos. Sin embargo, en las bases, en el conjunto mayoritario de las regiones de toda Venezuela, se iba imponiendo esa tendencia. Pero los discursos del "hijo de Sabaneta" eran tan violentos, que un considerable grupo de siquiatras, presentaron ante la Corte Suprema de Justicia, una solicitud para que sentenciaran la insania mental del candidato Chávez.

Doy un salto hacia atrás para evocar recuerdos de diciembre de 1997. Me sentía como atrapado, no veía horizonte. Chávez, dentro de sus propuestas, había planteado una Constituyente como prioridad. Esa intención la habíamos formulado en nombre de La Causa R en 1993. Tres años antes que Hugo. Incluso mi hermana Flor María había producido un video de media hora, en el que se explicaba las ventajas de esa propuesta.

Llegó diciembre 1997, y con él, la fiesta de navidad. Disfruté mucho la festividad del 24 de diciembre en la compañía mi esposa Mayary, mi hija Achabá, mis suegros. Con mi hermana Flor, Luisa, Carmen, e Irma. Fuimos a un balneario cerca de Puerto Píritu, una zona turística del estado Anzoátegui, ubicada al oriente del país.

Luego, el 1 de enero, de 1998, tras nadar en la playa y, luego, pasar a la piscina, sentí un dolor inmenso en la pierna izquierda. Me chequeo; y, observo que tengo unas líneas rojas en esa extremidad. Mi hermana Luisa me lleva de urgencia a un centro asistencial. Estaba prendido en fiebre. En el centro hospitalario me atendieron dos médicos jóvenes, indicaron que me subiera a la camilla. Al parecer por su reacción al auscultarme, les pareció extraña la enfermedad. Un hombre en estado de ebriedad miraba desde otra cama y se bajó de ella, se acercó y miró la pierna, se sonrió y expresó "estos médicos no saben nada de eso. Usted tiene una erisipela, y eso lo curan los brujos con oración y tres sapos. Váyase al barrio San Francisco y busca al rezandero". Me dio el nombre del curandero; y luego dijo: "Él consigue los sapos, le reza; y, usted se dará cuenta que cuando le pase los tres sapos por la pierna, usted se cura porque esos animales recogen la enfermedad enrojecen, se secan".

Escuché al ebrio con atención; pero decidí venirme a Caracas a una clínica porque la fiebre aumentaba. En esa clínica, me dejaron internado, me inyectaron penicilina, pero no mejoraba. Era una situación delicada, seguía infectado. Me dieron de alta sin curarme. A los días, estando convaleciente en el apartamento en la urbanización el Paraíso, me dio una septicemia (el diccionario la describe como una Infección grave y generalizada de todo el organismo debida a la existencia de un foco infeccioso en el interior del cuerpo del cual pasan gérmenes patógenos a la sangre). No podía respirar, trancado del pecho a punto de morir. Entonces, con los brazos abiertos, clamé a la Misericordia Divina que me permitiera seguir viviendo. Al invocarlo, sentí que Nuestro Señor Jesucristo escuchó mi plegaria y me bendijo, porque volví a respirar. Mi esposa Mayarí y mi suegro llegaron en ese momento, me trasladaron otra vez a la Clínica. Después, con el tratamiento en la casa, que debí colocar la pierna en alto, hielo y descanso, disminuyó la inflamación. Quedé muy debilitado.

A mediados de enero de 1998 caminaba con dificultad. A los pocos días fui a Guarenas (ciudad del estado Miranda) a una reunión. Cerca de la iglesia, me encontré con el monseñor Mario Moronta. Cuando me vio, me dijo,

-Pablo, ¿Qué te pasa que estás cojeando?

Aristobulo Isturiz y el Presidente Hugo Chavez

Le respondí,

-Una erisipela

El religioso, entonces, a manera de chiste me dijo

- ¡Caramba chico!, búscate unos sapos y yo te pongo el rezo".

Yo reaccioné con una carcajada. En los barrios venezolanos, tienen la creencia de que con sapos y oración se cura. En otros países la conocen como linfagitis. En otra ocasión, encontrándome en EE. UU, me repitió, cuando viajaba a Washington en una caravana con otros connacionales para presentar un cuerpo de propuestas al Congreso y al gobierno de Obama, en apoyo a Venezuela. En la delegación hacia la capital estadounidense, también iban mis hermanas Luisa, Flor y Yolanda. Los choferes de los autobuses que nos transportaban, pasando Orlando, Florida, se estacionaron para que comiéramos y fuésemos al baño. En el trayecto, ya yo sentía malestar de fiebre y dolor. Lo comunico a los responsables de la caravana, inmediatamente llaman a los paramédicos, quienes me transportaron, a un hospital de una ciudad, cuyo nombre no recuerdo. Allí estuve cuatro días. Los médicos del centro de salud no conocían la enfermedad. Pero por intermedio de una traductora, le expliqué sobre esa patología, a un médico graduado suma cum lauden; y especialista en otras enfermedades, ya que la erisipela es una enfermedad tropical.

Así, con los pies inflamados, tuve que inaugurar la Convención del reciente partido Patria Para Todos en Valencia, el 23 de enero del 98. En ese encuentro guardamos un minuto de silencio por los "Caídos". Di las gracias por ese minuto, pero yo bromeaba porque los "Caídos" eran Los Navegantes del Magallanes (equipo de béisbol) quienes habían perdido la Serie, resultando campeón Los Leones del Caracas, el cual, es mi equipo y todos se rieron de la ocurrencia.

Como Secretario General, me correspondió pronunciar las palabras de apertura, donde hice una breve reseña de los avances del nuevo partido y de su evolución en el pequeño tiempo de su creación. Asimismo, hablé acerca de las elecciones que se avecinaban, y expresé mi opinión sobre la candidatura de Hugo Chávez, alertando del peligro qué significaba para Venezuela, y la indudable destrucción del país. Sólo me acompañaron Roger Capella, el general Alberto Müller Rojas y Luis Lizardi, pero no logramos convencer a la audiencia, ni en las 20 mesas de discusión, en las cuales, en todas ganó ampliamente, casi por mayoría absoluta la candidatura de Hugo Chávez. En ese entonces, el PPT contaba con 3 gobernadores, quienes lo apoyaban, y ejercían influencia en la naciente organización. Por presión del militar, querían, anunciar el mismo día el apoyo a su candidatura; y proclamarlo al concluir la convención. El falso Hugo se hallaba en Valencia y, esperando que se comunicaran con él, para que apareciera como su primer gran triunfo. Pero a última hora, quizás por respeto a nosotros, no lo hicieron en ese momento.

Quedamos sin opción, el otro candidato era Salas Romer, en esas circunstancias, imposible ser asimilado por el naciente PPT. Veníamos de la ruptura con La Causa R, los canales de TV y dueños de medios de comunicación, empresarios, periodistas y figuras de gran relieve apoyaban a Chávez. La deuda externa y la Constituyente, que yo había estudiado y analizado, Chávez las incorporó como temas a su discurso, lo cual, me resultaba muy difícil no respaldar su candidatura. Me tracé otra meta, oponerme a él en lo interno para que, en un tiempo breve, pasar al PPT a oposición, consciente que Chávez fracasaría.

Tras la convención, se acordó anunciar el respaldo en un acto en la plaza Caracas, el primero que hizo Hugo Chávez, el cual tuvo un lleno de banderas azules, color del PPT. Siempre he invocado la democracia y su ejercicio. Por lo tanto, me era imposible rebelarme contra esa inmensa mayoría, gente que además apreciaba. Y así fue como acompañé a ese candidato, a quien conocía muy bien, que era un hombre taimado y traicionero. Reitero, lo hice por cuanto la mayoría de las bases y los dirigentes regionales, casi el 95%, respaldaban al hijo de Sabaneta.

De ese primer acto en la plaza Caracas, hay una foto donde aparezco junto a Aristóbulo, Chávez en el medio y yo a la izquierda, ciertos adversarios frecuentemente la promueven intentando descalificarme, ahí me sentía triste, mirando hacia abajo, mi estado de ánimo expresaba fatalidad.

Sin más opción, un grupo nos planteamos dar tiempo al tiempo. Esperar que nuestros amigos y buena parte de la dirigencia abrieran los ojos ante ese error de apoyar al destructor y despótico Chávez.

Capítulo XI

Los Proyectos Constituyentes rechazados

En cuanto a la Constituyente, hubo y hay, quienes dudan acerca de la legalidad del referéndum sentenciado por el TSJ para convocarla. En relación con ello, considero más pertinente la crítica que efectuó el Dr. Jorge Olavarría sobre las bases comiciales, totalmente ilegales; puesto que la Constituyente no expresaba la realidad sociopolítica del país. Esas arbitrarias bases comiciales sirvieron al Polo Patriótico para obtener 116 diputados constituyentes; y la oposición 5 o 6.

La estructura de la Asamblea Constituyente quedó conformada por Luis Miquilena como presidente, Isaías Rodríguez, primer vicepresidente y Aristóbulo, segundo vicepresidente. Luego las diversas comisiones' y me tocó a mi presidir la Comisión de Disposiciones Transitorias. El vicepresidente fue el hermano de Hugo Chávez.

Con la participación de la sociedad civil, elaboramos 27 proyectos para Refundar la República, nuestra idea era que se asimilaran e incorporaran a la Asamblea Constituyente, propuesta que formulé el 5 de julio de 96 en el Congreso de la República, entre ellos, destacan los siguientes:

Chávez en su campaña electoral se había comprometido a solucionar la deuda externa. Poseíamos toda la documentación para acudir a la Corte Suprema de Justicia, el equipo de abogados, los aliados, incluyendo el Papa Juan Pablo II, la Conferencia Episcopal, la iglesia Evangélica, la estrategia jurídica.

Pero el tirano Chávez había adquirido compromisos con sus financistas, entre ellos los banqueros corruptos y prófugos, del segundo gobierno de Caldera, quienes después regresaron en su gobierno; y, ahora, son dueños de medios de comunicación. También se dijo en el comando de campaña que recibió financiamiento de George Soros. Lo cierto fue que se negó a resolver el "Cangrio de Colombia", como Bolívar calificaba a la deuda pública.

El Proyecto Eléctrico. Mantenimiento, transmisión, distribución y municipalización de este. Teníamos información por ingenieros expertos en el tema eléctrico, acerca del continuo deterioro del sistema interconectado, el cual, era admirado en América Latina. Venezuela siempre ha contado con grandes profesionales en la ingeniera eléctrica, pero había que invertir cerca de 3.000 millones de dólares para el mantenimiento.

En el gobierno del Dr. Rafael Caldera, yo ocupaba la primera vicepresidencia de la Cámara de Diputados, y tenía contacto con un equipo de brillantes ingenieros, entre ellos, Tito López y una gran cantidad de trabajadores de CADAFE y EDELCA, juntamente con ellos, preparamos y presentamos el proyecto, a fin de resolver el gran problema del mantenimiento y distribución. El Dr. Caldera, al igual que Hugo Chávez desecharon el proyecto, incluyendo Ali Rodríguez que era el ministro de Energía y Minas, a quien se lo entregué personalmente.

La gestión de Chávez en materia eléctrica fue catastrófica, apoyándose en los poderes habilitantes, decretó la emergencia eléctrica, la cual, permitió adquirir equipos sin licitación. Aunado a la asesoría que le daba Fidel Castro. Por eso, hubo grandes errores deliberados hacia los fines de desmantelar toda la estructura de profesionales competentes, sobre la base de la triangulación ordenada desde Cuba y aceptada por el dictador Hugo. Esto permitió al régimen cubano, ser el factor comercial en esa triangulación, importando plantas eléctricas que estaban en desuso para reparar. Emplearon dos formas, una fue la de comprar esas plantas en diferentes países para instalarlas en varias regiones de Venezuela y, por otro lado, hacer inversiones de plantas eléctricas para Cuba, Nicaragua, Bolivia, Jamaica Haití en Antigua, y otros.

Por compra de plantas y bombillos, Venezuela entregaba petróleo, y así es como vemos, el famoso bombillo vietnamita, todo eso significó un monto en inversión de 23.000 millones de dólares del erario nacional, mientras en Venezuela, eran constantes los apagones y el grave error de no saber que el problema en esos primeros años no era la ausencia de energía, sino el mantenimiento y distribución del sistema. En conclusión, no era la generación eléctrica el factor de crisis.

La mayoría de esas negociaciones desembocaron en corrupción en los países involucrados, tales como Nicaragua, cuya ayuda no ingresaba al presupuesto nacional de esa nación, sino a las manos del dictador Daniel Ortega.

También hay que destacar, los 30.000 millones de dólares que fueron suministrados a la empresa Derwick, propiedad de un grupo de venezolanos conocidos como los famosos "Bolichicos", liderado por Alejandro Betancourt, en el que estuvo involucrado el hijo, esposa de Henry Ramos Allup; incluido su cuñado Francisco Agostini. A pesar de esa millonada de dólares, Venezuela vive de apagón en apagón, deterioro en la industria agrícola. En fin, un dolor de cabeza para la ciudadanía. Situación que se puede considerar crimen de lesa humanidad, son los fallecimientos de personas motivados a las fallas de electricidad en clínicas y hospitales donde se hallaban recluidos, por la irresponsabilidad de un régimen desalmado; y, tampoco le importa Venezuela. Chávez no era un constructor, nunca asumió el proyecto eléctrico, que ni siquiera fue sometido a discusión en la Asamblea Nacional Constituyente.

Proyecto: Creación de la Marina Mercante. Fue presentado al presidente de la Asamblea Nacional Luis Miquelena y a Hugo Chávez. La refundación de esa Marina que Rafael Caldera, en su segundo gobierno, actuando como el hombre "cornudo" que vendió el sofá en vez de separarse de la mujer, lo que hizo fue eliminar esa institución por casos de corrupción, no la reorganizó ni conservó al personal y profesionales competentes en los diversos astilleros para reparar los barcos de esa marina comercial, específicamente en Puerto Cabello, estado Carabobo y Paraguaná en Falcón.

La ubicación de Venezuela se halla precisamente en una posición estratégica en el mar Caribe, un espacio no sólo para comerciar con Estados Unidos, sino también con Europa y por el océano atlántico y el Canal de Panamá con países de América del Sur, además, esos astilleros pueden ser utilizados para reparar barcos en toda la región. Presentamos ese proyecto elaborado por los integrantes del Colegio de la Marina Mercante que incluía la creación de una Universidad, sin embargo, el proyecto no fue admitido.

Proyecto: Sistema Ferrocarrilero. Desde años atrás, venía con esa idea. Siendo joven, me emocionaba este sistema de transporte. Soy oriundo de El Tocuyo, estado Lara; y varias veces tuve la necesidad de viajar de Barquisimeto a Chivacoa, estado Yaracuy, a visitar a mi hermana Yolanda quien era maestra de escuela en esa localidad e iba a buscar su aporte familiar. Como pasajero viajé en el ferrocarril de ese tramo. Mi corazón se regocijaba en el viejo tren. Además, me hacía recordar las películas de esa época y, nada más, con escuchar el sonido del pitazo cuando íbamos llegando a una ciudad, me producía una gran emoción.

Años después, visité al estado Mérida y, en una de esas giras, como Secretario General de La Causa R, solicité a los compañeros de la organización, incluir en la agenda una entrevista con el profesor Alberto Serra Vall. En ese momento, él investigaba sobre el ferrocarril magnético.

De eso hace treinta años.

El profesor Serra Vall, físico, catalán, fue uno de los pioneros a nivel mundial en este tipo de ferrocarril, que en enero 2021 está en pleno auge, especialmente en países como Japón y China, es el gran salto para sustituir el viejo sistema de rieles. Con la nueva tecnología se podrá alcanzar velocidades a más de 600 km por hora.

En 1986, el director en ese momento del periódico El Nacional, era Alberto Quirós Corradi, un experto petrolero, directivo empresarial, quien invitó a los partidos políticos a presentar sus Proyectos de País, asunto interesante de parte del director y el diario. Andrés Velázquez y yo fuimos los últimos invitados. Andrés habló sobre la democracia radical de los trabajadores y, cuando me tocó exponer a mí, le dije que creía que el gran proyecto significativo para Venezuela, para el desarrollo nacional, sería el de construir el sistema ferrocarrilero venezolano, que, en torno a ese plan, podría unirse buena parte de la sociedad venezolana, trabajadores, sector privado, colegios de ingenieros, arquitectos, empresarios, utilizando el ahorro y capital internacional.

Un sistema de tren no debe ser importado como ha ocurrido hasta el momento, le expliqué a Quirós. Agregué, que el desafío era construirlo, por supuesto, con apoyo internacional, con tecnología de países que tienen experiencia en esa materia. Le aseguré que en Venezuela contábamos con suficiente mano de obra calificada como para llevar a cabo ese proyecto. Además, le comenté acerca de la utilización del gas como propulsión y, de esa manera, estaríamos homenajeando a Julio Verne quien, escribió la famosa novela "El Soberbio Orinoco", donde se imaginaba un ferrocarril desde Ciudad Bolívar a Caracas y mencionaba aquella tortuga gigante Arrau, especie hoy en peligro de extinción, y así cumpliríamos el sueño del visionario Verne.

También, le expliqué que el uso al gas que se desperdicia y se quema en los "mechurrios" (término utilizado en Venezuela, para un quemador que son grandes lenguas de candela que iluminan las sábanas). En este sentido, el experto en petróleo y director de El Nacional, ya fallecido, dijo "Oye Pablo, sabes que ese ha sido uno de mis sueños y he librado una gran pelea por tratar de lograrlo, pero inútil, nunca he podido, me ha resultado una frustración personal". Quirós fue presidente de Maraven, una filial de PDVSA dirigió también un grupo empresarial denominado "Santa Lucía", al que una vez fui invitado.
Estando en la ciudad de Mérida, durante la conversación que sostuve con el científico Alberto Serra Vall, quien avanzaba en su proyecto de investigación, recuerdo que me dijo;

-Pablo, el próximo paso es construir un prototipo del ferrocarril magnético.

Como ya yo era diputado, estamos hablando del año 1991, le contesté,

-Bueno profesor, Vamos a elaborar un proyecto de ley, para que los profesores y estudiantes de la universidad, recojan firmas y presentamos un anteproyecto para construir el prototipo de ese tipo de ferrocarril y, me comprometo en introducirlo en la Cámara de Diputados".

En esa época, a su oficina constantemente llegaban ingenieros japoneses y franceses para observar el proyecto. Soñábamos con un plan ferrocarrilero construido por venezolanos. El profesor Serra, también se refirió como un error a la construcción del ferrocarril de Caracas-los Valles del Tuy, estando ya los trabajos en marcha. La construcción de ese tramo formó parte de la corrupción del gobierno, ejemplo, el "gran negocio" con los terrenos.

El científico me argumentó, que la nueva gran ventaja del ferrocarril magnético sería que tendría gran la velocidad; y, detalló que, en ese tramo (Caracas-Valles del Tuy) la velocidad sería poca, porque la ruta tendría muchas curvas. Comenté que la vía adecuada debería ser por Petare, en la antigua línea de Encontrado-Ocumare del Tuy, donde sí, era factible la ventaja de velocidad como explicaba el profesor.

Adicionalmente, conversamos acerca de la gran diferencia entre desarrollo y atraso o el factor tiempo en los pueblos y países. Cuando el Libertador Simón Bolívar y el Mariscal Sucre llegaron a Perú con el Ejercito Libertador para librar lo que se conoció como la batalla de Ayacucho, a su vez, arribaba a La Guaira el joven ingeniero inglés Robert Stephenson de 21 años, quien había acompañado a su padre en la construcción de la primera línea ferrocarrilera de Inglaterra. En 1826, elaboró el gran proyecto ferrocarrilero "El camino de Hierro", que 62 años después fue construido por el gobierno de Guzmán Blanco en 1888.

Las diferencias eran abismales en tiempo, modo y lugar, en medio de la revolución industrial, en Inglaterra, cuando en 1804, se adoptó la locomotora, la cual, recorrió 10 km de acero al sur de Gales. En ese mismo tiempo, el Generalísimo Francisco de Miranda, llegó a New York en 1803, zarpando luego del puerto de Nueva York en 1805, con el Leandro y, un número de soldados, de diferentes nacionalidades, lo que se conoce hoy, como la primera expedición para la libertad, período cuando en Inglaterra se inauguraba la primera línea de tren.

La línea ferrocarrilera de Caracas-La Guaira, como la mayoría de ellas, fueron eliminadas después de 1959, en la primera etapa de lo que se llama el gobierno democrático. Indudablemente, el ferrocarril conserva una gran vigencia, especialmente ahora, con el avance extraordinario qué significa la sustitución de los rieles por el sistema magnético.

Las construcciones de los ferrocarriles en Venezuela dejaron una gran deuda pública, al inicio de las obras había muy poca población en el país. En los gobiernos de Juan Crisóstomo Falcón y Zavarce, militar y político venezolano, (1863 y 1868), quien deseó realizar ese tren y el sueño del general José Gregorio Monagas, se fueron los días. Fue finalmente en el mandato de Guzmán Blanco en 1888, cuando se realizan los trabajos de la primera gran línea de Caracas- La Guaira, elaborado por los británicos. Luego construyeron una gran cantidad de vías de hierro. Pero fundamentalmente para exportar las materias primas, donde incluso esos contratos contenían cláusulas, que establecían que si uno encontraba una mina podía explotarla. Nunca hubo un sistema nacional ferrocarrilero, sino tramos construidos por diversas empresas de distintos países y la amplitud de los rieles eran diferentes.

Durante sus trece años en el poder, el corrupto Hugo Chávez, con un presupuesto nacional y fondos internacionales, pudo haber cambiado el rostro de Venezuela y orientarla hacia el progreso. Diferente a Pérez Jiménez, que, en siete años, logró hacerlo con menos recursos humanos. Chávez, quien manipuló la imagen de Bolívar en falso patriotismo y `pregonaba un nacionalismo de mentira con el plan socialista ferrocarrilero, sistema de vías férreas de 13.665 kilómetros, se concentró en contratar empresas internacionales, y dejó a Venezuela un cementerio ferrocarrilero.

Para muestra un botón, el tramo Tinaco-Anaco, con el cual proyectaba conectar occidente –oriente, obra contratada para ese entonces, por el Ministro de Infraestructura, teniente Diosdado Cabello, quien firmó con la empresa China CREC filial de Raiwlway Cantaura Corporation. El contrato establecía la responsabilidad y la garantía del diseño, compra y construcción total de la primera línea Tinaco Cantaura de 440 km por un monto de 7.500 millones de dólares, lo cual, resultó en fracaso, porque lo único que se vio fue un montón de tierra y la obra abandonada. Los chinos no continuaron con el proyecto. Para el comienzo de estos trabajos, el dictador Hugo promovió con bombos y platillos un gran acto, en el cual, citó al personaje "Doña Bárbara" de la novela de Rómulo Gallegos; y, hasta leyó un capítulo de la obra literaria "Casas Muertas" de Miguel Otero Silva, la cual, se circunscribe en el pueblo de Parapara de Ortiz. Pero más adelante, ante el fracaso del programa, el cómplice Chávez guardó silencio al enterarse que su ministro Cabello, había estafado de un plumazo la millonada de dólares destinada a construir la obra.

Una vez más, la farsa nacionalista se manifestó en la construcción de la línea La Encrucijada-Puerto Cabello, contratada con la empresa CONTUY con el 80 % de capital italiano, para realizar en su mayoría el diseño, quedando luego totalmente paralizada. De igual manera, la obra del metro Petare- Guarenas- Guatire contratada con la corrupta empresa brasileña Odebrecht, corrió la misma suerte del abandono. Así como el III puente del Orinoco y el segundo puente del Lago de Maracaibo por citar algunas. En vista de todo eso, se requiere un nuevo Gobierno Patriota de verdad que reclame los daños que esa empresa transnacional le ha causado a Venezuela; y que, además, ese nuevo mandato continúe con las obras. No hay que olvidar que el gran reto es el de construir un sistema ferrocarrilero con mano de obra venezolana.

Proyecto: Revitalización de los centrales azucareros. Estando en el Congreso Nacional, en uno de esos días de actividad de la Asamblea Constituyente, me sorprendió escuchar los golpes del tambor, instrumento típico del baile del Tamunangue, danza genuina del folklore larense, y en especial de mi pueblo natal El Tocuyo. Los músicos pretendían desde la calle, llamar la atención de un proyecto compartido por los tocuyanos. Inmediatamente me acerqué a saludarlos; y, por supuesto, a ponerme a sus órdenes. De repente diviso a mi adorada Madre con los dirigentes de los trabajadores del Central Tocuyo. Mi Madre María Luisa Carrasco, me tomó de la mano y me dijo *"Venga por aquí"*, y me llevó a una de las oficinas de la Constituyente. Allí se encontraban el expresidente de Fedecámaras Carlos Sequera Yépez, el gobernador de Lara, Reyes Reyes, los dirigentes del Central y el Padre Teodoro Calles, un símbolo tocuyano.

El Central Tocuyo, era prácticamente el único medio económico de subsistencia para nuestro pueblo; y estaba atravesando una severa crisis económica debido a la corrupción. Había sido tomado por los trabajadores para cobrarse las deudas. Propuse como solución conformar una cooperativa donde el 51 % estuviera en manos de los empresarios de la caña y los trabajadores y 49 % el Estado venezolano. Pero con la condición, que el Banco Industrial prestara un capital a baja tasas de interés para activar la empresa y garantizar el pago de esa deuda. Todo marchaba bien hasta que Chávez se enteró y ordenó a la presidencia de la institución bancaria que la tasa de interés la prestara al 52%, lo cual resultaba imposible de cancelar. De esa manera, saboteó el proyecto en su inicio.

Proyecto: Revisión de la ley de Política Habitacional. En 1989, por primera vez, llegamos al Congreso de la República de Venezuela, tres diputados de la organización política "La Causa R", y participamos en la discusión y redacción de la Ley de Política Habitacional, no estábamos preparados en esa materia, por lo cual, solicitamos apoyo a profesionales de la Facultad de Arquitectura de la Universidad Central de Venezuela (UCV). Ellos nos explicaron los problemas que contenía esa Ley. Todavía recuerdo lo que nos dijeron, que la esencia de la Ley estaba dirigida a transferir el salario de los trabajadores y recursos de los empresarios a la banca hipotecaria, que era una transferencia neta. A través del tiempo, la afirmación del grupo de arquitectos se confirmó. El número de trabajadores beneficiados o cubiertos con la política de construcción de viviendas resultó reducido a la nada. Un robo descarado. Motivo por el cual, en la Asamblea Nacional Constituyente solicité se revisara esa Ley de Política Habitacional, donde los trabajadores y sus familiares pudieran tener acceso a los fondos acumulados durante 10 años. Requerí a la Presidencia de la Constituyente; y, al mismo Chávez, que, como Presidente de la República informaran donde se hallaba depositado ese inmenso capital y la cuantía de dichos fondos. Recibí un silencio por respuesta, lo cual, evidenciaba que los banqueros financistas de su campaña presidencial, ejercían gran influencia en el mandatario y en Luis Miquilena. Un constituyente me informó, que gran parte de los fondos ahorrados de los trabajadores y de los fondos de la ley de Seguridad Social se encontraban en la entidad financiera Banesco. Una masa inmensa de bolívares convertidas en millones de dólares.

Esto nos condujo a presentar para la Constituyente una propuesta, relacionada con la creación de una institución para la utilización de los fondos en la realización de un proyecto nacional de construcción de vivienda. Teníamos la información de los arquitectos de la UCV, del déficit de vivienda en Venezuela que consistía en más de millón y medio de viviendas. Sin obviar que en Venezuela el gran constructor de viviendas ha sido el pueblo y, por supuesto, también el sector privado y, que, el Estado venezolano debería participar cómo tercera parte en ese triángulo, ofreciendo el terreno a un costo, de acuerdo con el proyecto de la obra. El aporte ya realizado durante años por trabajadores y empresarios representaba una gran oportunidad para revocar la tesis del Estado paternalista.

En el país, la necesidad de viviendas aumenta en forma geométrica y la oferta crece en forma aritmética, la manera de revertir esas tendencias es que el gobierno nacional sea promotor en los servicios, conceder el terreno, los municipios encargarse del diseño para que la gente y el sector privado puedan construirlas.

En los primeros 11 años el número de viviendas construidas según Chávez, alcanzó la cifra de 593.198, pero la organización no gubernamental independiente Programa Venezolano de Educación-Acción en Derechos Humanos (Provea), lo desmintió, señalando que la cantidad se hallaba sobrestimada y en comparación a la de ellos, resulta muy diferente. El régimen Chavista construyó 324. 588, es decir 29. 508 por año. Además, no se otorgaba a las familias los títulos de propiedad.

Proyecto: Propuesta de modificación a la Ley de Asignaciones Económicas Especiales. El propósito de ese instrumento jurídico fue equilibrar la unidad del Tesoro Nacional, como lo presentamos en la primera parte de este libro, en lo referido a las deudas externas contraídas por los gobiernos del doctor Luis Herrera Camping, Jaime Lusinchi y Carlos Andrés Pérez con la banca internacional afectando la vida de los venezolanos.

¿Cómo nació la idea de estructurar una ley descentralizadora de las finanzas de la República para romper ese nudo Gordiano de las finanzas? Esa idea surgió llano adentro, en la población de Guasdualito, (ciudad del estado Apure). En 1994, era la tercera vez que viajaba a ese lugar llanero. Lo vi muy abandonado, sus calles llenas de hueco, la vida lucía taciturna, verdaderamente la gente viviendo en suma pobreza. Ese panorama ocurría a su vez, en todas aquellas ciudades donde se explotaba el petróleo; en la Costa Oriental del Lago, Maracaibo, en Anzoátegui. En fin, en el país entero, pero, hablando con los trabajadores de la industria matriz, se veía el contraste entre la producción del crudo con la vida de los pobladores.

Pregunté a las personas de ese lugar, qué les parecía si el 10% de la producción petrolera se quedara en el municipio Guasdualito, a objeto de que la Junta de Vecinos, con asesoramiento de ingenieros y arquitectos presentaran planes de construcción, bacheos de calles (hoyos en el pavimento), vías de comunicación, vivienda, reparación de escuelas y medicaturas, para luego, someterlos a discusión en la Cámara Municipal. La propuesta gustó y la gente se comprometió a impulsarla. De tal forma, que, como Secretario de la Causa R, comencé a recorrer el país, pero cuando la exponía en Anzoátegui, Falcón o Monagas la gente no la veía posible, y no la asumía, mientras que, en Maracaibo, donde teníamos dos diputados, uno de ellos era, Ildefonso Finol, si la aceptaron redactándola y sometiéndola a discusión de la Asamblea Legislativa del Estado Zulia, la cual, fue aprobada por unanimidad. Después le fue presentada al gobernador de esa entidad, quien para ese momento era el teniente coronel Arias Cárdenas; y, por supuesto, la firmó, la refrendó; y se hizo un gran evento en Maracaibo de apoyo a esta ley, que ahora se llama ley de Asignaciones Económicas Especiales, acto al cual no fui invitado, siendo el creador e impulsor de la idea.

En este sentido, en el 2005, entre los partidos Movimiento Al Socialismo (MAS), La Causa R y el Partido Socialcristiano (Copei), se había concretado una alianza con el objeto de aprobar proyectos de cambio para el país. Eso facilitó la aceptación del instrumento legal en el Parlamento. En ese momento el presidente del Congreso era Cristóbal Fernández Dalo, dirigente del MAS, Ramón Guillermo Aveledo de Copei, lideraba la Cámara de Diputados y en la jefatura de la Vicepresidencia de esa Cámara Baja la ocupaba yo. Esta triple alianza permitió no solamente un cambio importante en el Consejo Supremo Electoral (CSE) llamado así para esa época, sino también, el de aprobar la Ley de Asignaciones Económicas Especiales. Aunque el concepto original de la Ley estaba dirigido a nivel popular de Junta de Vecinos, de Parroquias, para fortalecer a esas instituciones. Sin embargo, la ley aprobada, básicamente se desvió a que el manejo y el control de los fondos y proyectos estuvieran en manos de los gobernadores de estados. Desde luego, que las capitales de las regiones mejoraron en aquel tiempo del año 1996, pero la idea era hacer una recuperación desde abajo, desde la vecindad, es decir, la parroquialización y la municipalización, como primera unidad básica de la República. Por eso planteé la revisión en la Comisión de Disposiciones Transitorias de la Constituyente, pero como cosa rara de Hugo Chávez, Luis Miquelena y la directiva no lo aprobaron, sin embargo, esa idea sigue vigente.

Equilibrar social y geográficamente la unidad del Tesoro Nacional se convirtió en un norte, y dentro de esa orientación, propuse también a varios gobernadores para reclamar el Situado Indígena, que directamente desde las arcas nacionales, se enviaron las asignaciones a las comunidades indígenas. Pero ni a Andrés Velásquez en la gobernación de Bolívar, ni a Liborio Guarulla en Amazona, les pareció importante.

Proyecto: Convertir bienes de FOGADE en escuelas y liceos. El Fondo de Protección Social de los Depósitos Bancarios (FOGADE) que depende del Estado venezolano, logró acumular a través de los años hasta 1999, una elevada cantidad de bienes muebles e inmuebles, producto de las quiebra de entidades bancarias que en ese momento, no cumplían ninguna función, motivo por el cual, propusimos que debían ser utilizados por la sociedad civil, y por el mismo Estado, y así, aumentar el número de escuelas y liceos, unidades sanitarias, y reactivar empresas agrícolas.

Es bueno recordar, por qué se produjo el fenómeno de la quiebra de los bancos, caso extraño, porque la banca nacional privada desde la época de 1930, en la dictadura de Juan Vicente Gómez, terminó de cancelar la deuda externa con los bancos de Inglaterra y Alemania. La banca criolla jugó un rol por muchísimos años de intermediación financiera. Digamos desde 1930 hasta el primer Gobierno de Rafael Caldera 1969-

1974. Los bancos prestaban a bajas tasas de interés y la gente accedía a los préstamos y los podía cancelar. Los ciudadanos y empresas usaban dichos créditos para producir la tierra, comprar vivienda, la banca cumplía con su rol, era otro tipo de banqueros.

A excepción del gobierno de Rómulo Betancourt, desde 1930 Venezuela vivió una larga estabilidad económica. Pero en el primer Gobierno de Carlos Andrés Pérez 1974 -1979, el sobre ingreso petrolero, como había advertido el ministro Alberto Adriani, acerca de su efecto negativo, efectivamente empezó a corroer los valores de muchos venezolanos, así como en instituciones. El virus de la corrupción anidaba en el nivel más alto de ese gobierno, el sobre/ingreso del crudo comenzó a dañar también a la banca y a los empresarios. A partir de allí, se originó la corrupción en el Banco Industrial perteneciente al Estado y los bancos privados dejaron de jugar el rol de intermediación financiera. En 1993, segundo gobierno de Caldera, éste interviene el Banco Latino por simple capricho, ya que la entidad financiera contaba en su cartera con muchos activos productivos y podía recuperase, pero fue intervenido, originando un efecto dominó de quiebras bancarias, prácticamente el 70 % de los bancos, pocos quedaron en pie.

El senador Luis Lizardi de La Causa R, y presidente de la Confederación de Contadores Públicos de Venezuela, había investigado la situación del sistema financiero venezolano y, expuso, en reunión de la fracción parlamentaria, la problemática que presentaba las entidades bancarias. El 70% de los activos de los bancos eran Improductivos. El sector bancario se había llenado de papeles basura, eso arrojaba como conclusión que los bancos irían a la quiebra. Fue impresionante cuando mi querido compadre Lizardi, nos dio el orden de como caería cada entidad financiera. Muchos de los banqueros huyeron y, tras la llegada de Chávez al poder, regresaron al país como si no hubieran roto un plato.
Ante ese desastre financiero los bienes bancarios pasaron a resguardo de FOGADE, esa cantidad de inmuebles y terrenos, que propuse en la Constituyente, fueran convertirlos en liceos, escuelas, centros de salud y entregar las hectáreas de tierra a sectores campesinos, empresarios con sus respectivos créditos para aumentar la producción de alimentos, pero la propuesta, para variar, fue rechazada por Chávez y Luis Miquelena.

Proyecto: Creación del Distrito Científico. En Venezuela siempre ha existido muchas universidades públicas y privadas de excelente nivel académico. Así como notables institutos tecnológicos, para la promoción de científicos, físicos, ingenieros, arquitectos, médicos, agrónomos, en fin, diversas profesiones. Cuando ocupé la Vicepresidencia de la Cámara de Diputados en 1996, me dediqué a visitar esos centros de estudios para conocer sus proyectos de investigación. Conversé con el rector de la UCV Trino Alcides Díaz (1996-2000). Varias veces visité la Universidad de los Andes (ULA) núcleo Mérida, dónde estaban investigando, creo que, en ese momento, la Orimulsión, un gran producto que alcanzó un nivel de producción en el país; y, que, para variar, fue paralizado en el régimen de Chávez. En esa casa "Vence las Sombras", conversamos acerca del prototipo de ferrocarril magnético proyecto del profesor Alberto Serra Vall. Mientras en la Universidad del Zulia, realizaban en esa época investigaciones de alto nivel sobre los derivados de la sangre y otros proyectos de gran interés nacional. La Universidad de Oriente estaba en la plataforma continental; y, todos estos proyectos eran muy interesante.

Pero en ese sentido, el nivel de utilización de esas investigaciones por parte de la sociedad y del Estado venezolano se observaba muy bajo, por supuesto, la responsabilidad no era de las universidades ni de los institutos tecnológicos, sino de la República la que se hallaba y se encuentra de espaldas a las Investigaciones Científicas; y, del trabajo de los profesionales. Por esa razón, propusimos la creación de Distrito Científico, específicamente en el área Metropolitana de la Gran Caracas, por lo que significaba la Fundación Instituto de Estudios Avanzados (IDEA), así como el Instituto de Investigaciones Científicas (IVIC, que se encuentra desde su creación en 1951 en Altos de Pipe (Montaña ubicada en San Antonio de los Altos, estado Miranda), y el Instituto de Tecnología Venezolana para el Petróleo (Intevep) en Los Teques, un triángulo científico para impulsar el desarrollo de Venezuela. Pensé que, la plataforma conjuntamente con la UCV y el Instituto ferrocarrilero, podría ser la base para el diseño y construcción del sistema ferroviario y otras aplicaciones para la producción y la seguridad social en su conjunto. Idea que también fue menospreciada.

Proyecto: Revisión del Programa Yacambú. En el municipio Jiménez, Edo Lara, se encuentra el Valle de Quíbor conformado por una extensión de 20 mil km cuadrados, de buena tierra, pero escasea el agua. La Fundación para el Desarrollo de la Región Centro Occidental de Venezuela (FUDECO), organización que se había ganado el respeto en la zona, por sus diversos proyectos, cometió un grave error en el diseño de la obra Yacambú. Al Construir la represa, en vez, de trasvasar el agua por gravedad, diseñó un túnel de 20 kms desde el dique al Valle de Quíbor, sin realizar estudios de suelo y sin considerar que la obra atraviesa la Falla de Boconó. Durante mi participación en la Constituyente, fui a Quíbor con un ingeniero israelita, entramos al túnel y efectivamente un caos. El ingeniero se llevó una muestra del terreno y, dos meses después, me informó que el terreno representaba un peligro.

El profesional israelita recomendó que la solución era la tradicional, que consistía en transportar el agua por gravedad desde el dique. Este error de diseño acarreó pérdida de tiempo y golpeó la esperanza de la población de grandes productores agrícolas. En la construcción de esa represa se han malgastados centenares de millones de dólares enriqueciendo a empresarios y políticos. Esta propuesta tampoco contó con el apoyo de la Constituyente, y lo más grave, es que desconocían la trama de corrupción de la obra del Yacambú.

La proposición de la revisión del proyecto Yacambú era la punta de lanza para corregir problemas en represas y acueductos en Venezuela. El sistema Tuy I, II, y III, ubicados entre Caracas y Miranda, como diputados, investigamos y advertimos la deforestación del cerro Platillón en el estado Guárico y la necesidad del mantenimiento de bombas y tuberías. La mayoría de los diques tenían sedimentación y una tala indiscriminada en las cabeceras de los ríos, lo cual originaría con el tiempo, la construcción de nuevos acueductos desde el rio Apure y utilizar agua de mar.

Proyecto: Devolución de sus instrumentos de trabajo a los pescadores de la Laguna Tacarigua. A mediados de 1998, los habitantes de Tacarigua trabajaban como pescadores, pero esa actividad les fue interrumpida, debido a que algunos empresarios apoyados por jueces, y la Guardia Nacional (GN) les quitaron a 200 pescadores del lugar, los instrumentos (redes y botes), con los cuales realizaban su faena. Se los incautaron y los depositaron en un galpón que custodiaba agentes de la GN. Así los mantuvieron un año sin trabajar. Aun realizando distintas reclamaciones en ese sentido, a las cuales, el gobierno hizo caso omiso, mientras que los pescadores y sus familias se desesperaban ante tal situación.

En vista de la circunstancia, un grupo del PPT efectuamos una asamblea en el pueblo de La Laguna de Tacarigua y se le dijo a la gente "basta de lloriqueo, el que quiera reclamar la red y bote que nos siga. Vamos a ver si esta Constituyente sirve para alguna vaina". Nos siguieron, llegamos al galpón. La GN se puso a un lado. De tal forma, que se hizo justicia. Se le devolvió a cada uno lo suyo, es decir, sus botes y redes. Al siguiente día reanudaron sus labores. El diario El Mundo, cuyo director para ese entonces era Teodoro Pekoff, tituló en primera página: "El diputado Pablo Medina asaltó galpón de la Guardia Nacional", pero en la noticia se omitió la injusticia contra los 200 pescadores y su familia durante un año.

Proyecto: La defensa de los Esteros de Camaguán. Las grandes voces del llano como Eneas Perdomo y Custodio Loyola, habían popularizado el tema musical "Esteros de Camaguán". Un día me llamaron de esa población llanera, alarmados porque un bandolero pretendía represar una parte de los esteros en provecho propio, e iniciando la construcción de un dique afectando a los lugareños. Allá fuimos un grupo de amigos a apoyar a la gente, y mientras recorríamos las calles, las mujeres comenzaron a interpretar el popular tema "Esteros de Camaguán", las personas que nos acompañaban mezcladas los habitantes del pueblo demolieron el dique. Esa noche, celebramos con una parrillada, ron y música llanera. Otra situación parecida, sucedió en Rubio, estado Táchira, esta vez fue con un tractorista que intentó destruir un campo deportivo, el cual impedimos.

Proyecto: Reenganche de 350 dirigentes petroleros. Una gran cantidad de trabajadores petroleros habían sido despedidos por publicar denuncias o realizar pequeñas protestas en los portones de la industria en El Tablazo, en la Costa Oriental del Lago, en José, estado Anzoátegui; y, en Morón- Puerto Cabello. Creí que la solución iba a ser fácil, por cuanto, el ministro en esa época de Energía y Minas era Ali Rodríguez y, quien, además, había sido abogado laboralista. El segundo a bordo era Bernardo Álvarez, ambos militantes de La Causa R y, luego del PPT. "¡Qué equivocado estuve! Mudos se quedaron cuando planteé el reenganche de los trabajadores". Al final se logró, pero por otra vía impensable en ese momento. Fue el presidente de Pdvsa, el general Guaicaipuro Lameda, quien analizó los despidos caso por caso y comprobó que fueron injustificados y aprobó el reenganche de todos los trabajadores.

No firmé la nueva Constitución. El destino de todos los decretos de la Comisión de Asignaciones Especiales, que yo presidia, proyectos de importancia para Venezuela, estuvieron marcados por el rechazo, debido a la personalidad tiránica de Chávez. Un mes antes de concluir el período de la Asamblea Constituyente, el hijo de Sabaneta nos convocó a una reunión en la Casona en la Carlota, a Luis Miquilena, Aristóbulo Istúriz, a su hermano Adán, que era el vicepresidente de la Comisión; y a mí, para tratar las propuestas a ver si le convenían. Esa noche asistí a la hora convenida, pero observé algo extraño, en el estacionamiento, no vi ningún carro. Esperé un poco, luego, desde allí divisé a cierta distancia, a Hugo y a su hermano Adán, quienes estaban sentados alrededor de una mesa y, cuando, me dispuse a acercarme, llegó un militar para informarme que la reunión prevista estaba cancelada; y le dije al oficial; "¿Por qué no viene él a decírmelo?".

El último día de la Constituyente, faltando una hora para que se cerraran las deliberaciones, me llamó Luis Miquilena, fumando un tabaco; y, me preguntó,

- *¿Cuántos decretos tienes, dime los títulos?*

Apenas le mencioné el primero,

-El de la Deuda Externa.

Me respondió,

-Eso no va

Entonces, di media vuelta y me retiré. A los pocos días, Miquilena me llamó varias veces a mi oficina para invitarme a firmar la nueva Constitución. Llamaban al secretario de la comisión para que me recordara firmar; y, siempre, le respondí con el monosílabo del dictador Juan Vicente Gómez; "Uhum". Sin haberla firmado; y, aunque aparece mi nombre, eso provocó una inmensa molestia en Hugo Chávez, quien quería la unanimidad. Al menos eso, no se lo permití, no le di ese gusto.

Capítulo XII

Deslave en el Estado Vargas

Finalizada la Constituyente, Hugo convocó un referéndum aprobatorio para el 15 de diciembre de 1999. Pero la fuerza de la naturaleza se presentó y, las aguas del cielo cayeron convirtiéndose en un torrencial aguacero sobre el estado Vargas y Caracas, empozando miles de litros sobre el imponente cerro El Ávila, que originó un deslave en la montaña, y se trajo todo a su paso, piedras, peñascos, toneladas de barro, sobre la indefensa población varguense. Casas edificios, calles y avenidas fueron arrastradas por la furia del agua hacia el mar, provocando innumerables personas heridas e incontables muertos. Aunque en los días previos, esta catástrofe había sido anunciada por las constantes precipitaciones que no cesaban; sin embargo, Chávez siguió adelante con el referéndum; y, tan pronto en la noche de esa tragedia se anunciaron los escrutinios del referéndum. Chávez tratando de emular al Libertador Simón Bolívar, cuando el trágico momento del terremoto de 1812 retó al imperio español, expresando "Si la naturaleza se opone, lucharemos contra ella y haremos, que nos obedezca" se refería específicamente a españoles y realistas. Pero una cosa era Bolívar y otro el blasfemo Chávez, quien más adelante maldeciría a los israelitas.

El gobernador del Estado Vargas, en ese entonces, era Alfredo Laya, nativo de esa entidad regional, quien, a su vez, era dirigente de la organización el PPT. Además de su popularidad, conocía toda la geografía del lugar, para auxiliar a los pobladores. Los efectos del deslave fueron desastrosos, pero Chávez se negó a recibir ayuda humanitaria del Gobierno de Estados Unidos.

Me enteré cuando estábamos bajando por la autopista de La Guaira, que en el aeropuerto Internacional Simón Bolívar se hallaba Chávez, coordinando acciones, entonces nos desviamos hacia allá. Me bajé del carro y me acerqué para preguntarle por qué no aceptaba la solidaridad que ofrecía el gobierno estadounidense, en esa emergencia para instalar los puentes necesarios, que se habían dañado. Los puentes

Panoramica del Estado Vargas

de USA, permitirían movilizar a la población, que se hallaba atrapada, aterrorizada e incomunicada, Vargas era un caos. Su silencio sepulcral fue la respuesta.

El gobernador Laya no contaba con los recursos financieros para atender a decenas de miles de damnificados, apenas logró comprar 60 plantas eléctricas que ubicó en varios barrios, como forma de ayudar a las personas. Chávez no permitía que Laya actuara. Incluso ordenó su detención. La ayuda que llegó del exterior fue concentrada por el Canciller José Vicente Rangel, quien nunca rindió cuentas, toda esa inmensa ayuda económica fue administrada por ese ministro.
Los días siguientes del deslave, nos dedicamos apoyar a los damnificados, fue un luto nacional. El corazón de Venezuela estaba conmovido por el dolor de tantas pérdidas de vida y la destrucción del lugar. Luego de esa tragedia, cuando aún muchos cadáveres permanecían sepultados en los escombros de lo que fueron sus casas, en el lodo y, algunos, siendo devueltos por el mar, llegamos, al programado gran acto de la Constituyente que se realizó en Ciudad Bolívar, antigua Angostura. La ciudad histórica, donde en el pasado se celebró el Congreso de la naciente República en 1819, lugar donde los diputados de esa época escucharon la pieza oratoria de un estadista de gran vuelo, que sembró y encauzó para la posteridad lo que sería años más tarde Venezuela. Angostura había cambiado la faz del Ejército Libertador tras las pérdidas de la Primera y Segunda República. Dos años después, el 17 de octubre en la Plaza Mayor fusilaron al valeroso estratega Manuel Piar, quien había abierto el camino de Angostura con el triunfo de la batalla de San Félix, cosas del destino.

En enero 2000, la citada Constituyente, permitía a Chávez arroparse con la cobija bolivariana y sellar con el agua bautismal el ungido título de

la otra Carta Magna. Cada diputado subió al estrado para recibir a los directivos la Constitución. Ese día, me encontraba frente al escenario y, en ese momento, cuando conversaba con un grupo de diputados, escucho la voz de Chávez, quien me toca por la espalda en forma de aviso y, me dice "Estás conspirando" y siguió caminando sin pararse, no me dio tiempo de responderle. Cuando me correspondió recibir la Constitución de sus manos, aproveché el momento para retarlo "Demuéstrame que estoy conspirando".

El 19 de enero del 2000, El partido Movimiento al Socialismo (MAS), dirigido por Leopoldo Puchi, con una parte de la militancia apoyaba a Hugo Chávez; y, la otra parte que se oponía, la dirigía Felipe Mujica, hicieron un acto tradicional al que fui invitado, incluso me permitieron unas palabras, en las cuales dije que el movimiento cívico militar que había llevado a Chávez a la presidencia en 1998 comenzaba a transformarse en un movimiento militar cívico y, que, en política, el orden de los factores sí altera el producto, que en política no es igual cívico militar qué militar cívico y eso era lo que comenzaba a asomarse en ese enero del año 2000.

Al final del mes de enero de 1999, el recién electo presidente Hugo Chávez, cumplió con la promesa de liberar en el mayor secreto al exfuncionario de la Disip Ramiro Helmeyer, quien había sido condenado a 30 años por tráfico de armas y terrorismo, tales como su participación en la explosión de un carro bomba el 18 de agosto de 1993 en el estacionamiento del Centro Ciudad Comercial Tamanaco (CCCT), la cual provocó tres heridos cerca del aeropuerto La Carlota, una de las principales bases militares de Caracas.

En diciembre de 1988 otro de los liberados por orden de Chávez fue Walter del Nogal, quien cumplía 22 años de condena por estar implicado del asesinato de Mario Patty Fajardo.

Fue en la cárcel de Yare donde surgió la amistad entre Helmeyer, y Del Nogal con Hugo, quienes pusieron a su orden los equipos de comunicación que usaban en dicha cárcel. En agradecimiento, el teniente coronel, les prometió que cuando fuese elegido presidente los liberaría. También los premió con un cargo en la extinta Disip. Desde ahí, ambos reos crearon nuevas conexiones en el mundo militar y con influyentes de la jefatura chavista. De esta manera se reintegraron al tráfico del narcotráfico. Otras de sus actividades de los expresos consistía en chequear los aviones donde viajaría el presidente Chávez; y, la coordinación de envíos de dinero mal habido hacia Argentina y otros países.

Por cierto, un viaje muy famoso fue el incidente del caso Antonini Wilson a Argentina del que nos enteramos por distintas fuentes, que supuestamente no estaba enterado que en ese vuelo transportaban 34 millones de dólares para la campaña electoral de los Kirchner; y, que otra parte debería ser depositado en un banco a nombre de las hijas de Chávez. Alguien de ese grupo, comentó que fue Diego Salazar, que en el preciso momento en que caminaba por el espacio de seguridad en el aeropuerto, le entregó a Antonini Wilson un maletín contentivo de 800 mil dólares, no contando con una reacción ante la funcionara de la aduana. Esta noticia explotó en la opinión pública nacional e internacional.

Otro hecho que selló mi ruptura final con Hugo Chávez ocurrió en diciembre 1998 en la residencia presidencial llamada La Viñeta, de donde despachaba antes de asumir oficialmente a la Presidencia de la Republica el 4 de febrero de 1999. Yo me encontraba en mi pueblo natal, El Tocuyo. Allí recibí una llamada telefónica de Hugo para preguntarme cuando viajaría a Caracas, porque necesitaba reunirse urgentemente conmigo. A los dos días regresé a la capital y fui a visitarle. Al llegar a la Viñeta me enteré que la reunión era en su oficina central. Cuando llegué a la puerta escuché unos gritos del presidente electo a su recién designado Ministro del Interior Luis Miquelena, a quien le reclamaba el por qué había declarado que había que negociar con la Central de Trabajadores de Venezuela. Me pareció tan grotesco su actitud con su ministro que decidí dar la espalda y retirarme. Se dio cuenta de mi malestar y de inmediato se dirigió a mí,

-Pablo, no te vayas, necesito hablar contigo.

Le respondí,

-Yo no vine a presenciar tu escándalo.

Entonces bajó el tono. Le expresé mi opinión sobre la CTV y me retiré.

Cuando ya me iba, llegó su Ministro de la Secretaria Alfredo Peña (experiodista estrella de Venevisión), quien se disponía a acompañar al Jefe de Estado a la ciudad de Maracay, capital del Estado Aragua.

- ¿Atentado o Accidente?

Tiempo después me enteré de un percance que le sucedió a Chávez, el cual me motivó a consultar a varios médicos y psiquiatras. No recuerdo con exactitud el lugar, creo que fue en la Casa de la Cultura de esa ciudad. Lo cierto es que cuando el gobernante se retiraba del lugar con su comitiva presidencial se desprendió un objeto metálico pesado que lo golpeó en la cabeza y se cayó. Ese incidente no trascendió jamás a la opinión pública ya que el Presidente así lo ordenó. Años después, en ocasión de un viaje que hice a Miami me encontré con Peña conversamos y lo indagué acerca de esa contrariedad, la cual me confirmó. Aunque no se sabe si fue un accidente o un atentado, el golpe recibido le pudo aumentar los niveles de agresividad al autoritario y violento Hugo Chávez, según un grupo de psiquiatras, que ya yo lo habían alertado a magistrados del Tribunal Supremo de Justicia (TSJ) en su plena campaña electoral.

Se fue extendiendo y profundizando en el mandato de Chávez, la militarización; y al mismo tiempo, la corrupción iba carcomiendo las estructuras del Estado venezolano, en gobernaciones, ministerios, y hasta en la organización popular. Por alertar en ese momento a la nación y, luego señalar, que "el peor enemigo de Chávez es el propio Hugo Chávez" inmediatamente me respondió el Fiscal Isaías Rodríguez diciendo "el peor enemigo de Pablo Medina es Pablo Medina". Por cierto, nada original. Su singularidad la demostró más adelante cuando se encargó de investigar, supuestamente, el crimen del fiscal Danilo Anderson.

En medio de ese clima de frialdad, llegó la conmemoración del golpe del 4 de febrero, el cual tuvo lugar en la antigua sede de la Cámara del Senado; y, aunque no estaba invitado, me pareció una oportunidad para aclarar la acusación que me había hecho Chávez en Ciudad Bolívar. Después del discurso, de remorar y justificar el golpe, cuando finalizó el acto, lo esperé cerca de la puerta de salida, y me introduje entre la gente que lo acompañaba, y frente a él, le dije "Oye Hugo, yo te voy a decir el lugar donde yo conspiro". Él reaccionó y se paró frente a mí. Yo continué. "Yo conspiro en la Urbina, carrera tres, edificio Los Cedros". Me interrumpió y preguntó, "¿Y eso qué es?". Le respondí "Donde vivo con mi familia. Dime con datos precisos lo de la conspiración". No respondió, sino que dio media vuelta en silencio con sus acompañantes.

Capítulo XIII

Lucha libre entre Chávez y Arias Cárdenas

Poco a poco se fue dando el distanciamiento público; y era muy evidente entre, Chávez, el MVR y nuestro partido. Descaradamente atacaba a los tres gobernadores del Patria Para Todos (PPT). Mientras la economía y los asuntos públicos los conducía hacia un escenario movedizo en declive. La relación política era insostenible. Las agresiones las respondimos en una rueda de prensa con directivos de PPT. De manera gráfica, me llevé las manos al cuello y expresé "De este lado izquierdo al PPT lo aprisiona la bota militar; y del lado derecho el zapato octogenario". La referencia de la bota de Chávez y el zapato Miquilena caló, quien al día siguiente me respondió mostrando el zapato: *"Este que cargo es nuevo"*; y se carcajeó. En medio de esa atmósfera, las elecciones generales para presidente, parlamento y gobernadores se realizaron el 30 de julio 2.000, luego de haberlas suspendido el 28 de abril de ese año en curso.

Efectivamente, en esas elecciones se produjo lo que yo vislumbraba como definitivo, el deslinde electoral real y frontal entre el PPT y el MVR, razón por lo cual, participamos en esas elecciones generales sin candidato presidencial. Fue un verdadero desafío. La responsabilidad en ese momento recayó en Aristóbulo, y en el General Alberto Müller Rojas. Por mi parte, tuve que explicar en la Asamblea Nacional del partido que realizamos en el Parque Central en Caracas, temas como la intolerancia de Chávez, la marcha de la economía, la falta de solución de la deuda pública, la corrupción y los asuntos públicos. De igual modo, Hugo comenzaba a mostrar signos de debilidad, señales muy claras de la corrupción de su gobierno. No obstante, todavía tenía personas en el partido que lo seguían. La situación estaba muy tensa. Aunque el margen de no apoyarlo era estrecho. En el último momento, cuando el juego estaba trancado, hice un esfuerzo supremo, determinante; y solicité un voto de confianza. Por lo tanto, en esas elecciones Hugo Rafael Chávez no fue el candidato presidencial del PPT.

Para ese tiempo, durante varios meses el gobernador del Zulia Arias Cárdenas agrupó a múltiples partidos políticos de la fulana oposición. Fue un artificio, una simulación, una vulgar cabriola (Pirueta). Lo digo y lo sostengo, porque personalmente pude hablar con él en esos días. Me lo pidió el gran amigo, doctor Freddy Gutiérrez. Me dijo:

-Pablo quiero que te reúnas con Arias Cárdenas, él viene para Caracas.

Esta fue mi respuesta:

-No tengo ningún interés en reunirme con ese carajo.

Freddy me insistió:

-Te lo pido como amigo.

Y no tuve más remedio que aceptar por mi sólida amistad con Freddy.

La reunión se realizó en la oficina del Dr. Gutiérrez en Los Chaguaramos. Arias Cárdenas llegó a la hora acordada.

Después del saludo de rigor, le pregunté,

- ¿Qué quieres de mí?

Me contestó,

- Quiero conocer tu opinión sobre la conveniencia de ser candidato presidencial.

Luego se sentó, cruzó las manos y bajó la cabeza mirando hacia el suelo. Nunca me miró a los ojos en ese momento en que me hablaba.

Esta fue mi opinión,

-Bueno, yo creo que tú como candidato presidencial no tienes ninguna oportunidad. Es muy prematura. Del 1 al 20 te doy cero, porque no tienes estructura organizacional, ni comando de campaña en todas las ciudades. Tampoco cuentas con empresa asesora. Realmente vas a perder la gobernación del Zulia, porque debes renunciar, a cambio de una candidatura presidencial de la Republica sin ninguna posibilidad. Es como cambiar tu mamá por un animal. No tienes ninguna opción.

Arias Cárdenas no me respondió nada. No lo vi con fuerzas ni ánimo.

Sin embargo, es público y notorio, que esa misma noche se reunió en Maracay con aproximadamente 17 militares amigos de él; y, solo uno estuvo de acuerdo de que se lanzara como candidato presidencial. ¿Qué ocurrió en ese lapso en que se reúne conmigo en la mañana y en la noche en Maracay con sus amigos militares? Después me enteré de que fue al Palacio de Miraflores a reunirse con Chávez. Allí acordaron lanzar su candidatura presidencial apoyado por los partidos opositores, pero que debía ser un compromiso entre febreristas, recordando el juramento del golpe del 4 de febrero. Por supuesto, lo financió esa misma tarde. La misma estrategia la aplicó en las elecciones del 2006 y del 2012. Estas simulaciones o farsas las comentaré más adelante, para explicar por qué estamos como estamos.

Nosotros, Patria Para Todos, no inscribimos ni apoyamos ningún candidato presidencial, debido al deterioro tan violento del partido. Estábamos conscientes que el costo iba a ser muy alto en términos de votos. Los nuestros, Alexis Rosas (Anzoátegui), Alfredo Laya (Vargas) y Eduardo Manual (Guárico), habían ejecutado acciones encomiables; pero Chávez desde la presidencia los atacaba constante y despiadadamente. Por ejemplo, Alfredo, su hermano Ignacio; y toda la familia, eran dirigentes muy apreciados en Vargas. En corto tiempo habían iniciado un conjunto de obras apreciadas por la gente. En cuanto a las elecciones parlamentarias, la dirección del PPT decidió que yo debía encabezar la lista como candidato de diputado en ese primer parlamento del naciente régimen. Finalizada la votación estábamos en una terraza con todo el comando de campaña, vimos los cohetes lanzados desde el MVR. Nosotros respondimos de la misma forma varias veces. Al poco tiempo colocaron una tanqueta frente al comando del MVR.

Salvo Eduardo Manuit, que fue el único que ganó la gobernación de Guárico, los resultados de esos comicios fueron un terremoto político desbastador para nosotros. Quitarle la alfombra o la tarjeta electoral a Chávez en ese momento fue una acción políticamente suicida. Pero apoyar a Arias Cárdenas, era como salir de Guatemala para entrar a Guatepeor. Los dirigentes de los partidos políticos desecharon nuestras advertencias de que esa candidatura era una trampa cazabobos. Solo sacaban cuentas, el número de votos para su partido político, pero no pensaban en Venezuela. La alerta les entró por un oído y le salió por otro. No había nadie más chavista que Arias Cárdenas.

El triunfo electoral de Chávez contra su carnal Arias Cárdenas lo oxigenó por el resto del año. Dos candidatos presidenciales militares expresaban el predominio militar en el estado y la sociedad. Fue también una oportunidad para continuar con la corrupción del Plan Bolívar 2.000, una de las prioritarias misiones bolivarianas impulsadas durante su

Presidente Hugo Chavez y Arias Cardenas

gobierno el 27 de febrero de 1999. Doctor Eduardo Roche Lander que era el Contralor General de la República, para ese entonces, investigó ese corrupto plan, cuyo monto calculado por concepto de desfalco del generalato alcanzó en ese momento la suma de 150 millones de dólares. El inmoral Hugo declaró que no hacía falta exponerlos a la vindicta pública, ya que aplicándoles una multa era más que suficiente. Las primeras denuncias fueron contra el general Cruz Weffer, jefe del Plan y presidente de Fontur, quien junto a los generales Jorge García Carneiro, Manuel Rosendo, Melvin López Hidalgo manejaron el año 2.000 y 2001, 36 mil millones de bolívares y 37 mil millones de Bls en 2001. El taimado ministro de la Defensa José Vicente Rangel declaró que él ponía las manos enguantadas en el fuego por los generales.

No solo la corrupción tenía una base sólida en el gobierno y poderes públicos, también el tráfico de droga se expandía como Pedro por su casa, a pesar de las valientes denuncias de mi amigo el concejal y periodista Mauro Marcano, desde su programa radio en Maturín, estado Monagas. Igualmente denunció los carteles de la Guajira; y de los Soles, entre ellos al general Alexis Maneiro. Mientras Mauro en forma valiente hacia estas denuncias, Chávez jugaba beisbol con un equipo de militares incluido el .citado general, pretendiendo ocultar o disfrazar su relación con el narcotráfico a través de un acto deportivo. Así comienza a comandar el Cartel de los Soles que inicialmente estaban circunscritos a la Guardia Nacional; y, que luego se extendió a toda la Fuerza Armada. Por ello dije en varios documentos que el Cartel de los Soles había mutado como el HIV al Cartel de Miraflores.

En esos últimos seis meses del año dos mil, me mantuve promocionado entre mis amigos y el público venezolano, mi libro "Rebeliones", editado en 1998. Por esos años visitaba con frecuencia a Vinicio De Sola, excelente amigo y compañero de múltiples aventuras. Él se caracterizaba por su gran talento y valentía. Era un personaje de postín. Juntamente con su hermano Parsifal, propuso la candidatura presidencial de Renny Ottollina. El amigo Vinicio, estudió en la escuela militar; y, aunque no llegó a graduarse, esos conocimientos le permitieron conocer a fondo a la institución de las fuerzas armadas, especialmente al ejército. Por su intermedio conocí al Gral. Romel Fuenmayor, quien fue presidente de La Compañía Anónima Venezolana de Industrias Militares (CAVIM) y al coronel Julio Rodríguez que era el vicepresidente. Su casa La Loma del Príncipe estaba ubicada muy cerca de la oficina de CAVIN. Eso facilitaba los continuos encuentros. Por esa vía, Julio Rodríguez quien había sido carcelero de Chávez a raíz del golpe del 4 de febrero, y lo conocía bastante, nos informaba de las correrías del corrupto Chávez con el narcotráfico. Julio conocía al detalle el secuestro del hijo del dueño de una línea aérea por parte del ELN quien posteriormente lo entregó a la FARC de Colombia; y que fue negociado por los últimos comisionistas de Hugo. El dueño de la línea aérea los apoyó fuertemente al inicio de la campaña.

Capítulo XIV

Presidente por 30 días

Los primeros días de enero 2001, los aproveché en realizar reuniones para intercambiar puntos de vista; y para trabajar en la recuperación direccional del PPT. Desde luego, había muchos desencuentros debido a que un sector importante de la organización que era acrítico consideraba que había que apoyar toda la gestión de Hugo Chávez

Otro de los puntos de la agenda radicaba en participar en el primer Foro Social de Porto Alegre en Brasil que estaba fijado para el 25 al 30 de enero. En vista de la carencia de recursos económicos, se acordó que asistiera yo en representación de Patria para Todos. Mi compadre Diego García Urquiola se comprometió en comprar el pasaje y pagarnos la estadía en esa ciudad. En el aeropuerto de Maiquetía me encontré con el excomandante guerrillero Douglas Bravo, con quien nunca había cruzado palabra, y por obra de Dios, también viajaba como invitado al Foro. Al aterrizar en el aeropuerto de Brasil, nos informaron que todos los hoteles estaban ocupados; y, que la única posibilidad de hospedaje era fuera del centro de la ciudad.

Resultó curioso, porque, como expresé inicialmente, nunca había conversado con Douglas Bravo; y, por cosas de la vida, nos tocó quedarnos en la única habitación que había desocupada con dos camas en un hotel que encontramos. Esa noche conversamos mucho. Me contó toda la historia guerrillera de Domingo José Urbina y su tío Rafael Simón Urbina y del Frente "José Leonardo Chirinos" del cual fue su comandante en el estado Falcón. Adicionalmente me dijo que fue el creador de la tesis "El Árbol de las Tres Raíces"; que Chávez se la expropió. Pienso que ese estudio ecológico era muy importante. Durante el agradable conversatorio me enteré de varias noticias, tales como: su rompimiento amistoso con Fidel Castro, que visitó la Yugoeslavia de Tito; que se alejó del stalinismo y de su apoyó a dirigentes campesinos, sindicales e indígenas. También nos confesó, que su apartamento se había convertido en la sede coordinadora de eventos políticos. Al día siguiente llegó el flaco Francisco Prada acompañante de Douglas a quien tampoco conocía.

En el Foro Social estuvo como invitado Hadmel Ben Bella, presidente de Argelia, quien en una época gozó de gran popularidad mundial. Tuvimos la oportunidad de tratar con dirigentes del sindicato petrolero de Brasil. Durante una charla con ellos, nos surgió la idea de organizar la OPEP de los trabajadores. Les informé de la situación petrolera en Venezuela; y, pensando en estos cambios, les pregunté si les parecía que el foro fuese la semilla para que germinara en Venezuela, un evento mundial sobre el Orden Económico Mundial, la Deuda Externa, Comercio y Tecnología, con la finalidad de proponer y organizar la OPEP de los trabajadores. Les expuse que ese gran acontecimiento debería ser convocado por los trabajadores petroleros a nivel mundial, porque ya teníamos canal directo con la industria petrolera venezolana; y que, además, con esta sólida plataforma se podía unir esfuerzos con los sindicatos de trabajadores de Brasil, México, las asociaciones eléctricas de Ecuador, de Colombia, y gremios del gas en Bolivia. Les agregué que el único inconveniente que existía y existe en la OPEP de los países productores de petróleo de los gobiernos radicaba en que ellos estaban dedicados solamente a defender mercados y precios, incluido el gobierno de Chávez.

Se trataba entonces de organizar con más amplitud a nivel internacional a la OPEP de los trabajadores, no solo en la especialidad del petróleo; sino también, del gas, electricidad, incorporando a los capitanes y operarios de la Marina Mercante, que son os que mueven la carga petrolera, y a personal de las empresas de energía nuclear. Esta idea que les planteé les encantó. A mi regreso de Brasil, viajé a Bolivia, Ecuador y Colombia. En esos países pernoté en hoteles cero estrellas, o sea, en pensiones de mala muerte por causa de estrechez económica. No tenía ningún tipo de financiamiento; sino, las colaboraciones de los amigos y la gente vinculada al PPT. A pesar de esos escasos recursos monetarios logré cumplir con el propósito trazado.

 Me encantó visitar la Paz, capital de Bolivia; reconocida como la ciudad más alta del mundo. Por cierto, para controlar los efectos de la altura, mastiqué por primera vez la hoja de coca. En la metrópoli boliviana, tuve la oportunidad de intercambiar opiniones con sindicalistas del gas. Allí conocí a Evo Morales. Me sorprendió su alta estatura. Nos reunimos en su pequeña oficina. Tenía un mapa en la pared de su movimiento. Me impresionó su estilo atrabiliario al expresarse. Le hablé de los aspectos de la deuda externa; y, de cómo nuestros países son simples exportadores netos de capitales.

Llegó el 16 de marzo del 2001, e hice un paréntesis de mi actividad política por la venida al mundo de mi segunda flor que tiene por nombre Elizabeth. Su nacimiento alegró mucho las vidas de mi esposa Mayary y la mía.

Resalto, que en el 2001 se inició una campaña de rumores acerca de mí persona. Runruneaban que yo estaba conspirando; y que supuestamente asistía a reuniones con los generales Francisco Efraín Visconti Osorio y Raúl Salazar, quien fue el primer ministro de Defensa de Hugo Chávez; y, con otras personalidades. Igualmente comentaban que existía un casete de esas reuniones con mi voz diciendo que había que matar a Hugo Chávez. Eso me pareció sumamente grave. Lo conversé con mi esposa Mayari, mi compadre Lizardi; y con Diego; y se llegó a la conclusión que era importante clarificar esta situación directamente con Hugo Chávez, con el cual tenía muchos meses que no hablaba ni tan siquiera por teléfono.

Como me enteré de que para el 25 de abril de ese año estaban organizando una celebración del referéndum que convocó la Asamblea Nacional Constituyente. Me pareció oportuno ir, era el lugar adecuado para hablar con él y clarificar este peligroso problema. Ese día me fui muy temprano estaban los empleados acomodando las sillas y me senté en primera fila. Sabía que por allí, lógicamente tendría que pasar Chávez. A las 10:30 la antigua Cámara del Senado estaba totalmente llena de invitados. Hugo llegó como a las 11: 15 am, en medio de una gran algarabía. Comenzó a saludar a las personas. A mi lado se encontraba sentado el amigo Braulio Álvarez, un dirigente campesino de larga historia en el Estado Yaracuy. Luego que el personaje en cuestión ya había transitado más de la mitad en la primera fila, se detiene frente a Braulio, lo saluda y lo invita a formar parte de la Junta Directiva del del Instituto Agrario Nacional (IAN). Yo lo interrumpo y le dije:

- ¿Por qué no lo designas presidente del IAN que lo tiene bien merecido?

Chávez voltea hacia mí; y me dice:

- ¡Paaablooo!, anoche estaba pensando en ti.

Inmediatamente me levanto; y, nos dimos un abrazo

En ese instante, me pregunta,

- ¿Cómo está tú mamá? ¿Cómo está tú familia?

Le respondo,

-Mi familia bien; y le pregunté también por su familia.

Sin pensarlo dos veces, le suelto mi preocupación,

- ¿Oye Hugo, yo vine a este lugar para aclarar contigo lo siguiente? ¿Tienes una grabación donde se escucha una supuesta voz mía, de que yo te voy a matar? Vine solamente para aclarar eso contigo.

Ante mi increpación, sus ojos se tornaron un torbellino y me ripostó de inmediato,

-No Pablo, yo no creo en chismes.

Enseguida sentí la sensación de que yo era florentino enfrentado al Diablo mismo, venciéndolo al filo de la madrugada. Mientras estábamos frente a frente en este dialogo, su gente animada, gritaba:

- ¡Miren para acá para la foto!

De esta manera quedé aliviado porque me había quitado temporalmente un peso de encima, especialmente en las condiciones de aislamiento político en que me encontraba.

Chávez terminó de saludar al resto de invitados sentados en primera fila; y subió al pódium. Comenzó a hablar y a saludar a fin de crear un ambiente favorable, e inició su discurso refriéndose a mí:

-Yo conocí en el año 1977 a una persona que era de contextura delgada, andaba con sandalias y con un afro y esa persona llegó con Alfredo Maneiro a Maracay en un Volkswagen a mi apartamento donde nos reunimos. Esa otra persona está aquí hoy entre nosotros, y es nada más y nada menos qué Pablo Medina.

Los diputados que estaban sentados en una fila detrás de mí me decían,

-Pablo, ¡párate! ¡salúdalo!

Me volteé hacia ellos, y les advertí,

-Ustedes no lo conocen, eso es puro teatro.

Chávez siguió hablando y hablando y luego puntualizó,

-Pablo, quiero aprovechar este momento para invitarte a conformar el movimiento bolivariano nacional para que tú y yo lo lideremos.

Sus amigos me insistían,

-Pablo es tu oportunidad, levanta la mano,

Les reiteré,

-Eso es teatro, yo lo conozco, muy bien.

Entre ellos se encontraba, Guillermo García Ponce y otros diputados. Efectivamente, cuando terminó el discurso, Chávez bajó y fue hasta donde estaba Luis Miquelena e inmediatamente se fue al palacio de Miraflores. Miré a los amigos que me aupaban y les hice señas por donde se retiraba.

Luego les dije,

-Ahora Chávez va a saber lo que es teatro del bueno.

En la última semana de mayo de 1991, se iba a producir un encuentro de Chávez y José Vicente en las instalaciones de CAVIN, en Maracay, estado Aragua. Para esa reunión viajamos bien temprano mi querido amigo "El Príncipe" Vinicio De Sola y yo llegamos a la sede primero que Chávez y José Vicente Rangel.

Saludamos a varios militares entre ellos al oficial Orlando Manila, que fue ministro de Defensa, y durante su gestión, fue denunciado por gravísimos casos de corrupción. Cuando hace acto de presencia José Vicente y Chávez, Rangel mira a Chávez, me señala y le dice,

- ¡Mira Hugo ¡… Llegó primero que nosotros y está vestido como si fuera un ministro,

Por supuesto, nos reímos. En el transcurso de la mañana Hugo me mandó a buscar, pero como yo sabía que quería que lo acompañara a una detonación con TNT (uno de los explosivos más utilizados para aplicaciones militares, industriales y minerales), me negué.

 En el momento en que Vinicio de Sola y yo nos disponíamos regresar a Caracas, se acercó Hugo al automóvil para decirme:

-Ordené que te buscaran para la detonación porque quería que salieras conmigo por los medios de comunicación.

Luego me invitó a regresar con el helicóptero presidencial.

-Quítate el paltó y vámonos que tenemos tiempo que no hablamos.

 En el preciso momento que estamos subiendo la pequeña escalera del helicóptero, Hugo se voltea y me dice:

 -Esos son tuyos,

Se refería al general Romel y al coronel Julio Rodríguez

le respondí con rapidez,

-Pero primero son tuyos.

 Los cuatro nos carcajeamos

Viajamos en el helicóptero hasta Carayaca (Parroquia situada en el puerto La Guaira), donde iba a entregar un lote de vivienda. Inmediatamente se colocó un paño sobre las piernas para comer y le hice alusión al parecido paño que usaba Manuel Marulanda en las montañas de Colombia. No respondió nada y me di cuenta en su rostro que le gusto la comparación. Mientras comía me pregunto,

-En qué andas? Tenemos tiempo que no conversamos.

En el PPT se sabía por intermedio del ministro Ali Rodríguez que Chávez viajaría a Moscú a finales de mayo para reunirse con Putin.

Le comenté que trabajamos en la propuesta de organizar la OPEP de los trabajadores con el fin de luchar contra el Orden Económico Mundial que tu no has querido enfrentar. Hemos recorrido varios países en esa misión; y ahora vamos a Moscú.

Me interrumpió,

-Bueno Pablo, yo tengo que ir también a Moscú a una reunión con Putin. Después de la entrega de las viviendas en el pueblo.

-Seguimos hasta La Guaira donde había una reunión; y luego regresé a Caracas para preparar mi viaje a Moscú.

A Rusia me acompañó Rafael Uzcátegui, quien compartía la tesis de organizar la OPEP de los trabajadores. Al día siguiente de nuestra llegada nos encontramos con Hugo Chávez y Ali Rodríguez Araque frente al Fuego Sagrado en el Kremlin, una fortaleza donde realizan la ceremonia en homenaje a los héroes y soldados soviéticos caídos en la Segunda Guerra Mundial.

Para protegerme del gélido frio de Moscú, me llevé una shapka (sombrero en ruso) para cubrirme la cabeza, un abrigo grueso para el invierno y los correspondientes guantes. Chávez al verme dijo: "Pablo te pareces a Lenin". Todos rieron el chiste; y yo le riposté de inmediato "Tú te pareces a Stalin", y también celebraron mi comentario. Aclaro que nunca me he considerado Lenin, y tampoco he practicado el leninismo, así como rechazo el centralismo democrático. Empero, siempre he creído que Hugo cultivaba el estalinismo. Finalizado los honores póstumos al soldado desconocido, nos despedimos y citamos para vernos por la noche con el reputado economista y profesos universitario Francisco Mieres, quien era el Embajador de Venezuela en Rusia.

Esa noche cuando arribamos al hotel, observamos el Dr. Francisco Mieres estaba conversando con un personaje que era muy conocido por venezolanos de la antigua izquierda. Se llamaba o lo apodaban Kiva, quien había sido miembro del Comité Central del Partido Comunista Soviético, y tenía fama de ser un tipo muy inteligente. En ese momento que hablaban, me acerqué y los saludé a ambos. Al minuto llega Hugo; y, después de los saludos de rigor. Kiva se dirige a Chávez, con estas palabras:

-Presidente, tengo aquí un libro que es premonitorio sobre Venezuela y América Latina. También, hay comentarios que usted ha dicho, y están contenidas en esta publicación.

Y le muestra el libro "Conversaciones con Pablo Medina". Se trataba de una entrevista que me había hecho el arquitecto Farruco Sesto en el año 1987, relacionada con Venezuela y América Latina. Cuando Chávez vio el libro, dio la espalda y se retiró del hotel "Hablamos después", me dijo, en tono molesto.

Al día siguiente, me llamó temprano para decirme "Vente solo para el Palacio del Congreso para que hablemos acá porque pronto me voy de Moscú".

Al llegar al Palacio del Congreso en el histórico Kremlin, ya tenía dispuesto una butaca a su lado, lejos de su equipo de gobierno que lo acompañaba para poder conversar. Me senté, y le recordé que, en el viaje en el helicóptero, le había planteado la idea de organizar una fuerza internacional con la OPEP de los trabajadores para solucionar la deuda externa de los países. Al igual que se lo comenté en el helicóptero cuando salíamos de Cavin, guardó silencio

-*Eso no es posible", me respondió.*

Le recriminé

-*Ah, pero si es posible visitar a un dictador como Hussein".*

Su respuesta fue un largo silencio.

En el transcurso de la conversación en el Palacio, me di cuenta de que Putin lo entretenía con el ballet Giselle, obra De l'Allemagne (1835) de Heinrich Heine, pero sin orquesta, la música de fondo era un casete, entonces le dije: "Hugo, yo vi este ballet hace años en 1969, aquí mismo en este auditorio, pero con una potente orquesta y el doble de bailarinas, y el pueblo soviético deliraba". Para ese tiempo, los fines de semanas en pleno invierno de a 40 y 47 bajo cero, yo me montaba en el metro que recorría desde la estación Reazamsky Prospec hasta la Plocha Revolución, que queda a grandes distancias y posibilita extasiarse con el ballet La Fontana de Béguichev; y con sus hermosas bailarinas danzando en un lecho de rosas alrededor de una fuente.

Igualmente le dije que había disfrutado en ese mismo Palacio el ballet Espartaco y su gesta de fuerza libertaria, la ópera "El Fausto"; y que su sola aparición provocaba temor en el público; que Don Quijote de la Mancha arrancaba grandes aplausos. Que también fui al Teatro Imperial Bolshoi para ver el Lago de los Cines, que era un horizonte de bailarinas imitando a esas hermosas aves. En todas las presentaciones de ballet y ópera los directores de orquesta eran todos muy ovacionados. De pronto, Hugo se tornó muy serio. Se levantó del asiento diciéndome:

"Tengo que irme a hablar con Vladimir Putin. Nos vemos en Venezuela"

Inmediatamente le pregunté,

"Y cuánto tiempo dura la gira; y respondió: "30 días".

Poco tiempo después me llegó información, que en Moscú firmó un acuerdo de cooperación técnico militar. En Volgogrado (ciudad de Rusia), confesó su admiración por Lenin, dizque por su incalculable contribución a los principios de la justicia social; y, que también era un aliado estratégico de Rusia. En su ruta iba mostrando su bagaje ideológico, en Teherán, capital de Irán visitó la tumba del Ayatola Khomeini. De igual forma se manifestó como militante de la revolución fundamentalista de los iraníes. En China abrazó con fervor al maoísmo; y la Revolución Cultural. Recuerdo que desde ese país realizó un "Aló Presidente" y se exhibió montado en bicicleta pedaleando en la Muralla China.

Por nuestra parte, hablamos con dirigente del sindicato petrolero ruso y le planteamos la idea de crear la OPEP de los trabajadores, y les interesó. De regreso de Moscú, Rafael Uzcátegui contactó a los directivos del sindicato nuclear de Francia, y a representantes de los sindicatos españoles. También creamos relaciones con Capitanes de la Marina Mercante que transporta el petróleo. Todo esto pensando en el gran evento, la OPEP de los trabajadores.

Cuando llegué a Caracas me encontré con un hervidero de chismes. Un famoso comando de la Revolución era el tema de conversación. Algo que nunca ocurrió. De Televen me invitan al programa "La Entrevista" que conducía la periodista Marta Colomina. Lo primero que aclaré, antes de la primera pregunta, fue:

-Marta, aquí tengo copia del pasaje de mi viaje a Moscú, costeado por nosotros. No fue con dinero del Gobierno; y esa deuda debemos cancelarla.

Ella me dijo:

-No hace falta que muestre el recibo del pasaje.

Comenzó la entrevista, y aproveché el momento para comentar una declaración que había dado Hugo Chávez antes de viajar a Moscú, en la cual señalo qué las tasas de interés en Venezuela estaban muy altas y que, si a su regreso no la habían bajado o reducido, él publicaría un decreto estableciendo una reducción sustancial de dichas tasas.

Ratifiqué esa declaración de Chávez e informé que tuve acceso al Decreto Presidencial e hice la advertencia que, a su regreso, iba a ser público el decreto. Inmediatamente me invitó el gran Óscar Yanes a su programa "La Mañana Caliente" que se transmitía por Venevisión en horario estelar y gozaba de una gran audiencia. Oscar dominaba muy bien cualquier tema político y económico. Su cara fue de sorpresa cuando lo repetí lo que había informado en Televen. Posteriormente fui invitado al canal Globovisión, en horario de la mañana. Antes de retirarme fui a saludar a Alberto Federico Ravell, quien me sugirió:

-Pablo, Deberías reunirte con los dueños de los bancos

Le respondí,

-Yo no tengo ningún problema.

Ravell, dijo:

-Ok, convoco la reunión con los banqueros, y te informo.

Al día siguiente me llamó Alberto Federico Ravell para decirme que ya estaba confirmada.

A la reunión con los banqueros me acompañó mi compadre y exsenador Luis Lizardi y Aristóbulo Isturiz. Por los banqueros asistieron Salvador Salvatierra que presidia el   Consejo Bancario Nacional, José Antonio Marturet por el Banco Mercantil, Luis Maza Tirado presidente del banco Caroní, en total cinco. Les informé sobre la necesidad de reducir las tasas de interés que estaban elevadas en las tarjetas de crédito al 47% en ese momento, y muchos venezolanos están sufriendo demasiado. Como todos saben, Hugo Chávez se encuentra de viaje, pero en Moscú habíamos conversado sobre el decreto de reducción de las tasas de interés. Los banqueros escucharon sorprendidos de la noticia; y no comentaron nada sobre el decreto presidencial.

Lo cierto es que las tasas de interés en una semana bajaron del 47% al 27%. Venezuela tenía en ese momento una banca prestamista que, como institución financiera, cuya naturaleza debería consistir en servir como intermediaria financiera, es decir, utilizar el crédito para desarrollar la economía en función social. Buen ejemplo fue el gobierno de Juan Vicente Gómez hasta 1969; y los 1970, ya que a partir de este periodo el lucro bancario haba sido la ley; y la practica promovida y aceptada pero nefasta. Esa actitud nos recuerda la obra "El Mercader de Venecia" de William Shakespeare, en la que el banquero exigía al deudor Antonio que cancelara la deuda con una libra de carne cercana al corazón., el judío Shylock, en su rol de villano con su legendaria frase "Si nos pincháis, ¿no sangramos?"

El presidente del Banco Central de Venezuela, profesor Gastón Parra Luzardo y su Junta Directiva, también nos invitaron a una reunión para escuchar con mucha atención nuestros argumentos financieros. Quedaron convencidos y se pusieron a la orden para colaborar. Estaban impresionados con el concilio que habíamos realizado con los banqueros. Ya habíamos avanzado inesperadamente; y muchísimas personas nos llamaron entusiasmados por la reducción de las tasas de interés y nos estimulaban a que siguiéramos adelante.

En ese momento tan significativo para el partido, los directivos del PPT decidimos dar otro paso audaz. Propusimos que fuéramos más allá de la reducción de las tasas de interés, para que la sociedad venezolana, la clase trabajadora, la clase media, los productores agrícolas y los industriales se beneficiasen no solo con la reducción de las tasas de interés, sino que planteáramos un Acuerdo Nacional. De manera que, de esta anécdota política, nació la idea de una gran reunión de productores. Determinamos impulsar el Congreso de Producción a toda máquina, el cual se celebraría a finales de junio en el Hotel Caracas Hilton, aprovechando la ausencia de Chávez.

Se planificaron cinco líneas de producción :1) La línea de hidrocarburo, con el Ministerio de Energía y Minas, las empresas privadas conexas y los trabajadores petroleros. 2) La línea del turismo coordinada por José Albornoz, dueños de hoteles, sindicato y el Ministerio de Turismo. 3) La línea agrícola coordinada por el gobernador Eduardo Manuit. 4) la línea industrial coordinada por el gobernador Didalco Bolívar en conjunto con Conindustria, textileros, industriales del calzado y trabajadores; y 5) La línea de las empresas básicas de Guayana.

Los banqueros, ministros del gabinete, fueron invitados. Personalmente visité a la vicepresidenta Adina Bastidas, quien se entusiasmó y se comprometió a pronunciar unas palabras. Hasta el papá de Chávez el maestro Hugo gobernador de Barinas fue invitado. En el momento en que habíamos logrado una gran convocatoria y considerábamos que estamos listos efectuamos los últimos viajes para asegurar la presencia de las regiones.

El día anterior al Congreso, me encontraba en Yaracuy con mi compadre Diego García Urquiola cuando me llama con preocupación el presidente del Banco Unión Alejandro Salvatierra y me dice:

- *Pablo, ¡me llamó el presidente!*

Le pregunté,

- *¿Cual presidente?*

Me contestó,

- *¿Cual más va a ser?, el mismito Hugo Chávez, y me notificó que él no ha dado ninguna orden de realizar ese evento y que tampoco ha redactado decreto de reducción de las tasas de interés.*

Le respondí.

-Me extraña, porque Chávez lo anunció públicamente antes de su viaje a Moscú.

A pesar de la orden abrupta del viajero Hugo de no reconocer el Congreso de Producción, mucha gente asistió por lo novedoso de la convocatoria, donde ellos eran los actores. Se hizo el evento con las 5 líneas programadas y luego al final se hicieron las conclusiones, demostraron el valor del diálogo real y la confianza necesaria para sacar a Venezuela adelante. Se discutieron reglas concretas y se establecieron acuerdos importantes.

Dos días después, retornó al país el mandatario, quien inmediatamente realizó un acto de masas. Lo más relevante de su discurso, fue que, calificó a la oposición con el peyorativo sobrenombre de "Escuálidos". Aunque no se refirió a mi iniciativa de celebrar el "Congreso de Producción"; pero la propuesta quedó en el ambiente. Le demostré que si había bases, experiencias y conocimientos para levantar la economía nacional. En lo personal me quedó la satisfacción y orgullo de haber trabajado durante su ausencia como un Presidente de la República de Venezuela.

Capítulo XV

La Traición de Aristóbulo

Después de las elecciones generales del 30 de julio comenzamos a crear un ambiente para llevar a término, por primera vez, la elección universal directa y secreta del Comité Ejecutivo de la Confederación de trabajadores de Venezuela y todas las federaciones en el país. Había sido una larga lucha, muchos años denunciando a la dictadura sindical que impuso el Partido Acción Democrática y Copei.

Con el respaldo de todos los gobiernos, el Buró Sindical de Acción Democrática se había convertido es una fuerza todopoderosa. Utilizaron a la CTV como arma política para imponer los candidatos presidenciales en Acción Democrática. Por supuesto, sus cuotas políticas y financieras salían del Banco de Trabajadores de Venezuela. Sin lugar a duda, por ese Buró y esa Central Sindical desfilaron uno que otro dirigente destacado como Juan Manuel Delpino. Pero la mayoría de ellos bien temprano abrieron sus fardos ante los diferente gobiernos y empresarios. A cambio de garantizar una paz laboral, olvidando y traicionando a la clase trabajadora.

Uno de ellos llegó a tener un tigre en su casa. Eran los reyezuelos. Mientras los trabajadores, a lo largo y ancho de Venezuela, sentían el declinar sus derechos. Apoyándose en la represión establecieron una dictadura sindical. Desde Guayana construimos una línea muy clara que consistió en impulsar el Nuevo Sindicalismo. Concretamente llamamos a la elección universal, directa y secreta para seleccionar la junta directiva de la CTV y las Federaciones.

Días previos al primero de mayo de 1988, hubo un debate parlamentario propuesto por la bancada de Acción Democrática para saludar la convocatoria a la marcha tradicional, con la finalidad de festejar una tradición que había perdido interés, porque a esa dirigencia los habían domado. Desfiles que terminaban en torneos de cervezas y comilonas. Nos inscribimos en el debate parlamentario en representación de la

Causa R. Reiteramos la propuesta en forma de exhorto para que la Cámara de Diputados invitara a la democratización del movimiento sindical, a la elección directa del Comité Ejecutivo de la CTV.

El partido Acción democrática que era mayoría, tenía 100 diputados, me sorprendió. Su jefe de la bancada, el siempre cuestionado Henry Ramos Allup, luego de escuchar mi propuesta, actuó como Drácula cuando veía la cruz de madera, se levantó e hizo la señal de dejar vacía las sillas de la Cámara de Diputados y romper el quórum reglamentario. El resto de los diputados estallaron en risa. Era la primera vez que la toda poderosa fracción adeca abandonaba la sesión huyéndole a un planteamiento democrático.

Presidente Hugo Chavez y Aristóbulo

A finales de agosto de 2001 varios dirigentes sindicales se me acercaron para proponerme que asumiera la candidatura a la Presidencia de la CTV. Yo les hice una contraoferta de que conversaran con los directivos de Patria para Todos; y, se acordó que Aristóbulo Isturiz presentara mi candidatura. En efecto, así se hizo. Inmediatamente se desataron las diversas iniciativas en Caracas y Miranda. Asistía a reuniones y asambleas con empleados y trabajadores de los Puertos, de la industria textil, los petroleros, del calzado en Caracas, maestros y profesores en Miranda. Hubo tal impacto qué en la encuesta de Eugenio Escuela con todos los candidatos; y yo encabezaba, segundo Carlos Ortega y tercero Aristóbulo Isturiz.

¿Qué ocurrió? Que Hugo Chávez alarmado llamó al ministro Luis Miquelena para decirle tajantemente,

- No estoy de acuerdo, que Pablo encabece la plancha a las elecciones de la CTV".

Después conversó con Aristóbulo para ordenarle:

-Si nosotros impulsamos la candidatura de Pablo Medina a la Presidencia de la CTV, nos va a convocar una huelga general. Olvídate de Pablo, lánzate tú; y si pierdes esa elección, yo te designo ministro de Educación.

Y así ocurrió. Aristóbulo, había sido militante de Acción Democrática durante muchos años; y acompañó al maestro Luis Beltrán Prieto en la formación del nuevo partido MEP. Aunque esa organización política perdió fuerza, valor y calidad, Istúriz gozaba de prestigio entre la masa de maestros y profesores en el área metropolitana. Me di cuenta en ese momento que la propuesta de ser ministro de Educación lo sedujo y se autoproclamó sin vaselina, candidato presidencial de CTV. Un día antes que me traicionara, nos reunimos en la local sede del PPT; y cuando nos despedimos me dio su mano, la sentí helada, como de muerto. El instinto se me agudizaba cuando estrechaba su mano gélida lo había descubierto en el año de 1998, él fue uno de las cabecillas en apoyar a Chávez.

No participé en esas elecciones cetevistas que se efectuaron el 26 de octubre del 2001. Me retiré desde el momento de la confabulación de Chávez, Miquelena y la traición de Aristóbulo, quien habiendo sido derrotado no reconoció el triunfo de Carlos Ortega. Pero la Comisión Electoral y la mayoría de los dirigentes sindicales si respetaron los resultados electorales. El 19 de noviembre fue la fecha de reconocimiento al triunfo de Ortega. Meses después Aristóbulo Isturiz alias "Mano de Muerto" fue ungido como ministro de Educación.

El nuevo presidente de la CTV logró el reconocimiento de la mayoría de los trabajadores, los empleados de Venezuela, Federaciones. Este grupo de líderes de peso fortaleció a la CTV. La experiencia y el prestigio de Froilán Barrios, Alfredo Ramos, entre otros, le dieron una aureola de cambio total; y, por supuesto, en un ambiente de lucha seria, auténtica. Esta central sindicalista se convirtió en breve tiempo en una gran plataforma de movilización de masas, para enfrentar la crisis que ya se manifestaba en Venezuela; en otras palabras, el rio de la historia comenzaba a sonar nuevamente...

El historiador e ingeniero agrónomo Eduardo Guzmán Pérez me pregunta con acuciosidad e insistencia el por qué rechacé ser el segundo líder o violín del gobierno de Hugo Chávez?, si yo estaba debidamente informado y consciente que él había tomado la decisión de sustituir a

Luis Miquelena como Ministro de Relaciones Interiores en ese momento para reemplazarlo por mí.

Le argumenté lo siguiente,

-Amigo José Eduardo, yo había reflexionado bastante sobre esa medida presidencial. Presumía lo que podría ocurrir en esos complejos acontecimientos. Me imaginaba que vendrían como cascada, es decir, como una caudalosa corriente para transformarse en rio crecido. Sobre ese punto especifico se centró la conversación con los hermanos DeSola que consistía en aceptar o rechazar la invitación a formar parte del gobierno de Hugo Chávez como segundo líder o violín de lo que él llamaba el proceso. En mis años de actividad política aprendí de Maneiro a mantener la coherencia. Por lo tanto, yo no podía contradecir mi propia conciencia; puesto que ya me había negado el día 23 de enero de 1998 en la Convención del PPT en la ciudad de Valencia de apoyar a Hugo Chávez como candidato presidencial. Los argumentos que expresé en la convención fueron pálidos ante las medidas que él había tomado ya como presidente en pleno ejercicio.

Por otro lado, yo había leído con mucha atención, ciertos libros de cabecera, tales como los tres tomos de Trilogía de Isaac Deutscher que son El profeta armado (1954), El profeta desarmado (1959) y El profeta desterrado (1963). De esas lecturas me enteré de como Stalin había planificado, procesado y pasado por las armas a todo el Comité Central del partido Bolchevique. Igualmente el asesinato en México de Leon Trotsky; y, por su parte, Fidel quien practicaba el stalinismo, había ordenado en Cuba algo similar, un juicio amañado con un tribunal estructurado por él, que culminó con la sentencia de fusilamiento en julio de 1989 al General Arnaldo Ochoa, quien había sido su principal estrella como militar.

Le comenté también, que con Alfredo Maneiro y el grupo inicial del La Causa R , muchas veces intercambiamos ideas sobre el proceso stalinista en la historia, y concluíamos que la única forma de resolver con éxito una confrontación política de esta naturaleza, consistía en enfrentar ese reto desde fuera de la estructura partidista, y no desde adentro. Por lo tanto, aceptar el ministerio de Relaciones Interiores me vería obligado a tener que respaldar a Hugo Chávez en todas sus decisiones absurdas incluyendo el autogolpe que inevitablemente ocurriría por lo cual me vería obligado a aceptar y callar. De esa forma ingresaría inevitablemente a formar parte de una pandilla de criminales, destructores de Venezuela y eso no estaba en mis planes ni en mi naturaleza.

De tal manera que opté por el rechazo total, consciente que pagaría un alto precio, es decir, el de la absoluta soledad. Los dedos de la manos me sobraban cuando cuantifiqué a los miembros que decidieron apoyarme en la decisión de alejarnos definitivamente del PPT y del presidente Hugo Chávez. En esos años iniciándose enero del 2002 renuncié formalmente al PPT. Pero; ya en el mes anterior se había reducido en forma notable mi ámbito social. No tenía con quien conversar, con quien compartir sueños y preocupaciones, tomar un café o compartir una hallaca decembrina. Fue a partir del 2006 cuando comienza la suerte a sonreírme con nuevos contingentes amigos y luchadores sociales.

No obstante, me fui liviano de peso y de conciencia. A ninguno de los ministros del PPT o funcionarios de alto rango del gobierno de Chávez, a quienes consideré mis amigos les solicité apoyo económico en todo ese periodo. Por lo tanto, no tenían como chantajearme como es su costumbre. A todos los borré de mi memoria y mi corazón. De esta forma rechacé todas las prebendas de las que disfrutaron mis supuestos amigos. Al único funcionario que le hice una solicitud contentiva de una ambulancia para uno de los hospitales de Petare a través de la Lotería del Táchira fue al gobernador Blanco La Cruz; y esa empresa la envió directamente al hospital. Reconozco que en ese tiempo pasé más trabajo que ratón en ferretería. No obstante apuesto que sus conciencias les debe reprochar sus actitudes y perversidad total. En cambio la mía, es de una tranquilidad absoluta, aun cuando pagué un alto precio en aislamiento.

Capítulo XVI

Hugo, tu rumbo no es mi rumbo

Pocos días después, Hugo Chávez invita a Patria Para Todos a Miraflores. Mi mente y mi corazón estaban fuera del proceso chavista, aun cuando la salida o ruptura con ellos no la había formalizado. Me di cuenta y eso me entristeció que el PPT caería para siempre en el redil de Chávez; y que mi esfuerzo y sacrificio habían sido en vano. La idea de esperar hasta enero 1998, cuando se realizó la Convención del PPT, porque yo pensaba, que podíamos impulsar el partido hacia un camino diferente. Fue un cálculo equivocado de mi parte. La reunión en el Palacio de Miraflores fue para caer en los brazos del déspota teniente coronel.

Acompañé a la delegación del PPT a la reunión con Chávez. Sin embargo, mi asistencia era una despedida. En forma deliberada, me senté lejos de la silla presidencial. Antes que José Albornoz leyera el documento del partido. Hugo interrumpió para decir: "Pablo siéntate a mi lado". Aristóbulo, Ali Rodríguez, María Cristina Iglesias y otros lo respaldaron: "Si Pablo siéntate al lado del presidente". Por poco largan la baba. Luego José Albornoz, retoma la lectura, reconociendo las diferencias del pasado que debían ser superadas en aras de la unidad, ya que la organización formaba parte de las fuerzas motrices de la revolución, por lo tanto, había que superar las diferencias. Era un documento razonable para el nuevo interés del PPT. Hubo un silencio s durante el tiempo que hablaron. Yo los miraba de otra manera, me embargó el desprecio.

Hugo Chávez hizo uso de la palabra para decir:

- Oye Pablo no vas a decir algo?

Los presentes corearon:

-Si Pablo, di algo.

Entonces, como insistieron, hablé

-Hugo, ya que lo solicitas voy a decirte algo, pero no necesito encadenarme. Con un minuto me basta.

Todos rieron, sabían que me refería a su abuso con los medios de comunicación.

Estaba sentado a su lado derecho de su silla presidencial, de tal forma que me viré un poco a la izquierda a fin de hablarle de frente,

- Hugo, tú le dijiste a Alí Rodríguez, que el problema entre tú y yo se debe a que yo no acepto tu liderazgo. Yo acepté el liderazgo de Alfredo Maneiro porque con él había un espacio para conversar y su rumbo era también mi rumbo. "Tu liderazgo no lo pongo en duda pero tu rumbo no es mi rumbo".

Hugo comentó,

-Pablo, si hay rumbo.

Le respondí,

-No lo niego, pero ese rumbo no le conviene a Venezuela.

Inmediatamente cortó la conversación e invitó a los presentes a dar un paseo. Este breve paseo era caminar hacia la puerta del Palacio para registrar y publicar la reconciliación con el PPT ante los periodistas. Vamos caminando un poco alejados del resto, baja el tono de voz, y me confiesa:

-Voy a sacar a Luis Miquilena para que tu ocupes su lugar. Te necesito Pablo vienen tiempos difíciles. ¿Quién sabe? Más adelante tú podrías ser mi sustituto en la Presidencia, piénsalo bien, Pablo.

Le contesté,

- Hugo, ya eso lo tengo bien pensado. Gracias de todas maneras.

Luego me quedé deliberadamente de último en el grupo, que caminaba al encuentro con los periodistas. Tenía la sensación, el pálpito de que era una despedida para siempre. La corazonada de que no íbamos a reunirnos más, que se habría roto para siempre toda relación política y personal, nos separaba un océano de distancia, colocados en diferentes trincheras desde donde cada uno jugaría un rol distinto en términos de enfrentamiento en los diferentes escenarios por venir. Que no habría espacio para negociaciones, era él o nosotros. El militarismo rancio y destructor o la libertad y el desarrollo.

Capítulo XVII

El plan diabólico de Chávez

Observaba con atención y profunda preocupación, la desviación dictatorial con la aprobación por decreto el 13 de noviembre de la segunda Ley Habilitante, la cual fue promulgada el 10 de diciembre del 2001; y que ha sido censurada por el exceso de su utilización y prolongación en el tiempo, despojando de sus atribuciones a la Asamblea Nacional y consintiendo una autocracia). Fueron 49 leyes desconociendo de esa forma a los diputados de su propia Asamblea Nacional donde contaba con mayoría que muy bien ha podido encontrar un consenso mediante el debate parlamentario. Eran leyes muy determinantes que afectaban de una u otra manera la vida económica de la República, por ejemplo, la Ley de Hidrocarburos, la ley de Tierra y Desarrollo Agrícola, la ley de Pesca; etc.

Las cifras económicas estaban en rojo. En el 2.000 el crecimiento del Producto Interno Bruto había sido negativo en cuatro puntos contra un 2, 7 que era el previsto por los técnicos de su gobierno. El precio del barril petrolero bajó en ese año de $25 a $ 20,30 y la balanza de pagos registró un déficit en 2001 en 2.434 millones de dólares. Las reservas internacionales bajaron de 15. 685 a 12. 289 dólares. Reitero que lo descrito ya era el umbral de un escenario que anunciaba tempestad; y que, con sus leyes Habilitantes fueron el caldo de cultivo, o la pólvora que encenderían la inevitable tormenta política y militar.

De esa última y definitiva reunión que tuve con Hugo en Miraflores, llegó el 10 de diciembre del 2001, día en que tuvo lugar el exitoso paro cívico nacional convocado por Fedecámaras (organización de asociaciones empresariales venezolanas), bajo la presidencia del Dr. Pedro Carmona con la finalidad de rechazar el paquete de 49 leyes promulgadas por decreto por el mandatario Chávez. Esa protesta nacional contó con el respaldo de la recién electa directiva de la CTV (la mayor central obrera del país), con sus máximos dirigentes, empresarios, sociedad civil. Algo que no había sucedido en Venezuela desde la caída del general Marco Pérez Jiménez.

Al doctor Pedro Carmona Estanga, un señor de baja estatura, de buen talante y de familia honorable de mi estado Lara, lo había conocido recientemente en reunión de empresarios en Barquisimeto, y lo invité al Congreso de Producción, quien amablemente acepó la propuesta que le hicimos. El Paro Nacional lo encumbró como un gran líder nacional, llenando el vacío de la dirigencia opositora. La otra estrella ascendente en ese momento tan particular fue el dirigente nacional petrolero del estado Falcon, Carlos Ortega. Con quien yo había cometido un error al señalarle casos de corrupción en su estado Falcón, pero esas informaciones que me ofrecieron los dirigentes sindicales del PPT, resultaron ser inciertas. Ortega, además de buen orador, tenía el pulso nacional de la creciente masa de trabajadores que se incorporaban a la resucitada CTV y ampliaba su influencia a la activa sociedad civil.

Ese exitoso Paro Nacional de diciembre del 2001, nos dejó un respiro de aire fresco, una sensación de cambio, una alegría navideña, una esperanza cierta. En ese mes de diciembre visité a mi amigo Vinicio De Sola, en su residencia "Loma del Príncipe". Luego del saludo de rigor me invitó a tomar guarapo de papelón con un toque de limón. Empezamos a conversar; y me compartió la idea de que Chávez se debilitaba día tras día. También comentamos los efectos del paro de Fedecámaras contra las leyes habilitantes, las 1.330 protestas de la sociedad civil del 2001, los pronunciamientos militares, entre ellos la del coronel Silvino Bustillos, el capitán Luis García Morales. Todo esto anunciaba en el horizonte cercano un choque de trenes, un choque inevitable.

Le dije a Vinicio, conozco tanto a Chávez como si lo hubiera parido; y te aseguro que va camino a un autogolpe porque tiene el respaldo de Fidel. El Príncipe se alarmó tanto con mi comentario, que me invitó a una reunión para examinar los escenarios; y, lo que debíamos hacer. El encuentro se realizó nuevamente el 20 de diciembre del 2001, en "Loma del Príncipe" con la asistencia del general Romel Fuenmayor y el coronel Julio Rodríguez. Pasamos revista a la dramática circunstancia que se avecinaba; y, todos coincidimos que debíamos hacer algo. Por lo tanto, se hacía imprescindible la preparación de los oficiales democráticos del Ejército y las Fuerzas Armadas. Así comenzó ese trabajo en el cual contamos con el apoyo de Parsifal, su hermano de Vinicio, quien se movía con facilidad en otros sectores militares.

Dos días después me invito a desayunar el general Romer Fuenmayor en el restaurant "Doña Caraotica" donde ratificamos la decisión de prepararnos para los futuros acontecimientos y al día siguiente me reuní con el coronel Rodríguez en el restaurante "Los Molinos", ubicado en el este de Caracas

El coronel Julio Rodríguez incorporó al general Raúl Lugo y entre ellos dos, hicieron una lista de generales ele ejercito; y, en pocos días ya tenían una primera corriente de oficiales comprometidos para el próximo escenario. En ese mes de diciembre tomamos la decisión de separarme del PPT. En una rueda de prensa en el hotel "Presidente" acompañado por mi compadre Diego García Urquiola, mi hermana Flor y 12 compañeros más hice efectiva mi renuncia al partido y a la Secretaria General del Patria Para Todos (PPT). Informé de los motivos de mi renuncia. Dije que los dirigentes del PPT habían sido maltratado por Chávez; y, sin embargo habían vuelto a sus brazos por razones burocráticas; y que, además, tenía la seguridad que Hugo impondría un totalitarismo a base de fuego y sangre.

En los primeros días de enero del 2002 nos reunimos en la "Loma del Príncipe". Allí hicimos un balance del trabajo y el resultado fue altamente positivo. Decidimos dar otro paso crucial, el consistió en que yo contactara a una figura de la iglesia y a Carlos Ortega para estructurar un comando político, coordinado por Vinicio, el cual estuvo integrado por Ortega, Gabriel Puertas y yo, otros que participaron por prudencia. Visité a la figura más importante de la Iglesia en su oficina, siempre jovial, fui directo al grano y me sorprendió su respuesta,

-Pablo yo siempre me reúno, pero es con militares retirados. ¡Qué buena noticia me has dado!

Además, Fui a invitarlo para que hiciera presencia en la primera reunión con oficiales de las cuatro componentes de la Fuerza Armada a finales de enero. Revisó su calendario, y me dijo:

-Pablo imposible, para ese tiempo debo estar en el Vaticano.

Yo le sugerí,

-Entonces le propongo que designe a alguien que lo represente.

Antes de viajar me dio el nombre y número de teléfono de un ingeniero al cual invitamos. La reunión se hizo en San Diego en una casa de un amigo del Príncipe. En un carro iba Pedro Carmona con gente del "Comando Papelón", así bautizamos a nuestro grupo ya que bebíamos siempre guarapo de panela de papelón. En otros carros, Daniel Comizo y otros oficiales de la Armada. La Aviación estaba representada por el General Pereira y por el Ejército el General Raúl Lugo y el coronel Julio Rodríguez. De la Guardia Nacional no pudimos constatar a mi amigo el general Carlos Alfonzo. Conmigo viajaba Carlos Ortega, Gabriel Puertas y otros dirigentes sindicales. Vinicio hizo la introducción, luego tomó la palabra el presidente de Fedecámaras quien hizo una síntesis de las protestas, calificó de conflictivo y totalitario al régimen y se refirió al exitoso paro del 10 de diciembre, que fue el as con que impactó a los militares presentes. Observé la alegría en los ojos de los militares quienes tenían gran preocupación por la presencia de Chávez en el poder; y, se les presenta la grandiosa posibilidad de sustituirlo con el Dr. Pedro Carmona, pero sin analizar la naturaleza de la transición y la circunstancias históricas y política del momento.

Tomé la palabra y les dije a los presentes:

-Si lo que queremos es una guerra civil, el candidato ideal es el Dr. Pedro Carmona Estanga, pero si aspiramos a una transición pacífica; entonces debemos esforzarnos en buscar un personaje como Wolfgang Larrazábal.

El Príncipe estuvo de acuerdo con mi razonamiento. Esa discusión se mantuvo hasta el 11 de abril. Vinicio era partidario que Carlos Ortega asumiera el gobierno de transición. Pero Carlos fue muy prudente. El problema no era fácil. Pocos días después en el semanario "Quinto Dia", el columnista Miguel Salazar escribió: "Extraña reunión en San Diego. Se vio pasar a Pablo Medina y Carlos Ortega, y más atrás a Pedro Carmona y otros carros con gente rara".

En ese vaivén de reuniones y conversaciones, nos agarró la tradicional marcha del 23 de enero para conmemorar la caída del General Marco Pérez Jiménez. Sin necesidad de una especial convocatoria las calles se colmaron hasta la plaza del Silencio. En el Parque Central me encontré a Jorge Olavarría con quien había polemizado en privado y en público a raíz de la muerte de Alfredo Maneiro. Había visto por televisión su histórico discurso ante Asamblea Constituyente denunciando a Chávez y los riesgos inminentes sobre Venezuela. Al verme exclama,

- ¡Pablo!, dame un abrazo y un beso.

Todos reímos de su ocurrencia. Marchábamos en el mismo torrente con la querida amiga, compañera de luchas y extraordinaria periodista Angela Zago, a quien conocí en las montañas de mi pueblo el Tocuyo, estado Lara, en un mismo compromiso a base de puro idealismo juvenil. Aunque reconozco que fue un esfuerzo que no tenía sentido, ya que la lucha armada para ese entonces fue un tremendo error. De esa experiencia escribió "Aquí no ha pasado nada", un libro que fue un bestseller en esa época. En esa edición narra su pasado guerrillero.

Hay quienes la critican por su otra obra literaria "La Rebelión de los Ángeles", pero sus censuradores no toman en consideración la decadencia de la Cuarta República y el deseo de la gente de que apareciera un militar. En el 2015 publicó "En Nombre de los Pobres". En mi opinión, es lo mejor que se ha escrito sobre el 11 de abril del 2002. Puedo hablar con conocimiento de causa de su honestidad, coraje y su compromiso de por vida con los humildes campesinos de El Tocuyo y su querencia a Venezuela. Recuerdo que cuando Angela fue miembro de la Asamblea Constituyente, y se discutía el tema referente a las fuerzas armadas, sin que le temblara el pulso, en reiteradas oportunidades puso a Chávez en su sitio.

Retomando mi narrativa de nuestra marcha del 23 de enero del 2002, les informo que íbamos caminando entre un rio de gente muy alegres, de todas las edades. Por cierto, observé la presencia de muchas mujeres. Al paso de esta muchedumbre humana, finalmente llegamos a la plaza del Silencio. Allí, le sugerí a Jorge Olavarría y a Angela Zago "Deberíamos continuar hasta Miraflores". Pero ellos no consideraron prudente la invitación a tocar las puertas del Palacio de Miraflores. Esa propuesta quedó como una premonición.

Para el 7 de febrero, el ingeniero y empresario Parsifal de Sola organizó con respaldo del diario El Nacional el foro "Los Medios de Comunicación somos voces de la democracia", el cual se celebró en el hotel Caracas Hilton. Mientras hablaba el periodista César Miguel Rondón, uno de los panelistas, insurgió de repente un uniformado airado que llamó a desconocer y a deponer a Hugo Chávez. Se trataba del coronel de la Fuerza Aérea Pedro Soto Fuente. Sus palabras y su condición de militar uniformado causaron un impacto nacional que movió las aguas con tal ímpetu que chocaron con las estructura policial y militar de Chávez. Durante varios días la sociedad civil los acompaño a él y al coronel y fiscal de la Corte Marcial Silvino Bustillos, llegando a ubicar su protesta en La Casona, un escenario símbolo de poder. En síntesis, habíamos llegado al 23 de enero con inmensas manifestaciones a la plaza del Silencio a escasos metros del Palacio de Miraflores y luego en febrero a La Casona, otro emblema del poderío presidencial.

La Casona, patrimonio histórico de Venezuela, era una hacienda de caña de azúcar en el período colonial. Fue restaurada en el gobierno de Raúl Leoni para convertirla en la residencia oficial de los mandatarios venezolanos. Manifestar en forma asidua frente a La Casona era equivalente a faltarle el respeto al mandatario Hugo Chávez Frías, quien se dio cuenta del peligro de vivir allí. Por ello, solamente la utilizó hasta el año 2002. Entonces, el centro de las protestas cambió de lugar en el mes abril. De la Casona se pasó con mayor intensidad a Chuao (una parroquia de Caracas).

Otros acontecimientos decisivos ocurrieron en ese febrero. El día 9, a tres días de la aparición de los insurrectos coroneles Pedro Soto y Silvino Bustillos, en pleno Consejo de Ministros, Chávez destituyó al genial y competente General Guaicaipuro Lameda de su cargo como presidente de PDVSA, y lo sustituyó por el Dr. Gastón Parra Luzardo. El General Lameda había advertido que el manejo económico por parte del ministro de planificación Jorge Giordani y su equipo conduciría la economía de Venezuela hacia una devaluación del signo monetario. De esta forma se creó un paralelo; por un lado, las protestas militares que emergieron en los primeros días de febrero; y, por otro lado, la economía daba tumbos; hasta que el 13 de febrero en pleno carnaval saltó la liebre; y por más que Chávez lo ocultó durante varios meses, finalmente se le vio el bojote de la devaluación. Ese 13 de febrero presentó el esquema cambiario con el cual le asestó un garrotazo al pobre bolívar. El día anterior a la devaluación, el dólar cerró en 703 bolívares para la venta; y, al día siguiente, Chávez, el dizque antidevaluacionista tuvo su Viernes Negro, el dólar cerró en 980 para la compra y 981 para la venta, una devaluación del 24%. La devaluación siguió su curso, el llamado del General Lameda lo había dinamitado. Así terminó febrero, pero marzo anunció tempestad.

El 4 de marzo del año 2002, se firmó en la quinta la Esmeralda un Pacto de Gobernabilidad entre el Dr. Pedro Carmona por Fedecámaras y Carlos Ortega en representación de la CTV, y se contó con la presencia del sacerdote Luis Ugalde por la Iglesia y los gerentes de PDVSA. De inmediato comenzaron los roces entre el Dr. Gastón Parra Luzardo, nuevo presidente de PDVSA, y los gerentes petroleros, quienes levantaron con fuerza la bandera de la Meritocracia. El día 13 de marzo, los trabajadores y empleados de la empresa petrolera paralizaron el trabajo hasta el mediodía. Fue, desde luego, el inicio de una escalada con un destino preciso, teñido con sangre ya que resultaba inevitable, confrontar sin temor alguno y con el coraje ancestral al Ojo de la Tormenta. La discordia y malestar no era solo en PDVSA, o en los asuntos de la economía. También dentro de las Fuerzas Armadas se libraba un cuerpo a cuerpo silencioso que estalló más adelante. El dictador Chávez ordenó armar a grupos civiles, quienes contaron con el apoyo de los generales Lucas Rincón y García Carneiro.

No obstante, el comandante del Ejército, Efraín Vásquez Velasco, mantuvo una posición institucional para contener las arbitrariedades y violaciones a la Constitución y a la ley. En ese ambiente publicó una entrevista en Ultimas Noticias muy reveladoras "Ni golpe ni autogolpe" ... "No somos tontos útiles". Seguramente se refería a las dos tendencias en pugnan. La de los generales Lucas Rincón y García Carneiro y la de los militares con los cuales nos habíamos reunidos e identificado en el mes de enero en la casa de San Diego, que se habían convertido en centro de referencia con el fin de impedir el autogolpe de Chávez. Salió a la luz pública que los generales Vásquez Velásquez y Rosendo. jefe del CUFAN hicieron un esfuerzo por contener a Chávez, pero fueron superados por la tormenta que hora tras hora cobraba más y más fuerza.

Capítulo XVIII

La emboscada del II de abril

Las provocaciones del régimen eran públicas. Pero encontraron una fuerte resistencia por parte de la sociedad civil que se sumó en masa a cada convocatoria, respaldando de esta manera a la dirigencia sindical, empresarial y petrolera. Llegó el mes de abril; y al cuarto día, comenzó la huelga petrolera paralizando la parte administrativa de PDVSA y las refinarías. El día seis entró en acción la CTV convocando al Paro General por 24 horas, con la finalidad de medir el terreno que habría que pisar en los próximos días.

Mientras la Venezuela democrática medía sus fuerzas, Chávez, alias "Cara E'Crimen", agredía, emulando las banderas negras con la que el sanguinario de José Tomás Boves aterrorizaba a la Venezuela de entonces. En la reunión con los comandantes de la Guarnición en el Fuerte Tiuna ordenó prepararse para aplicar el Plan Ávila, que incluía la movilización de tanques, el cual coordinó como Comandante en Jefe; y contó solamente con el respaldo perruno de los generales Lucas Rincón y García Carneiro.

El domingo 7 siendo las 12 y 30 del mediodía, CaraE'Crimen entró en las páginas de la historia con un acontecimiento novedoso, pero con una carga siniestra y bien calculada. Se trató de una jugada genial, propia de un Hitler o un Stalin. Es el primer capítulo hacia su ansiada jugada maestra del autogolpe que lo usó para concentrar todo el poder y blindarlo con el Estado de Excepción manejado con su mano zurda. Fue la estrategia política, militar y jurídica para garantizar la aplicación de las Leyes Habilitantes. Convocó a todos los medios de comunicación; y en eso, lo acompañó un sequito de aduladores que se habían contagiado con el insulto, el golpe bajo y la puñalada por la espalda. En el momento más álgido de la rueda de prensa, el tirano Chávez se llevó el pito a su boca, empezó a nombrar a siete gerentes de PDVSA, uno por uno, ¡con su respectivos nombres y apellidos con el latiguillo "! ¡Estás votado!". A partir de esa bocanada de ácido, de gas mortífero, como cualquier animal salvaje, preparó la ceremonia sangrienta que marcó el terreno de la confrontación en los límites del Palacio de Miraflores.

Después de la aparición de Chávez por televisión, en el que se mostró con el cuchillo en la boca despidiendo a los gerentes de PDVSA, convocó en horas de la noche a las diferentes mafias con el objeto de implementar su codiciado Plan Ávila contra la población civil. Estuvieron presentes en primera línea su ministro de la Defensa José Vicente Rangel quien tenía el prontuario de haber enviado a su propio yerno al más allá, al fiscal general Isaías Rodríguez, quien posteriormente a raíz de estos criminales acontecimientos en el que se involucró, escribió el libro "Abril comienza en octubre"; y a los pocos días, ordenó de forma vergonzante, recogerlo y ocultarlo.

Por su parte, el corrupto comandante de la Guardia Nacional, General Belisario Landis, quien derrotó a Chávez el 4 de febrero de 1992 cumpliendo con la ley, después se colocó a su servicio para violarla sin disimulo. De igual manera, el "mano e muerto" Aristóbulo Isturiz, el caliche y agente del G2 cubano Nicolás Maduro, Ismael García, Cilia Flores, Ramon Martínez, Ronal Blanco La Cruz y por supuesto el Alto Mando Militar. El comandante criminal fue directamente al grano, decretó la organización de los círculos bolivarianos y ordenó a las Fuerzas Armadas reprimir con plomo a la inmensa marcha que vendría a su encuentro a pedir su renuncia en forma pacífica. Este acto de cobardía me recuerda un pasaje histórico de la forma como actuaron sigilosamente, ocultos en la maleza, el autor intelectual General Juan José Flores, y los asesinos materiales del horrendo crimen contra el Mariscal de Ayacucho, conocido el Abel de América, cuando lo emboscaron en las montañas de Berruecos.

En la noche del martes 9 de abril, en Chuao, antigua hacienda de cacao, donde se ubicaba la Plaza de la Meritocracia, fue el gran proscenio. Allí, en la tarima animaban figuras muy queridas, desde Laureano Márquez, Rolando Salazar, Orlando Urdaneta, junto a dirigentes políticos como William Dávila, Carlos Ortega y Juan Fernández. Rememoro la reunión que tuvimos esa misma noche en la "Loma del Príncipe" con un grupo de militares, entre ellos el coronel Julio Rodríguez, cuya evaluación fue altamente positiva. El sector institucional rechazaba la aplicación del Plan Ávila contra la población. Mencionaron los nombres del comandante del Ejército General Vásquez Velasco; y, nos sorprendió gratamente la actitud del jefe del Comando Unificado de la Fuerza Armada Nacional (CUFAN) general Rosendo. : Al terminar la reunión nos fuimos a recorrer la ciudad y aterrizamos en la Plaza de la Meritocracia. Nuestra conclusión fue que si podíamos derrotar a Chávez.

El jueves 11:00 en la mañana, mientras los ciudadanos fueron conformando una inmensa masa crítica, entusiasta; y altamente responsable de sus deberes como venezolanos; y, muchos de ellos conscientes de los riesgos, respondiendo a los vituperios, los abusos presidenciales, las arbitrarias leyes habilitantes, las mentiras cotidianas, se fue sintiendo una corriente de hermandad. Fueron llegando compatriotas de todos los lugares que conforman la gran Caracas, cuyo centro de convergencia fue Chuao, situada al este de la Ciudad.

Mi esposa y mis cuñadas también partieron desde Chuao. Yo estaba todavía en la Urbina donde vivía. A las 12 m, estacioné la camioneta estratégicamente en el estacionamiento del Colegio de Ingenieros cerca de la plaza Venezuela. Allí esperé a mi familia; y les aconsejé "Es mejor que se devuelvan a la casa", porque sospechaba el peligro, y me iba a ser muy difícil estar con ellas; y, al mismo tiempo cumplir con mis responsabilidades de enfrentar a los Círculos Bolivarianos.

Efectivamente, la fuerza cívica e insurrecta copaba todos los espacios en dirección al Palacio de Miraflores. Por donde uno miraba eran ríos de gente, semejaban afluentes caudalosos como los de nuestro rio Orinoco convertido en un Delta donde no se alcanza a vislumbrar la otra orilla. Eran aproximadamente dos millones de personas. de personas que transmitían una alegría incomparable. Mujeres y hombres de todas las edades que marchaban a tu lado; y que al ver sus rostros te parecía familiar. A la izquierda o a la derecha, adelante o atrás, donde mirabas, mientras caminabas era igual, rostros como si los conocieras con la sonrisa a flor de labios, lanzando consignas improvisadas, tales como aquella que se hizo tan popular "Hugo...Huguito prepara ese culito". Y otras como "Va a caer y va a caer, este gobierno va a caer". El rio humano entusiasmado aceleró la marcha. Una parte tomó la ruta hacia la plaza Morelos. La fuerza de los marchitas condujo a otros por la avenida Bolívar de la gran Caracas.

Al llegar frente al Parque Central recibí una llamada de Miami, era Oswaldo Muñoz, director del semanario El Venezolano, quien me preguntó:

- ¿Qué está pasando?

Le respondí,

-Estamos caminando, vamos rumbo a Miraflores a sacar a Chávez del poder, lo vamos a hacer renunciar.

En medio de la multitud, llegamos hasta al final de la Avenida Bolívar,

cruzamos a la derecha para arribar a la calle el Calvario, diagonal al Palacio de Miraflores. Para ese entonces, eran las 12:30 pm. Me encontré con el Comisario de la Policía Metropolitana Henry Vivas, quien nos informó que habían desalojado a uno de los Círculos Bolivarianos que se habían atrincherado en El Calvario.

De esa inmensa muchedumbre que marchaba con la ilusión de la renuncia de Chávez, muchos no conocían el lugar el Calvario, o jamás habían paseado por sus inclinadas escaleras. Tampoco sabían que fue construido en el gobierno del presidente Antonio Guzmán Blanco, quien llegó a tener su propia estatua que los caraqueños llamaban "El Manganzón", la cual fue derribada a su caída. A nuestra derecha el Liceo Fermín Toro, que fue construido por el presidente Juan Vicente Gómez e inaugurado en 1936; y que tiene en su haber un largo historial donde se formaron científicos, grandes periodistas y figuras del arte.

La masa protestaría tenía detrás como retaguardia arquitectónica, por donde llegamos, la hermosa Plaza O'Leary, símbolo de todo ese magistral proyecto del arquitecto Carlos Raúl Villanueva en el gobierno del general Isaías Medina Angarita. En ese triangulo de la historia se ubicó la gente que provino de muchos lugares sin estar consciente plenamente de lo que ocurriría minuto a minuto después. Solo quien ocupaba el Palacio de Miraflores, y el otro que monitoreaba desde el Palacio de la Revolución en La Habana con quien **"CaraE'Crimen"** sentía una poderosa atracción que lo inducía a seguir sus orientaciones.

Hugo veía a Fidel Castro como su hermano mayor, el padre, su jefe o todo a la vez. Paralelamente, existía entre ellos, otro lazo marcado con un hierro. Las pasadas actuaciones de cada uno, los comportamientos similares, en los que se manifestó en ambos, la falta de hombría, de coraje, siendo los dos comandantes en escenarios; y, en tiempos distintos a cada uno se les aguó el guarapo. Lo comprobamos el 11 de abril en el Palacio de Miraflores, amalgamados en una actuación como la síntesis de sus cobardías, aplicando tácticas diabólicas y militares contra un pueblo absolutamente desarmado que peleó hasta los límites del cansancio a pecho abierto.

Las consignas, "Hugo, Huguito aprieta ese culito" "Va a caer... este gobierno va a caer", crecían en las voces afinadas de sopranos, contraltos, tenores, bajos, barítonos, que sonaban como si estuviesen dirigidos bajo la dirección de algún encumbrado director, con su traje negro para la ocasión, moviendo la batuta de la Novena Sinfonía de Van Beethoven o la Marcha Triunfal de Verdi. Con esa inmensa orquesta espiritual plantada ahí, frente al comandante asesino, quien al poco tiempo respondió a las ruidosas cacerolas que, desde las calles, lo atormentaban desde el Calvario, la Avenida Baralt y la Parroquia La Pastora. El Palacio de Miraflores se convirtió por momentos en su psiquiátrico, en la que tomar "litio" no le era suficiente para disminuir su iracundia. Fue el momento en que la cólera y el arrebato lo exaltó y decretó la matanza,

Los pistoleros del Puente Llaguno recibieron la orden del comandante criminal Hugo Chávez de pasar a la acción, resguardando el perímetro de seguridad del Palacio a sangre y fuego. Durante varias horas dispararon hacia la multitud, pero había tantos manifestantes que retroceder antes los disparos resultaba muy difícil. ¿Cómo replegar a un millón de personas? La valerosa Policía Metropolitana con sus oficiales al frente, desde posiciones desventajosas, ayudaron a la retirada; al mismo tiempo trataron de neutralizar a los francotiradores

Entre la calle el Calvario y el liceo Fermín Toro, donde me encontraba, la presencia de la policía fue fundamental, porque logró contener en las primeras horas a los círculos bolivarianos. Al principio desfilaron, Enrique Mendoza y Leopoldo López con un camión y altavoz y otros de menor nombradía, pero inmediatamente se retiraron a sus cuarteles de invierno. Me encontré con el general Guaicaipuro Lameda, y le propuse liderar entre los dos un avance de manifestantes hasta la esquina del Palacio de Miraflores, recorríamos la mitad de la calle, y una lluvia de bombas lacrimógenas que nos lanzaron nos hizo replegar hacia El Calvario. Decidimos entonces, organizarnos en cuadrillas, unas tras otra; y aunque no podíamos avanzar, conservamos el territorio.

Por otro lado, Unidades del Regional 5 de la Guardia Nacional dirigida por el coronel Gutiérrez, intercambiaron bombas lacrimógenas y disparos, y nosotros nos defendíamos con piedras arrancadas de las paredes del Liceo Fermín Toro. Alrededor de las tres pm, Hugo Chávez encadenó los medios de comunicación y comenzó a divulgarse la noticia de los primeros muertos y heridos en toda el área. Un compañero que guapeaba junto a nosotros recibió una llamada informativa de que el tirano se dirigía en cadena nacional al país, motivo por el cual, los canales de televisión no podían transmitir las sangrientas imágenes.

En la calle del Calvario hubo heridos; pero la mayoría de las lamentables y dolorosas pérdidas humanas, y los 100 heridos, ocurrieron en la Avenida Baralt y en otros lugares del área en disputa. En las imágenes de los reporteros gráficos se pudo observar que en los edificios circunvecinos habían ubicado francotiradores de confianza del criminal Chávez, entre ellos: el policía Freddy Bernal, el teniente Eliecer Otaiza. el Capitán de Navío de la Armada Ramón Rodríguez Chacín, quienes mantenían contacto con los círculos bolivarianos, el Regional 5 de la Guardia Nacional; y, todo un andamiaje represivo junto a su carnal, el coronel Noel Martínez alias Guasipati.

En lo que se conoció como "La Masacre del Silencio", en los alrededores del Palacio de Miraflores, perdieron la vida las siguientes personas: 1) Juan David Querales, 25 años. 2) Víctor Emilio Querales, 28 años, 3) Alexis Bordones, 53 años, 4) Orlando Rojas, 49 años, 5) Jorge Tortoza,48 años,6)

Ángel Luis Figueroa, 29 años, 7) Jesús Orlando Arellano,34 años, 8) José Antonio Gamallo, 45 años, 9) Jesús Mohamed Espinoza Capote, 18 años, 10) Erasmo Enrique Sánchez, 60 años, 11) Pedro Linarez,42 años, 12) César Mathias Ochoa, 38 años, 13) Nelson Eliecer Zambrano, 23 años, 14) Rudy Urbano Duque 38 años, 15) Josefina Rengifo, 29 años, 16) Luis Alfonso Monsalve, 55 años, 17) Luis Alberto Caro, 57 años, 18) José Alexis González Revette, 47 años, 19) Jhonnie Obdulio Palencia 29 años; y, resultaron heridas 127 personas.

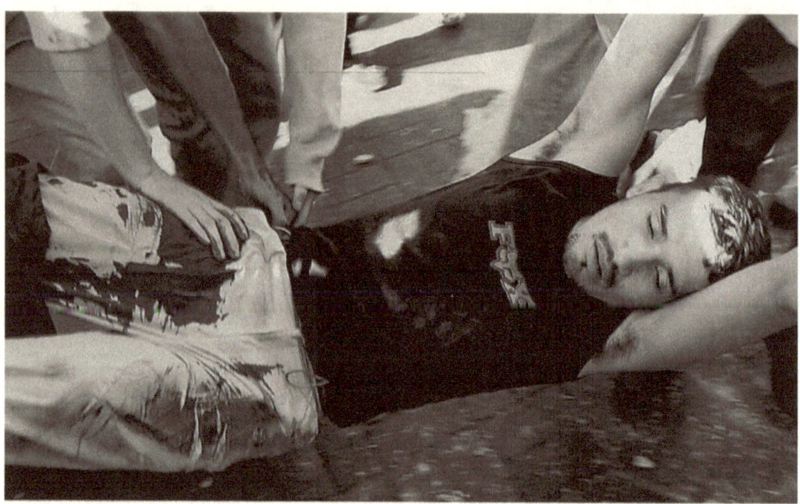

Luego que el presidente **"CaraE'Crimen"** se encadenó a los medios de comunicación, de la Casa Militar le iban informando el parte de guerra que duró su perversa alocución. Le anunciaban "Van tres muertos y tantos heridos...seis muertos ...otros heridos, 10 muertos, 40 heridos", pero él, imperturbable, seguía hablando con sus papelitos en la mesa. Hasta que al director de Globovisión Alberto Federico Ravell, se le ocurrió la genial idea de dividir la pantalla; y los demás canales hermanos se le sumaron. De esta manera, la audiencia nacional e internacional pudo ver en vivo y en directo, la masacre perpetuada contra un pueblo indefenso que solo quería vivir en libertad y democracia.

Extrañó mucho, que de los 19 asesinados, 3 formaban parte de la banda del régimen. Entonces la pregunta es obvia: "¿Quién disparó contra esos 3 chavistas?" Si los manifestantes, incluidos yo, ¿no portábamos armas? Tampoco fue la Policía Metropolitana, puesto que ellos se encontraban en la Avenida Baralt. Si el estudio planimétrico demostró que los disparos no fueron de abajo hacia arriba, sino de arriba hacia abajo; es decir desde los edificios y desde el Puente Llaguno. Salta entonces la obligante pregunta, para estos casos:

- ¿A quién beneficiaba la muerte de esos tres oficialistas?

Descartamos de plano a los manifestantes y a la Policía Metropolitana, porque ellos se mantuvieron firmes en tierra durante el tiempo de la criminal emboscada. No obstante, hubo un personaje peso pesado del régimen que aprovechó la oportunidad para jugar posición adelantada. Se trata de un individuo que comandaba grupos de francotiradores y deseaba echarle leña al fuego para coronarse con la presidencia. Además, estaba consciente que la medición en las Fuerzas Armadas no le era favorable a Hugo Chávez. Por lo tanto, su actuación fue serena y astuta. Optó por ver los toros desde la barrera, bien lejos pero no tan lejos, resguardado y con información suficiente para actuar en esas circunstancias.

En un momento álgido y determinante, Chávez tomó conciencia que algo muy cercano le faltaba, sintió que había un vacío de afectos y decisiones. Se estremeció al darse cuenta del silencio de su vicepresidente; y. quizás pensó, que estaría tomando ventaja de la circunstancia, que se estaba viviendo, como si fuese un experto, profesional del derecho Constitucional. Según comentarios que nos llegaron, el teniente Diosdado no perdía de vista las maniobras en el Palacio de Miraflores; y que extendía su mirada y movía sus contactos con los diputados de la Asamblea Nacional.

Se conoció que al déspota Hugo, le preocupaba la aparente actitud discreta de su "Ojitos bellos", como le decía cariñosamente en la Academia Militar. Por consiguiente, lo llamó:

- ¿Dónde estás tú?

 Diosdado le responde,

- ¡Presidente! he tomado medidas de seguridad. Recuerde que soy el Vicepresidente de la Republica y me corresponde substituirlo.

Me pregunté: ¿Cómo le quedaría el ojo a Chávez con semejante respuesta de su "Ojitos Bellos? Entre tanto, a las 5:00 pm, ya se había retirado la mayoría de los manifestantes. Aun así, mantuvimos la resistencia una hora más en nuestra área del Calvario, dando tiempo a que la gente se fuera replegando del ensangrentado escenario. Nuestro número de guerreros se había reducido a cien. Entonces les propuse irnos hacia la Plaza O'Leary, para comunicarme con el coronel Julio Rodríguez, quien lideraba el plan anti- diabólico de Chávez. Me preocupaba la información relacionada con el batallón Ayala porque Chávez en la primera reunión había ordenado movilizarlo hacia el Palacio como parte del Plan

Ávila. Al fin logré comunicarme con mi amigo Julio Rodríguez, quien se encontraba dentro del Fuerte Tiuna; y, me informó que todos los tanques habían regresado y estaban bajo las órdenes del comandante del Ejército Efraín Vásquez Velasco.

Fue en la plaza O'Leary donde pude conocer por primera vez a Oscar Pérez, dirigente popular de Petare; y a García Urquiola representante de Caracas. Les propuse que nos retiráramos ordenadamente del último residuo de la heroica resistencia por la Avenida Lecuna, y apoyándonos unos con otros para protegernos de los círculos bolivarianos que deambulaban por toda el área. Al llegar al Parque Central los últimos guerreros tomaron su rumbo; y yo caminé hacia el Colegio de Ingenieros para tomar "El Burrito", como llamábamos al carro patas blancas disfrazado de taxi. Aproveché para llamar a mi esposa Mayarí y tranquilizarla porque estaba alarmada por cantidad de muertos y heridos que informaban los medios de comunicación. Luego me fui al lugar donde pensé, que era, a esa hora, uno de los principales escenarios de poder en tan tiste y doloroso momento para Venezuela.

Llegué a Venevisión con el olor a gas, pólvora, sudado y agotado; y de paso, golpeado moralmente en el corazón por las personas heridas y fallecidas. En una de las oficinas del canal estaban mis queridos y apreciados amigos Angela Zago y Napoleón Bravo; y el indeseable militar Francisco Arias Cárdenas, quien había calificado a su carnal Chávez como "un criminal que se había manchado las manos de sangre". ¿Las manos nada más?, pensé.

En ese instante, uno de los gerentes de Venevisión me saca de mis pensamientos y me lleva al pasillo para decirme:

-Pablo, de aquella oficina, te hacen una invitación

Le pregunté:

- ¿De quién es esa oficina?

Me respondió,

-Es la de Gustavo Cisneros,

Le repregunté:

- ¿Quiénes más se encuentran reunidos con Gustavo?

Contestó,

-Pedro Carmona, Luis Miquelena, Carlos Ortega y tres personajes más.

Les di las gracias, pero no quise ingresar a una reunión para hacer el papel de agua fiesta. Pedro Carmona contaba en ese momento con el consenso de muchos sectores; y ya tenía listo el gobierno de transición. Mas tarde nos enteramos por Carlos Ortega, que Carmona se había despedido dizque para ducharse. Pero no se dirigió a su casa, la fulana ducha fue en el Fuerte Tiuna, desde donde dio su primera declaración.

Los previstos y sangrientos hechos conmocionaron el país. Una enérgica voz de condena emergió de las Fuerzas Armadas que protestó fuertemente ante la maquiavélica y criminal emboscada. Fue entonces cuando el general en jefe, Lucas Rincón Romero en connivencia con Hugo Chávez redactó el documento en el cual se informaba de la renuncia del jefe de Estado. Sabemos que esa dimisión fue deliberadamente calculada para crear el vacío de poder.

 Muchos venezolanos nos preguntamos:

- ¿Por qué Chávez, no anunció directamente la renuncia a través de los medios de comunicación como lo hizo el General Lucas Rincón?

Esta es mi respuesta:

-Porque ellos estaban conscientes que al decirlo el presidente públicamente, se consumaba de manera automática la renuncia ante Venezuela y el mundo. El fruto de esa estrategia "¡la renuncia!" la disfrutaron ellos mismos el 12 de abril, cuando el Isaías Rodríguez declaró: "No hay evidencias de que el presidente haya renunciado"

De manera que la frase "Le solicitamos la renuncia al Señor presidente, la cual aceptó" en labios de Lucas Rincón fue una conspiración en comandita con Hugo Chávez. Ambos conocían al dedillo la Constitución Bolivariana, razón suficiente para saber cómo violarla.

Según lo establecido en el artículo 233 de la Carta Magna vigente desde 1999, la falta absoluta del presidente de la República al renunciar, en este caso Chávez, antes de la mitad del periodo estipulado, automáticamente se encarga de la Presidencia, el vicepresidente ejecutivo de la Republica. Luego se convoca a elecciones en un lapso de 30 días. Por lo tanto, tanto Chávez como Lucas Rincón se habían confabulados contra el país y a espaldas de la Constitución.

El trisoleado General Lucas Rincón también redactó en forma genérica la renuncia del Alto Mando militar. Craso error , porque en esas difíciles circunstancias de nuestro proceso político, él, en su condición de jefe de las Fuerzas Armadas, estaba obligado ante el pueblo de Venezuela a fijar una posición constitucional; y, en consecuencia, debía garantizar la transición para que asumiera el vicepresidente Diosdado Cabello, a quien le correspondía suplirlo en ese momento. Posteriormente entendimos los venezolanos que el vacío de poder producido a exprofeso fue una emboscada política planificada desde Cuba, en común acuerdo con **"CaraE'Crimen"**.

 La otra treta diabólica radicó en cambiar la carta de "La Renuncia" por un documento de "Abandono del Cargo", que redactó desde La Orchila, en la cual destituyó nuevamente al vicepresidente Diosdado Cabello. Consideramos que esta segunda destitución se debió a otro pase de factura por no haber estado en el Palacio de Miraflores. El teniente Cabello en auto- resguardo, reapareció después del "Carmonazo"; y, en cadena de televisión, se juramentó ante el presidente de la Asamblea Nacional William Lara. No faltó quien pensara que Cabello tenía intenciones de quedarse con el poder. Y; no nos sorprende. Hay antecedentes históricos en Venezuela entre los compadres Cipriano Castro y Juan Vicente Gómez. De modo que, no tenía nada de extraño que sucediera lo mismo con estos supuestos hermanos del alma. Así que, Diosdado trató de actuar al estilo de Juan Vicente Gómez; pero, le salió el tito por la culata, porque el desvergonzado Chávez no aceptó representar el triste papel de Cipriano Castro.

Presumimos que Lucas Rincón percibió la gran debilidad de Chávez entre los militares; y, por ello actuó maquiavélicamente. La gran aliada del General fue la espera. Él se estaba preparando para el gobierno inmediato que sustituiría a Hugo. Nos enteramos de que esa noche durmió en el Fuerte Tiuna acompañado de una granada. ¿A qué le temía? Aunque, en el país existía voluntad política suficiente para llenar el vacío de poder dejado a raíz de la renuncia de Chávez.

Es falso de toda falsedad, los cuentos que se tejieron en torno a Hugo Chávez, con relación a las tres acciones que había planeado realizar en el Palacio de Miraflores. 1) Dizque defender el Palacio e inmolarse si fuere el caso; es decir, seguir la épica del presidente Chileno Salvador Allende, de morir con las botas puestas. 1) Replegarse hacia Maracay para unir fuerzas con el General Raúl Baduel, para continuar la lucha y recuperar el cargo presidencial.; y 3) Entregarse ante los Generales en el Fuerte Tiuna. Las primeras dos opciones, nunca fueron posibilidades reales. Fue una mentira urdida muchos días después de su regreso, para levantar su moral que había quedado muy quebrantada ante las Fuerzas Armadas y los venezolanos.

Estamos seguros de que siempre hubo un solo plan que consistía en la rendición total. Tan cierto es, que en la rampa cuatro del Aeropuerto de Maiquetía, el sitio donde estacionan las naves presidenciales estaba aparcado un avión de bandera cubana para prevenir cualquier imprevisto; y, la nave fue enviada por Fidel Castro, quien monitoreaba los acontecimientos y transmitía las órdenes.

Para nadie es un secreto que el dictador cubano siempre orientó a Chávez. Le sugirió seguir el mismo guion que él mismo practicó para salvar su vida a raíz de la toma del cuartel Moncada en Santiago de Cuba, cuando sus compañeros que le seguían asaltaron a sangre y fuego el cuartel Moncada. Pero el cobarde Fidel, siendo el jefe de la operación, no entró. Permaneció afuera del destacamento todo el tiempo. Luego que se enteró de la derrota de sus amigos, huyó. Empero, fue detenido a los seis días por el teniente Pedro Sarria, pero lo salvó la iglesia católica. El cardenal Manuel Arteaga, gestionó ante Fulgencio Batista que le preservara la vida; y, en Santiago de Cuba el Monseñor Pérez Serantes participó como mediador y protector del grupo detenido. Qué ironía, Fidel fue protegido y a su grupo también le respetaron sus derechos humanos. Derechos que ambos irrespetaron siempre.

Es increíble, como estos dos personajes en circunstancias parecidas, han estado conectados en el tiempo por el mismo cordón umbilical de la cobardía entregando a sus combatientes. Chávez se ocultó en el Museo Militar. impávido escuchando los disparos de sus soldados del MBR00 frente al Palacio de Miraflores; y el otro, Castro, sin el coraje necesario para imitar a sus subordinados.

En otra circunstancia el despiadado Fidel Castro asesoró a su par el dictador narcogeneral panameño Noriega de aplicar su fórmula, apelar al apoyo de la Iglesia Católica cuando el mundo se les viene encima. En Panamá el narcogeneral Manuel Noriega reto a los gringos mostrando un machete y cuando se produce la lamentable invasión del ejército de EE. UU a Panamá, al general Noriega se le desaparece el machete y busca refugio en la Nunciatura Apostólica. En esta oportunidad la formulita de Fidel Castro le fracasó.

Sin embargo, con Chávez fue distinto. Solicitó desesperadamente auxilio a la iglesia católica, olvidando las ofensas infringidas a los obispos. Llamó al Monseñor Baltazar Porras para que lo acompañase ante los generales en el Fuerte Tiuna. Igualmente, el Cardenal Ignacio Velasco, para ese entonces, arzobispo de Caracas, jugó un rol parecido al monseñor Baltazar Porras, pero desde otra perspectiva, donde se cruzaron los caminos y los cruentos desenlaces.

Así que, el monseñor Baltazar Porras cumpliendo su rol católico protegió a **"Cara E'Crimen"**, quien debía presentarse ante los generales en el Fuerte Tiuna para formalizar su renuncia. Su vocero, el general Lucas Rincón la había anunciado ante los venezolanos, que seguían minuto a minuto los acontecimientos. Las exigencias de Chávez, además de la protección de su familia, y miembros de su gabinete, puso como condición que se le permitiera viajar a La Habana para radicarse en Cuba. Lo esperaba el señalado avión en la rampa cuatro de Maiquetía. Los generales no aceptaron la solicitud, puesto que consideraban que debía ser juzgado en Venezuela por los graves crímenes cometidos. Los militares ordenaron mantenerlo en los calabozos del Fuerte Tiuna. El día 12 fue enviado a La Orchila; y, el coronel Julio Rodríguez fue designado como su carcelero. ¡Qué casualidad! Después del 4 de febrero de 1992, al coronel también, le tocó cumplir con ese mismo rol.

El viernes 12 de abril, Vinicio De Sola, Gabriel Puertas, dos compañeros más, y yo nos presentamos en Miraflores. Allí, los rumores y el malestar iban in crescendo. Se comentaba el recogimiento de Carlos Ortega. Igualmente se calificó como un grave error la declaración dada por el Dr. Pedro Carmona desde el Fuerte Tiuna, el nombramiento de su gabinete; y el aislamiento del recién juramentado presidente en el Palacio. Las personas que había ido al Palacio estaban desconcertadas, no sabían a dónde ir, ni con quien hablar. Por mi parte, me fui a Globovisión, desde donde envié un mensaje público a Carmona, con la idea de hacerle saber del descontento que cundía aceleradamente en esos momentos en la nación.

No entiendo porque el empresario Carmona, quien contaba con el apoyo de la Asamblea Nacional, específicamente con 60 diputados del MVR capitaneados por Luis Miquelena, Ernesto Alvarenga, José Luis Farias, para conformar una sólida mayoría e iniciar la transición amparado en la Constitución, tomó una decisión inesperada. El viernes 12 de abril, en horas de la tarde se autoproclamó como presidente de la República, sin contar con una Casa Militar que lo respaldara, grave error. Para colmo de males, ordenó suspender la Constitución y anular todos poderes públicos, a sabiendas que tenía a su favor la Asamblea Nacional, el Tribunal Supremo de Justicia; y, por si fuera poco, el respaldo de la mayoría de Las gobernaciones y alcaldías. Otro error táctico que cometió, fue que no hizo la designación adecuada del ministro de la Defensa. Resultaba evidente que el General Efraín Vásquez Velasco, se había opuesto tajantemente a los desmanes inconstitucionales de Chávez y en particular, a la aplicación del Plan Ávila. Vásquez Velasco, tenía vara alta entre oficiales y tropas. Aunado a que la situación aconsejaba que era el oficial más apropiado para conducir militarmente la crisis como nuevo ministro de la Defensa.

El sábado 13 de abril, en horas de la mañana, Vinicio De Sola, Gabriel Puertas, dos compañeros más, y mi persona, volvimos al Palacio de Miraflores a conferenciar con el nuevo ministro de la Defensa vicealmirante Héctor Ramírez Pérez, quien gentilmente nos invitó a su oficina a conversar. Allí nos informó sobre la decisión tomada en el Fuerte Tiuna de enviar a Chávez a La Orchila, respetándole todos sus derechos. La conversación se interrumpió porque llegó un oficial de la Armada a informar que se debía abandonar el Palacio. En ese momento escuchamos a muchas personas correr por los pasillos.

Nuestros compañeros se fueron; y nos quedamos Vinicio y yo. Cuando salimos de la oficina observamos que toda esa área estaba desierta. "El Príncipe" detuvo su paso de repente; y, mirando hacia el techo donde hay un mural de la batalla de Ayacucho, alzó los brazos y en un acto de inspiración exclamó:

- ¡Pablo, tenemos el poder en las manos!

Le dije,

-Vinicio, aterriza, no contamos ni con un cortaúñas para resistir. Si la guardia de Honor se colocara bajo nuestro mando, otro gallo cantaría.

Cuando llegamos al estacionamiento nos dimos cuenta la gente se había esfumado. No había un alma en el Palacio. Nos montamos en el carro para regresamos, pero antes tuvimos un altercado en la puerta de palacio con un grupo de soldados que trataron de bloquear nuestra salida. En eso alcance a ver al Judas Iscariote Aristóbulo Isturiz, que venía apresurado con un grupo personas para retomar Miraflores.

En la tardecita nos reagrupamos en la Loma "El Príncipe" para planificar cómo ingresar al Fuerte Tiuna. Por ello, intentamos hablar con el coronel Julio Rodríguez, pero no respondió el celular. Nos encontrábamos en el estacionamiento de La Viñeta del Fuerte Tiuna, cuando llegó el coronel chavista Luis Pineda Castellano, se bajó de su carro, se nos acercó y amenazándonos, se llevó la mano a la cintura; y yo, hice lo mismo. Cómo le demostré que no le tenía miedo, reaccionó gritándonos unas groserías; y se fue rumbo a la sede del ministerio de la defensa (Fuerte Tiuna)

Nos regresamos a la Loma del Príncipe para analizar los controvertidos asuntos. Vinicio insistía en que debíamos llenar el vacío de poder; y, yo le objetaba "¿Con quién en ese momento?". Ya me había enterado de que los chavistas habían retomado el Palacio de Miraflores y amenazaban directamente a los canales de televisión. Entre tanto, el empresario Pedro Carmona había desaparecido de la escena política. Interpreté que ya estaba decidido que Chávez retomaría el poder.

El domingo 14, aproximadamente 6:00 am, me despertó una llamada telefónica, escuché una voz lejana:

- *¡Es Adaaán ...es Adán...Adán!*

Ese era el seudónimo que usaba el coronel Julio Rodríguez, quien me llamó para informarme que había llegado a La Orchila con el Cardenal Velasco en una avioneta de un banquero; y que en el momento del aterrizaje estuvieron cerca de estrellarse. Agregó que Chávez se negó a firmar "La Renuncia", pero había aceptado firmar la carta de "Abandono del Cargo"; y que una vez en tierra, pidió siete millones dólares para irse a Cuba. Obviamente, el maquiavélico Chávez trató de ganar tiempo. Añadió el coronel Rodríguez, que mientras estuvo de carcelero del dictador, hablaron de diferentes tópicos. Igualmente me dijo, que el prisionero sabía todo lo que estaba ocurriendo en Caracas, porque nunca estuvo incomunicado. Lamentablemente, el tiempo estaba a su favor. Mi amigo Rodríguez agregó, que Hugo se demoró dos horas, para entregarle de su puño y letra el decreto de "Abandono del Cargo"; documento en el que saltaba a la vista, que, por segunda vez, destituía al teniente Diosdado Cabello, quien ya había sido juramentado como Presidente de la Republica por el presidente de la Asamblea nacional Willian Lara.

Adicionalmente, el amigo Julio me argumentó que no pudo transcribir en papel oficial la carta de "Abandono del Cargo", debido a que en el preciso instante que entró a hablar con la secretaria para tipearlo, aterrizó un helicóptero con instrucciones del general Raúl Baduel de trasladar a Chávez a Miraflores. No obstante, antes de que partieran a Caracas, el coronel Julio "Adán" Rodríguez, sin que se dieran cuenta, y debido a la peligrosa situación que se encontraba en ese momento, le entregó sigilosamente al Cardenal Velasco, una pequeña bolsa que contenía el borrador de la carta y su propia pistola de reglamento. Mi imaginación me induce a preguntarme: "¿Qué hablarían el Cardenal Velazco y Chávez en ese helicóptero de regreso a la capital?" El misterio se lo llevaron a la tumba.

Es propicio destacar, que el purpurado Velasco, hombre de fe y convicciones cristianas, viajó a La Orchila con la misión de garantizar que se cumpliese el acuerdo de la renuncia del ególatra Chávez a la presidencia; y, por ende, desconocía lo que había en el envoltorio, porque a Julio Rodríguez, según me comentó, no le dio tiempo de alertarlo que le había dado su propia pistola, debido a que todo ocurrió en circunstancia muy extrañas.

Adán, es decir el coronel Rodríguez, en la llamada telefónica que me hizo me sugirió que fuese a la Conferencia Episcopal y le pidiera al Cardenal Velasco, una copia del documento de "Abandono del Cargo" de Chávez; y que luego, partiera a Madrid a presentarla en una rueda de prensa con el propósito de denunciarlo, para que le abrieran un frente político en España a **"CaraE'Crimen"**. En efecto, al día siguiente viajé a España, cuyo presidente para ese momento era el Dr. José María Aznar. Allá fui recibido por amigos de la comandante Coral, quienes me informaron que el Decreto de "Abandono de Cargo", ya había sido publicado por el diario El Nacional. Me regresé a los cuatro días, no sin antes ver el partido de Real Madrid con el Deportivo Español.

No cabe duda, que el retorno del breve expresidente Hugo Chávez a Miraflores, constituyó otra extraña violación a la Constitución Bolivariana de Venezuela, porque previo a su regreso, el teniente Diosdado Cabello, había sido juramentado por el presidente de la Asamblea Nacional William Lara como el nuevo jefe de Estado.

La pregunta para cualquier constitucionalista es:

-¿Por qué el nuevo Jefe del Estado entregó la presidencia al renunciante Chávez?

Recuerdo que el 13 de abril del 2002, cuando se reencontraron nuevamente, Hugo le dijo públicamente a Cabello,

- Diosdado, devuélveme mi banda presidencial

Diosdado se la quita y se la entrega a Hugo, y se dan un efusivo abrazo, que según la periodista Ibéyice Pacheco no fue un abrazo sino una caricia.

La renuncia del depredador de la patria Hugo Chávez fue un hecho cierto; no solo porque fuera anunciada esa madrugada ante el país y el mundo. La renuncia fue real, porque catorce días después del testigo y redactor de esta, ciudadano general Lucas el Rincón Romero, C.I: 3.849.399, natural de Maracaibo, estado Zulia, de nacionalidad venezolana, fue el mismo que reiteró la verdad de esa renuncia del presidente de la República, cuando acudió ante la Fiscalía General de la República Bolivariana de Venezuela, a sostener su posición. Su declaración quedó asentada en acta de entrevista, el 26 de abril del 2002 a las 3:20 de la tarde, con motivo de la investigación preliminar que adelantaban, con ocasión del procedimiento a seguir ante el Tribunal Supremo de Justicia, con relación a los siniestros acontecimientos que ocurrieron los días 11, 12 y 13 de abril.

Así fue el interrogatorio de los fiscales:

- *¿Había conversado con el presidente Chávez acerca de su renuncia?*

Lucas Rincón Romero, confesó, lo que entre otras cosas, le preguntó a Chávez:

-Si él me autorizaba a redactar su renuncia o su abandono del cargo, que siempre que se cumpliera la Constitución y garantía de protección para el gabinete, su familia, el Alto Mando y su propia vida. Fue entonces cuando hice el anuncio de la renuncia y puse mi cargo a las órdenes y del todo el Alto Mando.

Los fiscales le formularon otra pregunta:

-Para hacer pública la renuncia del presidente, ¿Usted recibió presiones de algún oficial o civil?

El general Rincón Romero contestó:

-A mí nadie me presionó para hacer estas declaraciones, ni pedido de los oficiales para que hablara. El presidente me dijo por teléfono que podía plantear la renuncia, el abandono del cargo o deposición. Lo dejó en mis manos.

La copia de la carta original de la renuncia del teniente coronel Hugo Chávez a la Presidencia de la República, en la que, por cierto, destituye al teniente Diosdado Cabello, a su cargo de vicepresidente de la República, así como a los ministros, lo mostré a los medios de comunicación social, nacionales e internacional. Desafortunadamente, se desconoce el paradero del documento original, porque estuvo en manos de una secretaria que trabajaba con el general Lucas Rincón; y quien después fue secuestrada y asesinada. Al parecer, esa foto de la dama asesinada, la conservaba el fiscal Danilo Anderson en su "Toyota Autana".

A su regreso de la Orchila, crucifijo en mano, Chávez pidió perdón al país prometiendo portarse bien y convocando al dialogo nacional. Considero que esa entrega piadosa no fue un viraje de buenas intenciones, sino una tangible demostración de gran debilidad, especialmente ante la Fuerza Armada que él aseguraba conocer como la palma de su mano.

Para el teniente coronel era inimaginable que pudiese ser obligado a renunciar quedando bajo custodia de militares, pero rápidamente asimilo la catástrofe. Una vez recuperado el poder requería de tiempo y lo tomo como una estrategia.

En el bando de las fuerzas opositoras se realizaba un proceso complejo de Coordinación, desplazando a la sociedad civil y relegándola al papel de marchistas. Las calles fueron tomadas nuevamente a lo largo del 2002, exigiendo justicia, libertad y democracia. En el mes de octubre, la avenida Bolívar de Caracas fue escenario de una inmensa concentración de fuerza que hizo tambalear a Chávez. La gente estaba dispuesta a permanecer y pernotar durante días hasta sacar al tirano. Pero la ceguera y la complicidad de la dirigencia opositora en ese momento predominaba en las decisiones cuando el régimen evidenciaba una gran debilidad política y de calle.

El 6 de diciembre entró en escena un mercenario que nos recordó al Ramon Mercader, enviado por Stalin para asesinar a León Trotsky. El Ramón Mercader del represor Chávez, era un portugués llamado Joao De Goveia, íntimo amigo del criminal policía Freddy Bernal. Su oportunidad de hacer el papel de extra sanguinario se le presentó en la Plaza Altamira, conocido como Territorio Liberado de un grupo de militares disidentes. Allí asesinó a Keyla Guerra de 17 años, Josefina Inciarte, el profesor Jaime Giraud Rodríguez y Priscila Salas: e hirió a 29 personas. Estos sangrientos hechos revirtieron la intención de regresar al trabajo en una posición de resistencia, reflejada Enel famoso paro indefinido. Cesó la actividad petrolera incluyendo los cargueros del Petróleo. Con esta acción se logró, al menos, la intervención de la OEA, la cual instaló una Mesa de Negociaciones, presidida por el Secretario General César Gaviria.

Capítulo XIX

Ocho policías inocentes

En medio de un ambiente de conflictividad, Hugo Rafael Chávez Frías, genio y figura hasta la sepultura, el 15 de enero del 2003, en la ocasión de presentar su "Memoria y Cuenta", ante los diputados de su dictadura, los diputados de la amaestrada oposición; y, el Cuerpo Diplomático, reconoció que él había generado la crisis de PDVSA y la de abril de 2002. Con su cara bien conchuda dijo:

-Las crisis en ocasiones son muy necesarias; y, a veces hay que generarlas", midiéndolas por supuesto. Lo de PDVSA era necesario, no es que no la generamos, si la generamos, porque cuando yo agarré el pito aquel en un Aló Presidente; y, empecé a botar gente, yo estaba provocando la crisis. Cuando nombré a Gastón Parra Luzardo y aquella nueva Junta Directiva, pues, estábamos provocando la crisis, ellos respondieron, y se presentó el conflicto y aquí estamos.

Esta confesión que merecía titulares en todos los medios de comunicación pasó por debajo de la mesa. Mi primera reacción fue llamar a Jorge Olavarría con quien había cruzado este comentario:

-Los acontecimientos del 11 de abril fue provocado Chávez. Fue autogolpe bajo la asesoría de Fidel Castro.

Olavarría reaccionó incrédulo:

-No estoy tan seguro.

Tomando un café con José Luís Tamayo, abogado penalista y defensor de los presos políticos del 11 de abril, en el Centro Comercial Chacaíto (Boulevard de Sabana Grande), me propuso que participara como testigo. Le comenté:

-Estoy dispuesto a ser testigo sobre el juicio del 11 de abril para apoyar a los policías.

Pero con una diferencia, yo acusaría a Hugo Chávez por provocar esos hechos, ya que el los reconoció públicamente. Esa es la mejor defensa al grupo de policías metropolitanos.

No obstante, la defensa no lo considero prudente.

El 10 de mayo de 2010, fecha final del juicio, un grupo de guerreros de la resistencia, nos fuimos al tribunal de Maracay (estado Aragua). Allí estaban el abogado acusador Antonio Molina y la juez, la dra. Maryorie Calderón. Ingresamos a la sala del Tribunal; y saludamos a distancia a los Comisarios Henry Vivas, Lázaro Forero, a los Policías Metropolitanos; y, a sus familiares. Allí se sentía un aire de condena. La cara de los detenidos lo revelaba. La juez Calderón, les leyó la sentencia condenatoria por los sucesos de Puente Llaguno del 11 de abril del 2002. La pena máxima a 30 años de prisión a esos inocentes causó una reacción muy impactante y demoledor. Sus respectivas esposas e hijos se lanzaron al piso llorando amargamente. Por mi parte sentí una impotencia tan grande; y reaccioné dándole un coñazo a la puerta de madera de la sala. El amigo César Caballero, quien me acompañaba, me preguntó preocupado:

-Pablo, ¿Qué pasó? Se oyó un ruido fuerte aquí abajo.

No le respondí, estaba muy golpeado por tan injusta y perversa sentencia.

Capítulo XX

La Coordinadora Democrática

Mientras se negociaban las reglas para convocar a un Referendo, el 17 de febrero 2003, a las 12y30 de la media noche en el Palacio de Miraflores, el chavismo, con apoyo del G2 cubano preparó su siniestro plan B. Asistieron: Hugo Chávez, José Vicente Rangel, María Cristina Iglesias, Aristóbulo Isturiz, Iris Varela, Freddy Bernal, Pedro Carreño, Darío Vivas y el general Jorge García Carneiro.

La agenda de Trabajo o Plan consistió en reducir a la oposición y avanzar en el control total del poder. Los puntos discutidos y aprobados fueron los siguientes: 1) Reducir al máximo la operatividad de la policía metropolitana. 2) Capturar a Carlos Fernández y Horacio Medina y neutralizarlos. 3) Detención de Carlos Ortega. 4) Atacar a los medios de comunicación. 5) Liberar delincuentes. 6) Aumentar los ataques terroristas; 7) Detener y desaparecer a Carlos Melo y a Pablo Medina... Melo fue detenido y no lo desaparecieron gracias a Globovisión. El jefe del SEBIN ordenó llevarlo entonces al Helicoide. En lo que a mi persona concierne, esa noche detienen al chofer que me acompañaba para ese entonces; y, mi carro lo destrozaron en el estacionamiento del Municipio Sucre. Ya en una ocasión anterior, cinco motorizados armados me habían asaltado, y despojaron de unos documentos que comprometían a Hugo Chávez en un acto de corrupción. 8) Crisis en los aeropuertos. El propósito era retardar los vuelos donde viajarían líderes de la oposición. 9) Cierre de comercios y empresas. 10) Preparativos para el control total del poder. Los diez objetivos propuestos fueron ejecutados

Este plan macabro fue denunciado el 9 de mayo en el diario El Nacional por la periodista Ibéyice Pacheco.; y por eso fue imputada. También fue publicado en un suplemento de la Iglesia Católica del mismo mes (insertado en El Nacional).

El 29 de mayo de 2003 a través de un documento muy genérico, el gobierno logró imponer sus criterios en la Mesa de negociaciones. Si bien la Coordinadora Democrática aceptó ir a la lucha en el terreno democrático, se mostró desacertada a lo largo del tiempo. En lo inmediato no precisó ni negoció una fecha de mutua conveniencia. Ni tampoco defendió con honor, el extraordinario éxito que obtuvo, cuando la Sala Electoral del Tribunal Supremo sentenció que las firmas recogidas a tal fin eran válidas y suficiente para convocar el Referendo Revocatorio Presidencial. Los integrantes de la Coordinadora aceptaron utilizar las máquinas de votación, cuando el procedimiento no lo requería, dado lo sencillo de la consulta. Solo bastaba una papeleta. Lo más grave fue que admitió el nombramiento de un CNE, absolutamente parcializado 3 a 2 a favor del Régimen, a sabiendas, que la Constitución ordena un organismo electoral independiente. Igualmente depositó una confianza ilimitada en la tecnología Smartmatic controlada por el chavismo. En resumen, el régimen inventó su propia oposición, se repetiría la historia del 2001, cuando la elección presidencial quedó entre dos comandantes febreristas alzados el 4 de febrero de 1992, Chávez y Arias Cárdenas.

Capítulo XXI

Paridad de Fuerzas

Con la capitulación de la Coordinadora Democrática, el pueblo demostró estar por encima del liderazgo que actuaba en forma tan equivoca. La gente usó la consigna: "Ni un paso atrás". Las recolecciones de firmas vislumbraban un masivo y alegre rol protagónico. El día del "Referendo Revocatorio Presidencial", el pueblo se lanzó a las calles a ejercer su decisión, bajaron de los barrios y de las urbanizaciones. En suma, se participó unánimemente a todo lo largo y ancho de Venezuela. Empero, la directiva de la Coordinadora Democrática no asumió su responsabilidad; y, ante el Plan B que habíamos preparado, optó por capitular y no planteó batalla como se esperaba.

La estrategia del 17 de febrero del 2003, preparada días antes en el palacio de Miraflores, fructificó grandes dividendos al farsante Chávez para sostenerse en el poder. Aun cuando se sentía y apreciaba que no se aceptaba la rendición, se esforzaron por recuperar los espacios perdidos a pesar de la dirigencia opositora. Fue lamentable que la sociedad civil no contara con la experiencia necesaria para enfrentar tan compleja circunstancia. Había otro elemento desfavorable, nada más y nada menos que, la poca seriedad de la organización opositora. Esas características y debilidades señaladas fueron explotadas por Chávez y el G2 cubano a su favor. Definitivamente, los directivos de la Coordinadora Democrática actuaron como bomberos del régimen, al apagar la famosa Guarimba cuyo centro era la Plaza Altamira. Fueron desalojados por instrucciones de Henrique Capriles, quien era el alcalde de Chacao para ese entonces.

En enero del 2004, Chávez regresó de Cuba con un mega plan elaborado y diseñado en la Isla, con la participación de la crema de la dictadura cubana. Quienes después de revisar escenarios, debilidades y fortalezas, decidieron que el objetivo principal era imponer la agenda política militar, con el propósito de romper la paridad de fuerzas existente en ese momento en Venezuela. El régimen, tenía el control del Poder

Ejecutivo y en la Asamblea Nacional la diferencia era mínima a favor de Chávez. La mayoría de los magistrados del TSJ eran institucionales, esa mayoría explica aquella sentencia del 14 de agosto del 2012, donde afirmaron que no hubo golpe de Estado sino vacío de poder, a partir de la renuncia de Chávez, que hiciera pública el General Lucas Rincón. Con relación al CNE, la Coordinadora Democrática aceptó que esa Institución electoral se conformara con 3 a 2 integrantes a favor del tirano cuando la Constitución Bolivariana exige Rectores independientes. La mayoría de las gobernaciones, alcaldías, diputados regionales, concejales y policías municipales, estaban en contra del nefasto régimen, igualmente las universidades, productores y empresarios; incluyendo las iglesias que apostaban por un proyecto democrático.

A lo largo de los 12 meses, hubo cuatro grandes momentos que cambiaron la correlación de fuerzas favorables al chavismo. La mesa estaba servida para el 15 de agosto del 2004, donde aparentemente se decidía la presencia del dictador Hugo Chávez al frente de la Presidencia de la Republica. En los meses de abril, mayo y junio, en el pequeño edificio del Ministerio del Ambiente en El Hatillo, se reunieron en secreto: José Vicente Rangel, el fiscal general Isaías Rodríguez, Diosdado Cabello, el jefe del Sabin coronel Miguel Rodríguez Torrez, el ministro del Interior Jesse Chacón, quienes había sido designados para planificar y ejecutar la estrategia trazada en Cubazuela.

El Referéndum tocó las fibras de Venezuela. La recolección de firmas fue una epopeya; y la entrega al CNE fue prácticamente una operación militar, organizada por Carlos Melo. En muchas ciudades había que hacerlo con sigilo por la represión de los círculos Bolivarianos. Los rectores chavistas antes de la votación cambiaron los circuitos electorales a varios millones de personas para crear dificultades al sector democrático. Increíble que la dirigencia opositora haya aceptado ir con máquinas bidireccionales, máquinas de lotería de la IBM. El contrato de esta empresa con el CNE era por 20 mil máquinas. Sin embargo, en forma ilegal llegaron a Venezuela 5.000 más, fuera del Contrato, denuncia que hizo el Capitán Carlos Guyon con documentos, pero la Coordinadora Democrática permaneció en silencio. Instalaron además una maquina capta huella que dificultó el proceso y se alargó deliberadamente hasta horas de la madrugada. En las colas de votación, se apreciaba la motivación y alegría de los electores, estaban conscientes que se ganaba ampliamente.

Mis amigos Vinicio De Sola, por un lado, y Parsifal por otra parte, mantenían contactos sólidos con oficiales del Fuerza Armada con el propósito de respaldar a la sociedad civil. A los Rectores de la oposición, el Dr. Ezequiel Zamora y Zobella Mejías no les permitieron su ingreso a la Sala Electoral, lo cual fue el indicio previo de lo que sucedería posteriormente con el resultado electoral. Millones de venezolanos lloraron cuando el CNE dio los resultados fraudulentos en la medianoche. Venezuela estaba de luto. Del lado oficialista no festejaron, el ritual de la victoria, es decir el festejo no se efectuó en ninguna ciudad de Venezuela.

Capítulo XXII

Atentados y Crímenes

El lunes 16 de abril, desde el Hotel Meliá en la avenida Casanova, Caracas, iniciamos una marcha para concentrarnos en la Plaza Altamira. Salimos al frente, el dirigente sindical Alfredo Ramos y quien les narra. Inmediatamente se presentó un grupo de motorizados y nos dispararon. Hirieron a una joven que estaba a mi lado. Continuamos la marcha y al llegar a la Plaza Altamira fueron heridos el diputado Ernesto Alvarenga, la negra Nancy Pineda y fue asesinada la señora Maritza Ron de 68 años.

Mientras ocurrían estos lamentables sucesos, el delincuente y mercader de la política Henry Ramos Allup, informó en nombre de la Coordinadora Democrática que denunciarían el fraude ante el TSJ, pero sin convocar movilización en toda Venezuela. Al final, tampoco introdujeron lo prometido. Fue otra vulgar maniobra con propósitos divisionistas.

Un mes después, la cómplice oposición decidió unilateralmente participar en unas elecciones de gobernadores y alcaldes adelantadas, puesto que esos comicios correspondía efectuarlas en el 2005. De esta manera, le facilitaron al dictador Chávez el control de la mayoría en esas instancias de poder. Este fue el segundo momento político al cual me había referido en párrafos anteriores.

Dos meses más tarde, comenzó la tercera fase especial, diseñada en Cuba a principios de año, la cual fue planificada entre los meses de abril, mayo y junio en el Ministerio del Ambiente en El Hatillo. El 18 de noviembre del 2004 es asesinado el Fiscal del ministerio público Danilo Anderson, quien estaba indagando los crímenes de Hugo Chávez del 11 de abril del 2002. Ese fúnebre día, regresaba de la universidad, (UCV) donde cursaba un máster. Manejaba por la Avenida las Ciencias directo a su casa situada en la urbanización Los Chaguaramos en Caracas. En ese trayecto, según vecinos del sector, se encontraban varias unidades del Sebín, a quienes se les acusó de activar una bomba gelatinosa que su guardaespaldas Luis Carlos Marcano había colocado esa tarde en su "Toyota Autana". La camioneta se convirtió en una bola de fuego. Anderson perdió el control y se estrelló contra la empresa "Aire Fresco". Según nuestras averiguaciones, miembros del Sebín, le lanzaron una granada; y luego, lo remataron con un tiro en la frente y varios disparos en el pecho.

El primero en llegar al escenario del crimen fue uno de los autores intelectuales de la espantosa y macabra emboscada. Para ese entonces el ministro de la Defensa José Vicente Rangel se encontraba esperando el desenlace de la macabra operación en el Hotel Milenio, a pocas cuadras del atentado. Eso explica que haya sido el primero en llegar para asegurarse que la ejecución se había consumado. Estaba acompañado del alcalde Mayor Juan Barreto; y, pocos minutos después aparecieron los bomberos metropolitanos.

Simultáneamente el ministro de Relaciones Interiores Jesse Chacón, que se encontraba en VTV (canal 8), fue quien dio la noticia que el fiscal Danilo Anderson había sido asesinado con una bomba lapa. Entre tanto, el fiscal general Isaías Rodríguez, cenaba en la Tasca de la Dirección de Inteligencia Militar en compañía del director el general Hugo "Pollo" Carvajal. Al mismo tiempo, "El Tiburón Mayor" Hugo Chávez leía un libro relacionado con un atentado terrorista en Barcelona, España, que le había enviado su amigo Iñigo Pacheco López, ¡Qué extrañas coincidencias!

Sobre ese asesinato que estremeció a Venezuela; y, que tengo la certeza que fue obra del régimen de **"CaraE'Crimen"**, escribí el libro "¿Quién mató a Danilo Anderson? Recuerdo que los dirigentes políticos opositores andaban con "el rabo entre las piernas" (Refrán popular venezolano).

Un año después del espantoso y alevoso asesinato del fiscal Anderson, 1ero de septiembre del 2005; otro crimen que sacudió a los venezolanos fue la del concejal y periodista Mauro Marcano quien dirigía el programa radiofónico "De Frente con el Pueblo", en Maturín estado Monagas, en el cual denunciaba a políticos, jueces corruptos y a los Generales del Cartel de los Soles. Precisamente, para el día del homicidio, Marcano, había anunciado que se iba a referir a la "Olla putrefacta" del narcotráfico y corrupción que proliferaba en Monagas; y, en el que, supuestamente, estaban implicados oficiales militares de alto rango y políticos muy reconocidos. Mauro los tenía en jaque, era la piedra del zapato frente a un grupo poderoso de la Guardia Nacional.

Capítulo XXIII

Beneficiarios del crimen del Fiscal Anderson

A los efectos de este libro, nos concierne demostrar cuál fue el usufructo político de Fidel Castro y Hugo Chávez, en función de cambiar la correlación de fuerzas con estas decisiones: 1) La imputación contra el General Lucas Rincón y otros generales; y, a los pistoleros del Puente Llaguno quedó anulada y con ella, una total impunidad. Si el Fiscal Anderson hubiese imputado a Lucas Rincón, obligatoriamente llegaría al Tiburón Mayor; es decir, a Chávez por los asesinatos y heridos cometidos el 11 de abril del 2002; 2) Designación ilegal de nuevos magistrados a la Corte Suprema de Justicia; puesto que fue realizada con mayoría simple, cuando se requiere de las dos terceras parte en la Asamblea Nacional para su aprobación. Con esos nombramientos al margen de la ley, los magistrados le permitieron al dictador, tener una sólida mayoría a su favor en el TSJ. 3) Por lo tanto, esa generalidad chavista del TSJ revocó la sentencia que señalaba que Chávez había renunciado. De igual manera establecieron que hubo un Golpe de Estado por parte de Pedro Carmona Estanga y del Alto Mando Militar. 4) Al mismo tiempo, aprobaron la Ley Mordaza para controlar los medios de comunicación, que, siendo una Ley Orgánica, se requería las

El fiscal Danilo

La hermana Danilo Anderson asegura que el asesino esta quienes cargaron la urna

dos terceras partes de diputados de la AN; y, fue aprobada con mayoría simple. 5) Adicionalmente, el crimen del Fiscal Anderson les permitió mantener el discurso antiimperialista.

Los pormenores del crimen del Fiscal Anderson desde una perspectiva sorprendente. En enero del 2005 decidí escribir la historia sobre el crimen del Fiscal Anderson, con escasos recursos económicos. Gracias a Dios, conté con el apoyo y solidaridad de algunos amigos. Luego conseguí una oficina en la que concentré la información requerida y las reuniones necesarias. Comenzamos en abril. Ya habíamos obtenido el informe del jefe policial y comisario José Cuellar, quien investigó a fondo los intríngulis de ese asesinato. Eso nos dio una base sólida para arrancar. No fue fácil la concentración para escribir. Teníamos encima la persecución de los cuerpos policiales chavistas. En una oportunidad que salimos a almorzar, se introdujeron en la oficina y dejaron escrito en grande en mi computadora: "Yo Maté a Danilo Anderson". El último día en que concluimos el libro, nos retiramos de la oficina en medio de un seguimiento feroz; y me vi en la necesidad de llamar a mi amigo Parsifal de Sola, para informarle de la persecución de la que era objeto. Él se comunicó al director de El Nacional Miguel Enrique Otero; y gracias a eso, cesó el hostigamiento.

La obra "Quién Mató al Fiscal Anderson", fue presentada en una librería del Centro Comercial Paseo Las Mercedes en Caracas, a la que asistió un numeroso público, que estaba ávido de conocer la verdad verdadera del espantoso asesinato. Después fuimos invitado al programa "La

Entrevista" por Radio Caracas Televisión (RCTV) con el periodista Miguel Ángel Rodríguez, en el cual acusamos a Chávez, a José Vicente Rangel y a Isaías Rodríguez de ser los autores intelectuales de los crímenes; y, de paso los reté a un debate: "Chávez, estoy dispuesto a ir a tu programa de 'Aló Presidente' para demostrarte que ustedes fueron los responsables del crimen del Fiscal Anderson y de otros crímenes". También promocioné el libro en el espacio "Aló Ciudadano" con Leopoldo Castillo, que transmitía Globovisión. Allí me dieron la oportunidad de analizar la imprevista presencia de una extraña figura que ocupó los espacios en el centro del debate. Me refiero al testigo contratado Geovanny Vásquez. Al salir del programa, me llamó el periodista Manuel Felipe Sierra para decirme "Pablo, te felicito, salvaste a la oposición con ese libro".

En cuanto a Geovanny Vásquez, llamado el "Testigo Estrella", me llegó la información, que fue contactado y comprometido desde Colombia por el Fiscal General de Venezuela Isaías Rodríguez, quien comisionó al fiscal del Ministerio Público Gilberto Landaeta, que estaba encargado de caso Anderson, para que se reuniera con Gustavo Petro, y, es él, quien le presenta a Vásquez. Por un contacto amigo me enteré, que previamente, ya Hugo Chávez había hablado a su amigo izquierdista, Gustavo Petro.

Nos enteramos de que el pasado de Geovanny Vásquez era borrascoso. Nos dijo que pertenecía al paramilitarismo; No obstante, en Venezuela se presentó como psiquiatra. Lo cierto del cuento es, que, el propio Isaías Rodríguez lo avaló como testigo. Dijo que el timbre de voz lo hacían una persona confiable. Vásquez se fue a fondo sin conocer en detalle el "Caso Anderson. Por un monto de 2 millones de dólares, como consta en el expediente, presentó falsas acusaciones contra supuestos autores intelectuales. Incluyó a la ligera a personalidades como: Cardenal Castillo Lara, Nelson Mezerhane, Patricia Poleo, Salvador Romaní; y, el General de la Guardia Nacional Eugenio José Añez. Como autores materiales acusó a los hermanos Otoniel y Rolando Guevara; su sobrino Juan Guevara. De igual forma, a Geovanny no le tembló el pulso para inculpar a Juan Carlos Sánchez, a quien masacraron en un hotel en Quíbor (estado Lara), Antonio López hijo de la Senadora López Castillo, quien fue asesinado el 23 de noviembre de 2004 en las inmediaciones de la Plaza Venezuela (situada en la urbanización Los Caobos, al este del Distrito Capital). Gracias a Dios, los hermanos Johan y Luis Peña y Pedro Lander, lograron escapar de las garras del pérfido **"Cara E'Crimen"**.

El "Testigo Estrella", fue presentado en los tribunales para acusar a los Guevara con la máxima condena a 30 años a cada uno. Una infame condena por un crimen que no cometieron. Algo ha debido ocurrir posteriormente, quizá haya sido la burla al compromiso establecido en Colombia de un pago por dos millones de dólares, porque recibió apenas 500 mil dólares, de un comandante del Ejército que se los entregó en una caja de zapatos en el Ministerio de Relaciones Interiores. Consideramos que Chávez, necesitaba darle otra vuelta a la tuerca para sostener la mentira y la crueldad en el Caso del Fiscal Anderson. El teatro penitenciario requería presentar acusadores a cualquier precio y, de cualquier forma.

Pero la mentira tiene piernas de enano, porque el Testigo Estrella, Geovanny Vásquez y su abogado Morly Uzcátegui, le dieron una voltereta; y revertieron las declaraciones iniciales. Informaron que no se presentaron a "motu proprio", diciendo con ello que la confesión preliminar había sido inducida. Asimismo se supo, que Geovany y su familia fueron transportados desde Colombia a la isla La Orchila en Venezuela en una avión a la sede de la Dirección General de Contrainteligencia Militar (DGCIM)". Agregaron, que se habían reunido con el fiscal general Isaías Rodríguez, quien le dedicó su libro "Abril Comienza en octubre"; y, que también le indicó a Vásquez, lo que debería decir a la opinión pública para proceder a la acusación.

Unos meses más tarde, Geovanny Vásquez es citado ante la Fiscalía a declarar, pero él se negaba por temor a un atentado. En esos días se comunicó conmigo su abogado Morly Uzcátegui, para plantearme lo siguiente:

-Pablo, la única forma que Geovany venga a Caracas a declarar es que tú vayas a buscarlo al Estado Lara, porque eres el único en quien él confía.

Faltaban dos días para su presentación. Así que reunimos el equipo de lucha, entre los cuales figuraba Parsifal De Sola. Conversamos sobre la propuesta que me habían hecho; y los gastos destinados para ese fin. Enviamos al siempre dispuesto César Caballero en un taxi a buscarlo a Cabudare. Salió a las seis de la tarde y a las seis de la mañana del siguiente día llegaron a Caracas. Nos reunimos en un taller. Geovanny estaba trajeado con un flux de color marrón. Sentados alrededor de una pequeña mesa del taller mecánico en Bello Monte, comencé con un monólogo porque él no habló al principio:

-Geovanny, tú tienes mujer e hijos, quienes siempre cargarán con el estigma de su padre, que por su culpa fueron sentenciados un grupo de personas a 30 años siendo inocentes.

Luego le hice referencia a los sangrientos acontecimientos 11 de abril; a la investigación que adelantaba el Fiscal Danilo Anderson, sus declaraciones públicas, las imputaciones a los pistoleos de Puente Llaguno; y a otras acciones penales, que conducían a enjuiciar al dictador Chávez y a los que ordenaron disparar contra una manifestación pacífica. Después que terminé de hablar, me dijo:

-Diputado, voy a decir la verdad.

En seguida me mostró las fotos del avión militar del DIGCM que lo trajo de Colombia con su familia. Así como la dedicatoria que le escribió el fiscal general Isaías Rodríguez. Ese mismo día en horas de la tarde declaró en la Fiscalía junto a su abogado. Sin embargo, los Guevara siguen presos, y en el exilio se encuentran Pedro Lander, Johan y Luis Peña; y de ñapa, el relator de esta triste historia.

Capítulo XXIV

El Anzuelo del
Referéndum Revocatorio

Paralelo a este teatro penitenciario del soez **"CaraE'Crimen"** y su banda, el candente espectro político se manifestaba en los fraudulentos resultados del referéndum del 15 de agosto del año anterior. La Sociedad Civil en una especie de hervidero político incrementaba la actividad de calle. A título personal, en diferentes grupos de la Resistencia y en las diferentes universidades investigaban el fraude a pesar de las declaraciones del presidente de EE. UU George Bush al reconocer un resultado fraudulento. Los intereses petroleros fueron determinantes, el precio del petróleo rebasó la barrera de los 100 dólares, pues, ambos gobiernos necesitaban ese precio. Las empresas americanas transnacionales Chevron y Ally Boulton; y, Chávez, el confiscador de bienes, que llenaba sus alforjas para sus criminales planes personales. De la misma forma, el expresidente Jimmy Carter pasó por alto las convenciones firmadas para verificar los resultados y consideró que fueron válidos; y, que por ello no hubo fraude en el referéndum.

Pero estos personajes no conocen la madera venezolana, el ADN de la cual estamos formados, que en nuestra formación no incluye la palabra rendición, porque cuando nos toca arrodillarnos solo lo hacemos ante Dios y ante nuestra madre. Olvidan o no saben que en la guerra de la Independencia Venezuela fue el país que más sufrió; y que se levantó como el ave fénix en un tortuoso camino, pero se reconstruyó en la dinastía de los Andinos.

A continuación, el Informe Preliminar del Fraude del Referéndum Revocatorio, relacionado con el mandato de Hugo Chávez Frías). Octubre 2004. El profesor universitario y abogado constitucionalista Dr. Tulio Álvarez, coordinador del equipo de investigación del fraude, publicó un informe preliminar titulado "Fraude a la Democracia". Fue un trabajo con 40 profesionales agrupados en 14 áreas, "fraude cualitativo, continuado, selectivo, masivo", en el procedimiento manual y en el automatizado, por lo que la coalición decidió impugnar el proceso. En el informe considera que se detectó que en Venezuela el rompimiento del esquema de los promedios de la población electoral y en dos meses se pasó de 48 puntos a 53 puntos de proporción en la población electoral, es decir, que cerca de 1,8 millones de personas que nunca votaron aparecieron como votantes. Dijo que presentaron una movilización de una población inexistente para cometer el fraude en la votación manual.

Buena parte de los nuevos inscritos se orientó a los centros rurales o zonas urbanas de votación manual, para tratar de disfrazar el fraude electrónico con una tendencia de votación favorable a la opción del No. En el proceso automatizado se detectó hasta el momento una manipulación colectiva del 28% del voto, lo cual "compromete a funcionarios del Consejo Nacional Electoral y de la empresa a cargo de la automatización". Asimismo, se hallaron evidencias de "bidireccionalidad de la comunicación", ya que de acuerdo con los datos que obtuvieron de la Compañía Anónima Nacional Teléfonos de Venezuela (Cantv) hubo un tráfico desde y hasta las máquinas antes de imprimir las boletas., el cual indica que hubo "un patrón de intervención de comunicaciones". En ciertas horas se concentró el tráfico para recibir información, mandarla y manipularla", transmisiones "fuera del horario permitido, desde las 7 de la mañana", cuando estaba establecido que "la máquina no se conectaría hasta el cierre del proceso".

El sistema utilizado "fue diseñado con la intencionalidad del fraude", revelando que de acuerdo con un informe de Cantv que fue entregado al Consejo Nacional Electoral, hay evidencia de bidireccionalidad de la comunicación entre las máquinas de votación y el centro de totalización durante el día de votación. La máquina enviaba la información antes de imprimir la boleta y recibía de vuelta la información y después imprimía la boleta, tráfico está perfectamente detallado en gráficos del informe. De acuerdo con la Ley Orgánica del Sufragio, los procesos electorales son nulos de nulidad absoluta, queriendo decir que si hay fraude en la conformación del REP el proceso se impugna sin necesidad de más pruebas. Por todas estas razones recomienda la impugnación del Registro Electoral, la objeción del sistema automatizado del consorcio Smartmatic, Bizta y Cantv, a instar la realización de una auditoría del sistema nacional de cedulación por parte de organismos internacionales, la participación condicionada en futuros procesos y por último instar la aplicación de la ley anticorrupción americana, "que regula a varias empresas que han intervenido en este proceso y tienen su domicilio en Estados Unidos". (Informe Tomado de www.webarticulista.net)

Igualmente, existe una investigación estadística sobre las elecciones, escrita por María M. Febres Cordero y Bernardo Márquez, publicado en

2006 en una famosa revista internacional de estadística. La conclusión fue que el 64 % había votado "sí" (a favor de la destitución de Chávez), mientras que el resultado oficial era de 41%. Estas investigaciones de profesionales altamente calificados tampoco influyeron en la Organización de Estados Americanos (OEA), Naciones Unidas; y menos tuvo eco en el gobierno de petrolero de Bush.

Por último, es importante reconocer la información de Súmate en la jornada del referéndum, ya que publicó una encuesta nacional en la que Chávez perdía por 18 puntos, el resultado inverso al que posteriormente sería el oficial.

Luego de transcurrido el referéndum, vino la venganza del caudillista **"CaraE'Crimen"** contra los votantes del revocatorio. En internet fue publicada la lista de los firmantes, conocida como" La Lista Tascón", específicamente en el sitio web personal del fenecido diputado de la Asamblea Nacional. Hubo despidos, amenazas, persecuciones. También se hicieron serias denuncias del uso de dicha lista, como un instrumento en contra de los firmantes de la oposición, pero los que que respaldaron a Hugo Chávez, en el escenario internacional, guardaron silencio.

En la investigación contra el fraude en el Referéndum Revocatorio accionamos de otra manera. Penetramos la estructura del CNE logrando obtener "un disco duro de unos 30 centímetros por cinco aproximadamente, que había sido importado por el ente electoral a una empresa norteamericana. Logramos comprar unos servidores y decodificamos el disco dando el resultado siguiente, 5.600.000 votos a favor del "SI "y 4.100.000 a favor del "NO". Este resultado, junto al disco duro, fue presentado en una Asamblea de Ciudadanos tres meses antes de las elecciones presidenciales del 2006, en el Hotel Caracas Hilton (Ubicado entre la Av. México con Av. Sur 25, Urbanización El Conde Parroquia San Agustín). Ese evento fue un domingo en la mañana; y, al día siguiente me invitaron a "La Entrevista", programa que era conducido por el periodista Miguel Ángel Rodríguez, por Radio Caracas Televisión. Dado el calibre de la denuncia que hicimos con el equipo de trabajo, decidí viajar a Miami y a Washington.

Capítulo XXV

El poder de la Oración

La oración sincera, elevada a Dios Todopoderoso con profunda fe; y, la presencia oportuna de alguien que no conoces se refleja en su rostro dadivoso. De esa persona que te tiende la mano acompañada de la frase "Reciba esto en el nombre del Señor". Eso me sucedió el 20 de noviembre del 2006. Mi hermana Yolanda , quien trabajaba en el Semanario El Venezolano como periodista, recibió una sorpresiva llamada telefónica de una amiga de Caracas, quien le informaba, que yo llegaba a Miami; y, por cierto, en la víspera de la celebración del día de "Acción de Gracias" en Estados Unidos. Ella solicitó permiso en su trabajo; y de inmediato se trasladó al aeropuerto a recibirme. En mi equipaje traía el "Disco Duro" del Consejo Nacional Electoral (CNE), con "la prueba del fraude del Referendo Revocatorio. Luego del saludo y abrazo familiar, le comenté que estaba escaso de dinero para seguir a Washington, porque había salido con urgencia; y que mi intención era hacer la denuncia ante la OEA. Entonces Yolanda, se preocupó, porque en la capital estaba haciendo un gélido frío y yo no cargaba ropa de invierno. En esos instantes, vino hacia mí una compatriota, a quien veía por primera vez, se me acerca y me dice:

-Señor, quiero felicitarlo porque lo vi en un programa en Radio Caracas televisión. De verdad, usted es muy valiente al denunciar el fraude, pienso que su vida peligra. Voy a orar por usted, para que Dios lo bendiga y lo proteja.

En eso me llaman por teléfono; y, Yolanda se queda conversando con ella, y le comenta;

-Le agradezco infinitamente sus oraciones por mi hermano. Para que Dios le haga un milagro. Estoy muy angustiada.

La compatriota la interrumpe, y le pregunta:

- ¿Qué le pasa al señor Medina?

Mi hermana Yolanda, muy atribulada le explicó lo que me pasaba:

-Pablo tiene que viajar a Washington, y como salió tan rápido de Venezuela, se vino con insuficiente dinero, y sin ropa apropiada de invierno para protegerse del frio. A mí, no me da tiempo de comprarle ahorita, porque el tiempo es muy corto, porque en una hora y media debe tomar el avión.

La recién conocida compatriota, le informó a Yolanda, que ella y su familia estaban esperando un vuelo para viajar a Cancún (México) a disfrutar el puente largo por el día de Acción de Gracias. En ese momento, se acerca el esposo con los niños; y ella le dice, vamos a orar por el señor Medina, quien debe ir a Washington, pero antes, tiene que resolver un problema

Luego que oraron por mí, el esposo de la nueva amiga llama a Yolanda aparte, para decirle:

-Yo siento que su hermano necesita dinero. ¿Se molestará si le damos a algo?

Para mi sorpresa, el joven me dio cien dólares. Me dio vergüenza aceptarlo, pero se lo recibí y agradecí desde lo más profundo de mi corazón.

Como mi hermana sabia, que yo necesitaba más dinero para el pago del hotel, contactó al comisario policial del Zulia, Eduardo Villalobos, con quien me une una amistad de muchos años; y le contó mi historia. Él le propuso que me llevara a una tienda que estaba cerca del aeropuerto. Yolanda le respondió que ya no tenía tiempo de salir del aeropuerto. Mi hermana no se amilanó. Inundada por su optimismo e inquebrantable fe en Dios, llamó también a su amigo de confianza, el cantautor venezolano Alejandro López, y le contó mi problema para seguir el viaje. Ella estaba muy mortificada, porque mi vuelo rumbo a Washington estaba pautado para las 5:00 pm, y para ese momento, ya eran las 4:00 de la tarde. Justo, cuando me despedí de Yolanda para hacer la fila para el chequeo de seguridad de inmigración, la llama el comisario Villalobos, para decirle que saliera un instante que estaba frente al aeropuerto, y le entregó $140 para mí. Lo cierto es, ya yo estaba a escasos metros de mostrar mi pasaporte y la tarjeta de embarque (boarding pass), cuando escucho unos gritos de mi hermana "¡Pablo! ¡Pablo...!" ...Ella venía corriendo por el pasillo de American Airlines, con un maletín que contenía un abrigo, medias, y un gorro para protegerme del frio; y, con 60 dólares que le entregó el amigo Alejandro López, y me los lanzo en la carretilla, donde se ponen las cosas de inmigración. Las dos funcionarias de seguridad se sorprendieron de la actitud de mi hermana y se rieron. Debo aclarar que esto fue en el 2006, y no había medidas tan estrictas como ahora.

Esa experiencia me indujo a pensar que el Señor escuchó y respondió a nuestras peticiones. Llegué a Miami sin un dólar; y, sin salir del aeropuerto, logré viajar a Washington con $300 y ropa para soportar el intenso frio. Gracias a Dios; y, a esos ángeles que puso en mi camino; es decir, a mi hermana, al matrimonio venezolano-mexicano, al comisario Villalobos y a López, ya contaba con $300 y vestimenta para resistir el fuerte invierno. Una vez instalado en el asiento en el avión, reflexioné acerca de lo vivido en el aeropuerto; y, me pregunté ¿Cómo no creer en la existencia de un Dios Todopoderoso; y en su Misericordia Divina?

Regresé a Miami el jueves 23 de noviembre, en ocasión de la tradicional festividad de la sociedad americana "Dia Acción de Gracias" (Thanksgiving Day). Del aeropuerto, mi hermana Yolanda me llevó directamente a casa del estimado amigo Alejandro López, a participar de ese gran día en compaña de su familia y amistades.

Les cuento, que, efectivamente, el invierno fue muy intenso; y, para ahorrar dinero tuve que caminar, y también correr del hotel a la sede de la OEA. Allí fui atendido por la asistente del secretario general de la OEA, el chileno José Miguel Insulsa. A ella le informé sobre el fraude del Referéndum Revocatorio. Le indiqué que representantes de la sociedad civil tenían numerosas evidencias; y que esperábamos que esa institución escuchara otras voces como las nuestras. Le mostré el disco duro del CNE y su contenido. Quería entregar la prueba del disco directamente a Insulsa, pero no estaba. La otra reunión de importancia que tuve fue por intermedio de un ingeniero amigo que me contactó con el diplomático Roger Noriega, quien había sido alto funcionario del Departamento de Estado, y Sub Secretario de Asuntos Latinoamericano, a quien le explicamos en detalle cómo se ejecutó el mencionado fraude.

La sociedad civil en acción

La sociedad civil había utilizado todos los recursos a su alcance para desmontar el fraude del Referéndum. Esa gran demostración de conciencia nacional, su clara responsabilidad con la Republica de Venezuela fue determinante para la próxima decisión a tomar en las cercanas elecciones parlamentarias de la Asamblea Nacional que se realizaron en diciembre del 2005.

Surgió del seno de la gente una estrategia sencilla que fue sumando entusiasmo; y esa pasión se convirtió en fuerza y la fuerza en decisión para construir una extraordinaria estrategia de carácter defensiva y se preparó para retar al mentiroso Chávez. La ciudadanía argumentaba "Si de verdad ganó el Referéndum Revocatorio del 15 de agosto, que lo demuestre en las elecciones parlamentarias del 2005. Que lleve a votar a los casi seis millones que dice que obtuvo en el plebiscito que se le hizo".

En conclusión, a un año y cuatro meses de haber ocurrido el gigantesco fraude, día en que se realizaron esas elecciones parlamentarias, apenas votaron el 20 % de los electores inscritos en Registro Electoral. De ese 20 por ciento que acudió a votar 11 por ciento fueron votos nulos, votaron por el chavismo el 9 %. Con ese raquítico porcentaje se deslegitimó esa contienda electoral. Sin embargo, la Coordinadora Democrática no le dio importancia a la inteligente y valiente operación de desafío que surgió desde los venezolanos. Los partidos políticos de la fulana oposición andaban por otro lado, haciendo otros cálculos. De esta manera, culminó políticamente el 2005, año en el que **"CaraE'Crimen"** mostró una gran debilidad; y, asimismo, arrancó el 2006.

Al escribir este libro, me transporté al pasado para escudriñar en mi memoria hechos y lecturas relacionadas con antecedentes de eventos que condujeron al dominio de los pueblos, mediante la violencia, valiéndose de todo tipo de recursos, incluyendo el engaño. Considero que el pueblo venezolano, aun contando con la herencia libertaria, ha actuado ciertamente como un gigante, pero huérfano de experiencia, de conocimientos de la historia. No tiene idea de la clase de enemigos que enfrentamos; y, contra quien combate. Tuve la fortuna y la bendición de Dios, de vivir varios meses en la extinta Unión Soviética. Esa estadía allí me sirvió para darme cuenta del peligro que significó para la humanidad la extinta Unión Soviética; y su socialismo stalinista. De igual manera, el haber viajado a China y conocer su Revolución Cultural, me permitió indagar sobre la clase de monstruo que es el partido comunista chino con su legado de crueldades; y ansias de dominio mundial. Igualmente, logré constatar en la Habana la destrucción urbana de una hermosa ciudad; y el control total de la población por una casta militar corrupta y asesina.

Del mismo modo, los libros que he tenido la oportunidad de leer, tales como **"La Guerra del Peloponeso"**, **"Los discursos de Cicerón, "La Trilogía de Isaac Deutscher", "El Profeta Armado", "El Profeta Desarmado", "El Profeta Desterrado", la Revolución Rusa de Trotsky", "Auge y Caída del Tercer Reich", "El Arte de la Guerra"," Las 36 Estrategias de la antigüedad China, varias biografías de nuestros próceres de Venezuela y América entre otros clásicos que me han sido de utilidad"**, entre otros clásicos, me han servido para analizar con una perspectiva histórica el presente venezolano. Estimo que el ojo de la historia enriquece la intuición, y desarrolla el olfato para poder reflexionar; y prevenir eventualidades, como la que nos ha tocado experimentar en nuestra amada patria venezolana.

Capítulo XXVII

El Señor caribeño de los anillos

A mi regreso de Moscú en 1971, conocí a Alfredo Maneiro un político e intelectual, filósofo venezolano, margariteño, con una visión futurista para el país. Y, en 1972, decido trasladarme a Guayana a trabajar en la Siderúrgica del Orinoco, para construir el sueño mágico de la Causa R, una organización culta, donde filosofábamos sobre los hechos, de mucha confianza y especialmente cimentamos una organización guerrera. Nuestro avance era tal e inédito, que llegó a la ciudad de San Félix, un grupo de sociólogas de la Universidad Central de Venezuela (UCV) y de estudiantes de esa carrera, para analizar la experiencia que habíamos iniciado. Me enamoré de una de ellas, una joven muy linda, blanca con la elegancia de una garza, tenía 19 años y yo 25, de unos ojos color de níspero y mirada tan dulce como la miel. En las noches después de llegar de la siderúrgica cansado de trabajar, ella me reanimaba con nuestro amor y la pasión por la lectura. Le recordé los Cuentos de Jack London, especialmente "Por un Bistec", que creo fue en homenaje al gran Campeón de boxeo Jersey Joe Walcott, quien a los 39 años enfrentó al joven retador Joe Louis. Otro cuento que me atrapó fue el del escritor norteamericano "Amor a la Vida", inspirado en los mineros, en la gran conquista del Oeste de los Estados Unidos. Jenny me respondió con la obra del escritor británico J. R. R. Tolkien. "El Señor de los Anillos" una novela de fantasía épica. Ella, en su segundo viaje que hizo, desde Caracas a Guayana, me sorprendió con el obsequio, de la impresionante trilogía, la cual, devoraba leyéndola al salir del trabajo, montado en el autobús que me traía a San Félix.

Esta dramática historia que les narro sobre episodios políticos de mi país, está siendo escrita desde la pequeña biblioteca que instrumenté en la sala comedor en un apartamento en Miami, donde vivo con mi querida hermana Yolanda, quien por cierto, desde su habitación, hizo su tesis de grado para optar al título de Doctor en Educación en Nova Southeastern University.

Fidel Castro y Presidente Hugo Chavez

No puedo olvidar con rabia la fecha de hoy, 4 de marzo del 2021, porque mañana se cumple un año más, del inmenso engaño contra el pueblo venezolano, que planificó el arquitecto de la oscuridad, el dictador Fidel Castro, como es la gigantesca farsa del 5 de marzo del año 2013, que, estos genios de la maldad diseñaron y llevaron a cabo, una ceremonia a un fantasma, al espectro Hugo Chávez. No puedo entonces evitar recordar a Fidel Castro y su semejanza con Sauron, el Rey de los Muertos en la monumental obra de "El Señor de los Anillos".

El Sauron cubano, había recibido en su ceremonia el signo de Baba Eylogbe en la religión africana Yoruba. Su equipo de sacerdotes era integrado por siete babalaos, de los cuales, tres eran nigerianos. Su signo en la religión representa la Ceiba, el principio de todo, la lucha de los contrarios, la separación y la traición. Al tener signo de inicio y de poder, no debía permitir que otro brillara a su lado. Por ello me explica la nicaragüense, la comandante Coral, que tiene amistad con algunos babalaos cubanos, cómo ocurrió ciertamente la rivalidad lo indujo al asesinato del Comandante Camilo Cienfuegos, enviar al Che Guevara a Bolivia para que fuese ejecutado; y, posteriormente, eliminar del escenario político a Hugo Chávez.

Cuando se derrumbó la Unión Soviética, Fidel Castro mandó a traer un elefante a la Isla de la Juventud de África, para realizar una ceremonia que lo mantuviera en el poder. Usaba todo lo que tenía a su alcance, los CDR, la fuerza, el crimen y también las hojas del árbol de Ceiba para mantenerse en el poder. Toda esta entrada de lo que seguiré escribiendo, a mi juicio, es necesario para colaborar, a fin de elevar la conciencia nacional y continental ante quien nos enfrentamos. Quiénes son esos enemigos de la oscuridad y qué métodos emplean. Hoy en día, escribir sobre los trágicos y dolorosos días y meses del año 2006, me embarga un tremendo dolor y me cuesta contener mis lágrimas.

Capítulo XXVIII

El 2006, año de crímenes y fraudes

El 2006, se inició con la acostumbrada declaración del Arzobispado sobre el acontecer nacional; y, los aspectos naturalmente de espiritualidad. El primero de enero acudimos, con un reducido equipo de técnicos, a fin de mostrarles a los Obispos, como se había ejecutado el fraude del Revocatorio del 15 de agosto del 2004. En donde volvimos a ratificar que los árbitros electorales deben ser independientes como lo ordena la Constitución Bolivariana de Venezuela. Los Obispos deciden actuar solicitando un diálogo con Hugo Chávez. Se efectuaron varias reuniones. Por la iglesia asistía, entre otros, el sacerdote Jorge Piñango, quien era el Secretario de la Conferencia Episcopal.

Otro hecho muy resaltante es el incidente que se produjo el día 14 de enero, durante la procesión en honor a la Divina Pastora, en Barquisimeto, estado Lara, en momentos en que su eminencia el Cardenal Rosalio José Castillo Lara, se dirigía a la multitud de feligreses, quienes lo saludaban con efusividad, grupos violentos pertenecientes a los círculos bolivarianos, iniciaron un proceso de abucheos con la intención de generar un escenario de violencia sacrílega, en presencia de miles de miles de devotos de nuestra Virgen Madre.

A mediados de enero, me sorprendió una llamada del alcalde de Chacao, Leopoldo López, con quien nunca había cruzado palabras. Me invita a almorzar en un restaurant en Chacaíto. Iniciamos el diálogo acerca de la natación, ya que Leopoldo ejercitaba a diario en la piscina de la Alcaldía. Yo lo hacía y lo hago, pero no tan frecuente. Le comento que me estoy preparando para intentar cruzar el rio Orinoco y el Caroní frente a la ciudad de San Félix, competencia que promovió el alcalde Clemente Scotto y continúo con mi hermana Pastora. Entramos al tema político, y me pregunta:

-Pablo qué crees se deba hacer en este momento?

- Leopoldo, la abstención de diciembre pasado fue un acto que puede catalogarse como de estrategia defensiva. Ahora, debemos organizar una fuerza para pasar a una Ofensiva General. La mejor expresión de ella es ir a unas primarias para escoger al candidato presidencial y tomar las calles del país. Igualmente, debemos disponer de un plan B alterno, porque siempre he pensado como mi amigo Parsifal de Sola, que Chávez no va a entregar la Banda Presidencial por la vía electoral.

También, por esos días, se me acercan dos personas de mi estima, con un mensaje que me envía Hugo Chávez, cuyo propósito era invitarme a un encuentro privado entre los dos. En segundos recordé el libro que recién había escrito "Quien mató al fiscal Anderson", y sin más rodeos, respondí:

-Yo no me reúno con criminales.

Las dos personas se sorprendieron por la inmediata y dura respuesta. Al unísono me dijeron:

- ¿Le decimos eso a Chávez?

Les respondí,

-Sí, díganle eso.

A partir de ese momento, estaba consciente cuál era el propósito de Hugo Chávez. Su diabólico objetivo, era que yo representara en las elecciones de diciembre de ese año, el triste papel que cumplió a cabalidad el ambiguo, superficial y mal intencionado teniente coronel Francisco Arias Cárdenas, en el proceso electoral circense del año dos mil. Por otro lado, tanto Fidel Castro como Chávez sabían que al examinar el panorama político que se avecinaba en esos meses, debían afincarse e intimidar con sangre, sudor y lágrimas, a una ciudadanía que dejó los centros electorales abandonados, solos, sin siquiera una hoja de parra, que ocultara la faz de la mentira, la oscuridad y el crimen. Pensé, no soy yo, quien va a aceptar este bochornoso papel, ni quien se prestará para cometer la traición, ni ser un Judas Iscariote.

Para iniciar este periplo donde pondría en juego la presidencia, **Cara E'Crimen** necesitaba que corriera sangre, con el mismo caudal o tenor de los dolorosos acontecimientos pasados del 11 de abril del 2002. Y así fue, en la mañana del 23 de febrero son secuestrados en la urbanización Vista Alegre de Caracas, los tres hermanos Faddoul: John Bryan de 17 años, Kevin José de 13 años y Jason de 12 años, así como al chofer Miguel Rivas de 30 años. El modus operandi fue una falsa alcabala con un grupo de la Policía Metropolitana. Los secuestradores contactaron a la familia, pidiendo por el rescate una suma millonaria.

Mientras los adolescentes permanecieron en cautiverio, los estudiantes de varias universidades realizaban protestas de solidaridad por los desafortunados muchachos.   Años después

2 de los hermanos Faddoul

el periodista Alexis Rosas, tuvo acceso al expediente del caso en el Cuerpo de Investigaciones Científicas, Penales y Criminalísticas (CICPC), y escribió un libro sobre este hecho. Leyendo dicha crónica, observé un conjunto de elementos que me llamaron poderosamente la atención. Los niños fueron llevados a los Valles del Tuy, cosa que, al pasar por el peaje de Charallave (estado Miranda), el video captó la imagen de los secuestradores de los Faddoul; y la del chofer Rivas. En un lugar boscoso, los mantuvieron atados las 24 horas, con la misma ropa que tenían puesta cuando fueron secuestrados, durante todo el tiempo que estuvieron vivos, desde el 23 de febrero al 4 de abril. Para ir al baño o comer pollo con arroz les cocinaba una mujer llamada Julia Charter, sólo en esos casos los desataban y de beber, les daban agua con alcohol para mantenerlos sedados.

Directivos del CICPC, sabían desde el primer momento cuando pasaron por el peaje de Charallave, el lugar exacto donde los mantenían secuestrados. Además, habían detectado una llamada del lugar; pero llegó la orden de mantenerlos en cautiverio. ¿De dónde ha podido venir esa poderosa orden? La orden la dio el autor intelectual del secuestro, quien era nada más y nada menos, que el coronel Noel Martinez alias Guasipati, entrañable amigo de Hugo Chávez, mejor dicho, su hermano del alma, quien trabajaba como gerente del Servicio Nacional Integrado de Administración Aduanera y Tributaria (Seniat); y, por ello, conocía el movimiento de dinero de los padres de los secuestrados de origen libaneses. Un colombiano de las FARC., fue quien coordinó el rapto; y exigió cuatro millones y medio de dólares, una cantidad muy elevada. La solidaridad de los libaneses no se hizo esperar. La madre de los niños fue citada por los secuestradores a la altura de la Cota Mil en Caracas y le dejaron una fe de vida de los jóvenes, un video donde se observó que los mantenían con vida.ʻ

El 31 de marzo, cerca de 500 vecinos de las urbanizaciones Vista Alegre y Bella Vista, al oeste del Distrito Capital, protestaron; y, el 2 de abril, centenares de personas caminaron desde Quebrada Honda hasta la iglesia de la Chiquinquirá en la urbanización la Florida, para participar en una misa de solidaridad, por los secuestrados, la cual fue oficiada por el Cardenal Jorge Urosa Sabino.

Al día siguiente del horrendo crimen, las protestas no se hicieron esperar. Los estudiantes se vistieron de luto y desafiaron al Chacal de Sabaneta. De las Universidad Católica Andrés Bello (UCAB), Universidad Monte Ávila, la Metropolitana, manifestaron frente al Ministerio del Interior; y otros en los alrededores de la Universidad Central de Venezuela (UCV). Fue allí donde Policía del tirano presidente, asesinó al fotógrafo Jorge Aguirre, quien, por cierto, al caer herido de muerte, logró tomar la foto del Policía quien le disparó el arma mortal que impactó su cuerpo. El ministro del Interior Jesse Chacón, siempre tan veloz, señaló que el sujeto que asesinó al fotógrafo no pertenecía a un cuerpo policial y, que la muerte del reportero gráfico Aguirre, había sido en circunstancias extrañas.

Con la rapidez de un rayo, al día siguiente de hallar los cadáveres de los hermanos Faddoul y el de Rivas, cremaron sus cuerpos; y, detienen a los policías metropolitanos de la Alcaldía Mayor, entre ellos a León Orlando Gandica Reina, conocido con el alias "El Gordo Lennon"; que se presume, fue uno de los que disparó a los niños en sus cabezas. Este fue asesinado antes que rindiera declaración. La cocinera Julia Charter fue detenida. "Sauron y Saruman", es decir Fidel Castro y Hugo Chávez, estaban reconfortados con la sangre derramada. Sin embargo, para ese año 2006, en sus tétricos planes, figuraban más víctimas. Según fuentes policiales, el número de secuestros se elevó a 487 venezolanos. Un macabro proceder para la historia del país. En otras palabras, el crimen y los plagios ya se habían adueñado de Venezuela.

Mientras mantenían en cautiverio a los Niños Faddoul, el 28 de marzo, fue plagiado el empresario de origen italiano Filippo Sindoni de 74 años, quien era dueño de múltiples empresas de pastas, medios de comunicación e instituciones de beneficencia en Maracay (estado Aragua). Sindoni, después de pasearlo por varias autopistas, lo llevaron a Arenales, un pueblo cerca de Carora (estado Lara) donde es asesinado. Debido a su magnanimidad, su muerte sacudió a la sociedad aragüeña. La forma del secuestro fue muy similar a los Faddoul. Un Comisario con un grupo de la policía de Maracay, apareció como parte de los plagiaros. Igualmente, un coronel retirado, pero esta vez, de la Guardia Nacional; y, por si fuera poco, otro colombiano de nombre José Pestana, de 23 años; cuyo plan, según la policía, era trasladarlo a Colombia y entregarlo a uno de esos grupos para negociarlo. Entonces, ¿Por qué lo asesinaron?

Los comentarios en relación con estos crímenes, era el plato del día en Venezuela. La gran preocupación, motivó a que el sábado 22 de abril, se realizara una gigantesca protesta en la avenida Caracas, en la que participaron más de cuarenta mil personas. La mayoría eran jóvenes, que se acostaron simulando cuerpos acribillados. Pero el impacto de esa masiva manifestación fue rápidamente anulado, como bien saben hacerlo los profesionales del crimen. La masiva concentración fue contrarrestada derramando sangre sobre sangre. Ese mismo sábado 22 de abril, aparece el Subsecretario de la Conferencia Episcopal Venezolana, el sacerdote Jorge Piñango, fue encontrado muerto en el Hotel Bruno de la avenida las Acacias, en Sabana Grande, Caracas. El Monseñor Baltazar Porras, informó que el religioso Piñango, había salido ese día con unos familiares, y después no supieron más nada de él, perdieron el contacto. La noticia sobre este nuevo crimen aparecería en los medios dos días después.

El lunes 24 de abril, visité al Cardenal Urosa Sabino en la Nunciatura Apostólica, frente a la Plaza Bolívar en Caracas, a conversar sobre los crímenes y la situación nacional. Al final de la conversación, me informó de la angustia que embargaba a la iglesia por la desaparición del sacerdote Padre Piñango. Dos horas después de nuestra reunión, los medios informan del hallazgo del cadáver del sacerdote, nada menos que en el conocido Hotel Bruno, un lenocinio, para pasar la noche. Conforme a la recepcionista Maigualida Paz, empleada del hotel, le entregó al policía la boleta de ingreso de Antonio Rodríguez de 26 años, quien tomó la habitación 89. Dice que llegaron a las 7:00 am. Rodríguez pagó tres horas, después vino a cancelar completo. Paz, aseguró lo siguiente:

-Yo no lo vi al padre Piñango, solo vi al muchacho.

Vicente Álamo, subdirector del Cuerpo de Investigaciones Científicas, Penales y Criminalísticas (CICPC), confirmó que la Autopsia determinó que el padre Piñango, quien era el subsecretario de la Conferencia Episcopal, falleció sofocado por Asfixia Mecánica. Destacó que su cuerpo presentaba hematomas en la Región Occipital y en la región Nasal. En un principio el cuerpo policial había informado que no había lesiones externas. Pero el perverso Fiscal General Isaías Rodríguez, experto en arte de birlibirloque, quiso confundir a la opinión pública, desviando la declaración del alto jefe policial Álamo, al señalar que el sacerdote Jorge Piñango en la autopsia reveló lesiones en el ano. Información que fue rechazada unánimemente por la Venezuela decente.

Continuando con los plagios, el 16 de mayo del 2006, fue secuestrada Carolina Di Lucca, cuando viajaba junto a su madre y una empleada por la Troncal 10 a la altura del km 38 vía Santa Elena de Uairen (estado Bolívar). La detuvieron en otra alcabala, pero los secuestradores portaban uniformes militares. El ministro del Interior Jesse Chacón, convertido en la voz de las acciones criminales, informó que el móvil del plagio fue por razones pasionales o una venganza, porque su padre el coronel Roberto Di Lucca, como jefe del Estado Mayor del TO5 del Estado Bolívar, había ordenado la incautación de droga a grupos de colombianos.

El Gobernador del Estado Bolívar, General Francisco Rangel Gómez, mantenía estrechas relaciones con grupos delincuenciales, usaba su poder para influir y lograr la libertad de los detenidos en las cárceles de la región. El grupo que fue condenado, Uber Mejías Ramírez, Saúl Quiroga Gageano y Gerardo Manjarrez, como autores del Crimen de Carolina Di Lucca. Poco tiempo después, les abrieron las puertas de la cárcel. Por supuesto, pertenecían al grupo guerrillero del ELN de Colombia. Otro hecho que llamó la atención, no sabemos si fue producto de la causalidad o la casualidad, es que el día en que se produjo el secuestro de la infortunada Carolina, quien ofrece la noticia es el comandante **CaraE'Crimen**, quien curiosamente se hallaba en el Estado Bolívar. Qué coincidencia, el mismo personaje que siempre delataba sus crímenes en público.

Candidato Presidencial Hipotecado

A pesar del terror que se apoderó de Venezuela, la sociedad civil reaccionó frente a la avalancha de secuestros e impulsó una concentración de figuras destacada en el Ateneo de Caracas, la voz prestigiosa de la cantante Soledad Bravo dio lectura al documento central, que recogía la aspiración de muchos ciudadanos a favor de utilizar en las elecciones el voto manual, rechazando el uso de la máquina bidireccional Smarmatic. La acompañaron otras figuras, como el empresario Rafael Alfonzo, el Dr. Ezequiel Zamora, el Dr. Tulio Álvarez y el Dr. Marcel Granier.

En aquel tiempo, el Fiscal Isaías Rodríguez imitando al Inspector Javert en la obra "Los Miserables" de Víctor Hugo, declaró que iban a imputar al Gobernador del Zulia Manuel Rosales, por ser uno de los firmantes del decreto del expresidente de Fedecámaras, Pedro Carmona Estanga el 12 de abril del 2002, cuando se autoproclamó presidente de la República de Venezuela. De esa forma el régimen de Hugo Chávez, el Fiscal Isaías Rodríguez y el ministro de la Defensa, José Vicente Rangel, expertos en cabriolas y malabarismos políticos, conocen por experiencia, el efecto o la consecuencia en la base de la disidencia, facilitándole al elegido Manuel Rosales ser el candidato presidencial de la oposición. Previamente esas camadas de dirigentes opositores son estudiadas por la inteligencia cubana, debido a que los cubanos son herederos de toda la experiencia acumulada por la antigua y desaparecida KGV soviética. Son expertos en aplicar los reflejos condicionados de Pávlov. El G2 cubano sabía que el Gobernador del Zulia era presa fácil para chantajearlo. Por ello, lo fueron fabricando como líder nacional conscientes que en los momentos cruciales lo doblegarían a favor de la voluntad del régimen.

La sociedad civil expresaba su entusiasmo la idea de impulsar las primarias; y tomar las calles pasando a la Ofensiva Estratégica. Pero Julio Borges, Teodoro Petkoff y Manuel Rosales, tres figuras políticas nacionales significativas, rechazaron realizar las elecciones primarias; y se oponían a que fueran organizadas por la ONG Súmate que gozaba de inmenso prestigio nacional e internacional. Consideraban los tres precandidatos que esta ONG le impondrían al Candidato ganador su programa de gobierno. Finalmente, el fallecido Teodoro Petkoff en la última asamblea nacional de personajes y grupos interesados en llevarla a cabo, acariciándose los bigotes tuvo esta escatológica expresión:

- ¡Las primarias son un tremendo mojón pelùo!

Finalmente, los tres dirigentes decidieron que el Candidato de la Oposición, sería del resultado de una encuesta, escogido por ellos mismos; y, de esa forma, designaron a Manuel Rosales el candidato a la presidencia.

A los pocos días, recibí una información de la comandante Coral, que hizo pública el gran amigo Eric Evans, relacionada con los tres pajaritos negadores de las primarias. Habían ido a la oficina del ministro de la Defensa, José Vicente Rangel; y, se retiraron con tres maletas contentivas de 175 millones de dólares. La idea de las primarias, como mecanismo político democrático, formaba parte de una estrategia para sacar a Chávez del poder. Pero, fue derrotada por esos tres mercaderes de la política venezolana: Rosales, Borges y Petkoff. Por ende, la estrategia del trío criminal Fidel, Chávez y Rangel, dio sus frutos, lograron el éxito que se propusieron.

El macabro régimen previamente informado, que, desde la Cárcel Militar de Ramo Verde, en Yare, estado Miranda, se preparaba una fuga de presos políticos y militares, decidió sacar provecho de esa evasión. Algo similar a lo ocurrido en 1967, cuando el 5 de febrero de carnaval, se fugaron Pompeyo Márquez, Guillermo García Ponce y Teodoro Petkoff, del Cuartel San Carlos de Caracas. El gobierno de Raúl Leoni estaba en conocimiento que se construía un túnel, pero lo permitió porque esos tres dirigentes del PCV, en ese momento, eran partidarios de volver a la lucha legal; y eran más útiles para los propósitos del gobierno, tenerlos en la calle que en la cárcel. Un mes antes del famoso y espectacular escape, encontrándose de guardia, el ya fallecido, Contralmirante Héctor Gruber Odreman, el mismo que formó parte del alzamiento del 27 de noviembre 1992, contra el segundo gobierno de Carlos Andrés Pérez (CAP). La construcción del Túnel del Cuartel San Carlos fue una obra del Partido Comunista de Venezuela (PCV) habían estudiado la película El Gran Escape, y su cara visible fue un sirio de nombre Simón "El árabe". Los soldados del Cuartel descubrieron una grieta extraña en el piso, y le informaron al militar Odreman; y, éste, reportó inmediatamente al Ministro de Relaciones Interiores Dr. Gonzalo Barrios, pero desde allí, fue enviada una contraorden muy clara y determinante:

- Dejen esa vaina así.

A los pocos días se produjo la fuga de los tres dirigentes del PCV, quienes años más tarde, se dividieron, para dar nacimiento al Movimiento Al Socialismo (MAS); y a Vanguardia Popular.

El 13 de agosto del 2006, se escapan de la cárcel de Ramo Verde, el Presidente de la Confederación de Trabajadores de Venezuela (CTV) Carlos Ortega; y, los oficiales Rafael y Jesús Farías, a quienes conocí por intermedio de Vinicio De Sola. Ellos se habían preparado para respaldar a la Coordinadora Democrática, la noche del 15 de agosto del 2004, día del Referéndum Revocatorio contra Chávez. Se sabe que la principal misión de un preso político o militar, en una dictadura, es fugarse y buscar la ayuda donde se encuentre. Los sindicatos en España presionaban a Felipe González para que hiciera valer su influencia frente a Fidel Castro; para que liberaran a Carlos Ortega. Fui varias veces a visitar a los presos en Ramo Verde, entre ellos a Ortega. No tiene nada raro, que esa fuga, sin que los presos se enteraran, coincidiera con la inscripción de la candidatura de Manuel Rosales. De hecho, así está en un documento de la Dirección de Inteligencia Militar (DIM), actualmente Dirección General de Contrainteligencia Militar (DGCM). ¿Un nuevo caso de causalidad o casualidad?

El día que marchamos al CNE, para apoyar la inscripción del candidato Manuel Rosales, quien había obtenido la candidatura presidencial en forma elitista, no siendo el resultado de un intenso y amplio debate de fuerzas políticas ni de unas primarias, sino más bien, una muestra de la perversión de un trio de dirigentes políticos. No era fácil que prendiera en la calle. Por eso la participación de la gente fue reducida. Pero el escape de Ramo Verde trajo mucha alegría. Por supuesto, lo acompañamos a su inscripción, fue como siempre un día represivo.

Recordando como fue la experiencia farisaica del teniente coronel Francisco Arias Cárdenas, se acrecentaron mis dudas por la actitud política de Rosales. No obstante, este candidato realizó una extraordinaria campaña electoral que terminó de levantar los ánimos de la gente. Fue tomando las calles, avenidas y, las propuestas de cambio motivaban y eran aceptadas ampliamente. En esos días de campaña, sin embargo, venía a mi mente, aquella película Kagemucha del japonés Kurusagua, donde muere el Rey, pero mantienen su muerte en secreto y deciden suplantarlo por un preso que tenía grandes parecidos físicos con el Monarca. Lo visten con los atuendos del Soberano. Montado en el caballo, comienza a pasar revista a la tropa y la gente empieza a aclamarlo como el Emperador verdadero. Finalmente asumió la condición de Rey, pero se cayó del caballo en el último momento. Me preocupaba que Rosales habiendo realizado una campaña triunfadora, guardó silencio con relación al súbito aumento del registro electoral, de 12 millones de inscritos en el 2004 a 16 millones dos años después. En esos dos años inscribieron a cubanos, colombianos, bolivianos. Era indicativo que **CaraE'Crimen** se había preparado para el fraude y los técnicos electorales y el trio determinante como fueron Teodoro, Borges y Rosales se callaron ante el hecho.

Tanto Parsifal De Sola; como Vinicio "El Príncipe", y yo, por distintos frentes, comenzamos a conversar con oficiales activos y retirados, para prepararnos para el día de la elección en diciembre, en el momento, en que el CNE diera los fraudulentos resultados electorales, y el candidato presidencial Manuel Rosales, se negara a reconocer esos resultados, llamar a sus partidarios a tomar las calles del país.

Transcurrió el mes de noviembre del 2006, plena Campaña de los comicios presidenciales contra Chávez. Manuel Borges desde la Asamblea de Ciudadanos de Santa Fe, dijo que le dirigieron un correo a Manuel Rosales, solicitando explicaciones sobre su consigna de lucha "Si Vamos a Cobrar" las elecciones.

Le razonamos el Fraude Electoral continuado, desde el Revocatorio del 2004, las alteraciones del Registro Electoral, el Sistema y sus Máquinas trampeadas para la estafa en las votaciones. Nos sorprendió visitas de emisarios, venidos de Maracaibo, para discutir y la garantía de "Si Vamos a Cobrar".

Con Manuel Borges, la última semana de noviembre, consistió en movilizaciones de la resistencia organizada. Tuvimos reunión en una Sala de Fiestas con el valiente General Néstor González, quien hizo alusión al fraude como hecho, de lo que estaba informado el candidato Rosales. Se conversó sobre nuestra movilización organizada, con la gran ventaja de la presencia de militares patriotas en el Plan Republica. Lo básico para actuar, era que el Candidato Rosales denunciara el Fraude.

El Presidente de la Asociación de ciudadanos de Santa Fe Manuel Borges, declara: "Fueron días intensos: como Sociedad Civil Organizada, activamos nuestra Red de Radios en la Gran Caracas, Redes de Médicos y Abogados, Redes de Transporte. También a nuestros motorizados y otros grupos de apoyo. Entregamos al General González; y a su asistente La Negra, gran cantidad insumos: gasolina, miguelitos, acopio de cauchos y dos radios transmisores de largo alcance, para el llamado a la calle, luego del anuncio del Fraude.

A las 7:00 pm, del domingo de votaciones, con muchas mesas electorales abiertas, en conteo de votos y auditoria, el "filósofo" Rosales, reconoció por televisión en cadena nacional, el triunfo indiscutible de Hugo Chávez como presidente.

Chávez "ganó" con cifras muy parecidas a su elección 9 años antes (?) La historia sigue igual en el 2021, la vía electoral con los perversos diálogos se sigue imponiendo de la sociedad política de la mentira, para un gobierno de coalición, para el Plan de Borrón y Cuenta Nueva, con el perdón incluido y la legitimación de capitales y, con el apoyo, de la "Sociedad Internacional de hipócritas Unidos" como garantes del nuevo proceso.

La noche de las elecciones, llegamos al comando de campaña del candidato, en la Quinta Esmeralda, urbanización las Mercedes, el Dr. Gustavo Sosa, el traidor Hermann Escarrá, Cesar Caballero y yo. Subimos al pódium, tomé el micrófono y llamé a enfrentar el fraude de Chávez; y a salir a las calles de Venezuela. Había muchos rumores de presiones hacia Manuel Rosales. La Quinta estaba llena de entusiastas seguidores de muchas marchas. Cerca de los 9:30 pm, se apareció Rosales con sus asesores Teodoro y Borges. Inmediatamente se dirigió al país.

Nos preguntamos ¿Quién lo sometió a presión el 3-D 2006? Luego que el candidato zuliano culminó de pronunciar sus traicioneras palabras; y, al escuchar esa vileza contra el pueblo venezolano, tomé nuevamente el micrófono, mientras él comenzaba a abandonar la tarima en su comando de campaña, y le dije: "Manuel Rosales, estas comprometido con Venezuela a ganar y a cobrar" e inmediatamente le doy lectura a los resultados electorales enviados por los gerentes de la empresa telefónica CANTV, pero los medios de comunicación social, que cubrían en directo el acto, al verme tratar de informar la verdad, procedieron a bloquearme sacándome del aire. La gente concentrada en la Quinta Esmeralda, la cual, estaba sitiada por la Guardia Nacional, rechazó con rabia, el comportamiento mercenario y cobarde de Rosales y su Comando de Campaña presidencial.

Capítulo XXX

El Príncipe
infiltra a Chávez

El amigo Vinicio De Sola, logró un espectacular triunfo, que tendría fuerte influencia en el próximo año de 2007. Viene a mí mente la fecha 15 de agosto del 2004, el mes del fraude, del Referéndum Revocatorio, cuando El Príncipe; y yo, regresábamos de una reunión a quinta "Loma del Príncipe", al estacionar su automóvil, me mira y me dice "Pablo, aquí hay chavismo para rato. Yo me voy a zambullir en la piscina del chavismo; y tú, sigues haciendo el trabajo por afuera"

Zambullirse en la piscina del chavismo implicaba adentrase a los más alto del régimen donde se originaban las decisiones y, por supuesto, obtener información precisa y al momento. El contacto con el jefe de la Dirección de Inteligencia Militar (DIM), Hugo "Pollo" Carvajal, se la facilitaría un comandante del Ejército. Para ganar la confianza propuso varios proyectos, entre ellos, el Banco de El Tesoro. A los seis meses ya portaba carnet del DIM y pistola de reglamento, las cuales me mostró. En esa oportunidad me preguntó:

-Pablo, ¿cuál es la parte más fuerte del régimen?

Le contesté,

- A mi juicio, este sistema se mantiene sobre tres pilares, Baba Eyiogbe,

Me interrumpió,

- ¿Qué es eso? Estoy hablando en serio.

Le repliqué,

-Yo también hablo en serio.

Dijo,

-*No entiendo.*

Le expliqué,

-*Te menciono a Baba Eyiogbe, porque es el signo tirano de Fidel Castro en la religión Yoruba,*

Vinicio celebró mi comentario con una carcajada, y una frase:

-*Que vaina tan buena.*

Le argumenté,

- *Fidel es un estratega de la maldad, el ojo que todo lo ve, comparable a Sauron en el Señor de los Anillos,*

Entonces, me preguntó,

- *¿Bueno, y los otros dos¨?*

Le respondí,

- *El segundo pilar es **CaraE'Crimen**, un gran táctico, que en la trilogía de Tolkien seria Saruman y el tercer pilar, tu compadre José Vicente Rangel.*

Se asombró,

- *¡Carajo, mi compadre!*

  Volvió a soltar la risa, expresando,

- *¡Qué cosa tan buena!*

Enseguida, me preguntó:

- *¿Y cuál es la cualidad de mi compadre?*

Le dije,

- *Vinicio, tu compadre sabe mucho. Tiene respuesta para cada cosa, es un veterano de la maldad-*

A partir de ahí, Vinicio se dedicó en cuerpo y alma a separar a JVR de Chávez. Inventó que Rangel tenía lista una banda Presidencial en España, en la casa de un cura. Que JVR se reunía en secreto con Luis Miquelena, todo eso durante un año, de manera permanente. El 20 de diciembre del 2006, "El Pollo" Carvajal lo llama y le informa: "té voy a dar una gran noticia, tu compadre José Vicente Rangel va pa' fuera".

Inmediatamente Vinicio me llamó y me dijo:

- Tengo carne en el gancho.

Era su frase favorita cuando quería dar una extraordinaria noticia. El 24 de diciembre Vinicio elegantemente vestido, fue a La Viñeta a ver a su compadre José Vicente Rangel, cuando lo vi tan bien trajeado , le pregunté en forma de broma:

- ¿Vinicio a que matrimonio vas?

Y respondió sonriendo,

-Voy a La Viñeta, a darle la notica a mi compadre.

Una vez en la Viñeta, cuando JVR lo saluda, Vinicio se lleva su mano derecha al cuello, y mueve el índice de izquierda a derecha, le dice,

-Compadre le traigo una mala noticia, usted está raspao.

JVR llama Ana Avalo, su mujer, a un cuarto y le comenta,

-Ana, el compadre tiene una mala noticia.

y El Príncipe, se vuelve a pasar el índice por el cuello

- El compadre está raspao, así que preparen su salida de la Viñeta.

Capítulo XXXI

RCTV,
la suspensión que dolió

Quizás, si esta alimaña de José Vicente Rangel no hubiese sido despedida, tal vez, tal vez hubiera impedido el gravísimo error político que significó el cierre del canal Radio Caracas Televisión (RCTV), que por poco le cuesta a CaraE'Crimen su salida de Miraflores. Empero, nuevamente, lo salvó del aprieto el Sauron cubano, tal como lo había hecho, ante los acontecimientos del 11 de abril del 2002 (11-A), cuando pidió auxilio a la iglesia católica de Venezuela.

El 28 de diciembre el gobierno anunció que no iba a renovar la licencia a RCTV; que, según sus gerentes vencía el 2017. Hugo Chávez aclaró que la decisión obedecía a la participación del canal en los acontecimientos del 11-A, suceso que había provocado él mismo. El 24 de mayo del 2007, el Tribunal Supremo de Justicia (TSJ) decretó que el 7 de mayo a las 23: 59 minutos, el canal privado Radio Caracas Televisión, debía cesar la señal de sus transmisiones. Hubo un programa previo de los trabajadores, periodistas y artistas que conmovió la médula sentimental de los venezolanos. Después, el canal del régimen transmitió un coro interpretando el Himno Nacional, bajo la batuta del director Gustavo Dudamel.

Ver ese trágico final, consolidóla firme decisión de enfrentar el cierre de RCTV, canal que tenía 53 años de fecunda historia. Por ese medio de comunicación social, pasaron figuras emblemáticas como

Francisco Amado Pernía, voz e imagen del programa informativo "El Observador Creole". Otros programas de gran audiencia fueron "El Show de Renny", "El Show de Saume"; y aplaudidas telenovelas, entre tantos exitosos espacios.

Las calles nuevamente se incendiaron de protestas. El cierre de Radio Caracas Televisión significaba mucho para Venezuela. Era un golpe al corazón. Este canal no sólo significaba noticias, sino música, telenovelas, humorismo, contaba con un staff de estrellas. Un programa humorista "Radio Rochela", tan divertido y querido por los venezolanos durante años. Asimismo, novelas históricas como "Boves el Urogallo; "La Comadre" relacionada con la dictadura Juan Vicente Gómez interpretado por Rafael Briceño; "Por Estas Calles"; y, en fin, innumerables programas que calaron muy hondo en el alma del pueblo venezolano.

La juventud universitaria inició las protestas teniendo como epicentro, La Universidad Católica Andrés Bello (UCAB). De esas candentes manifestaciones surgieron líderes como Jhon Goycochea, Stalin González, Freddy Guevara, David Smolansky; y Ricardo Sánchez, quienes durante meses encabezaron las marchas por toda Venezuela, con el apoyo de la sociedad civil. Se habló de una nueva generación y llegaron a compararlos con la generación del 28, con aquella dirigencia que enfrentó al dictador Juan Vicente Gómez.

Capítulo XXXII

Golpe Constitucional

Además del cierre de RCTV, Hugo Chávez hambriento de poder y sediento de historia, estimuló con ahínco al enfurecimiento nacional, cuando anunció la Reforma a la Constitución Bolivariana, que había sido sometida a referéndum, el 15 de diciembre de 1999. Resolvió reformar 69 artículos, es decir, el 20 % de la reciente Carta Magna. Ocho años después de haber sido promulgada, ya no le servía el traje constitucional. En la Reforma propuso declarar el Estado Socialista, la reelección de todos los cargos a perpetuidad, aumentar el periodo presidencial de 6 a 7 años, decretar regiones estratégicas, reorganizar la Ley Orgánica de las Fuerza Armada. Propone realizar una nueva configuración a la existente estructura militar y policial.

Imitando a su psiquiatra el Dr. Edmundo Chirinos, médico que asesinó a su paciente Rosana Vargas, argumento del libro "Sangre en el Diván" de la periodista Ibéyise Pacheco, también, liquida a la Constitución Bolivariana de Venezuela, la cual, él mismo llegó a calificar como la mejor Constitución del mundo. Esa Carta Magna, la utilizaba para ultrajar, nacionalizar industrias y expropiar fundos en plena producción o amenazar a gobiernos vecinos. Adicionalmente, le sirvió para invitar y pagar a Fidel Castro; y a las narcoguerrillas para que nos invadieran. Siempre en la búsqueda de algún culpable, cambiaba constantemente el gabinete o aplicaba el clásico enroque para que todo quedara igual. La Reforma a la Constitución fue la forma de expresar su más estrepitoso fracaso sin reconocerlo. Había que culpar a alguien y ese alguien fue la máxima carta jurídica. El litio suministrado por el Dr. Chirinos a su paciente bipolar, ya no producía los efectos iniciales, por supuesto, tampoco ayudó a su protector psiquiatra, cuando se vio envuelto en el horrendo crimen.

En ese momento, a pesar de que en el Consejo Nacional Electoral (CNE) la correlación era de cuatro árbitros electorales, descaradamente a favor del régimen; y el quinto rector, Vicente Díaz, una ficha sin trascendencia política, colocado por Teodoro Petkoff, quien también jugaba con Hugo. Además del TSJ y la AN que permanecían bajo el puño zurdo de Chávez, pero con la suerte para el electorado, que el sector de las Fuerzas Armadas actuaba en ese tiempo como ente institucional. El 2 de noviembre, la Asamblea Nacional, recibió el proyecto de Reforma de 69 artículos, que era innecesario reformarlo, lo cual, sólo respondía a la abierta procacidad del tirano, quien en esos días publicó un pequeño folleto con su estampa, con el número 69, en letras blancas y fondo rojo. El referéndum fue convocado para el 2 de diciembre del 2007.

Con Vinicio de Sola elaboramos un plan, a ejecutar la noche del 2 de noviembre, para detener a Hugo Chávez, cuando éste se dispusiera a desconocer los resultados del referéndum que no le favorecieran. Por su parte, el General Raúl Baduel también presionaba con fuerza a conciencia que la opinión en forma masiva estaba en contra de la Reforma. Entre tanto, Parsifal De Sola movía sus contactos, en el ramo militar institucional.

Esa noche, los estudiantes habían conformado una respetable fuerza, que impidió que los partidos políticos liderado por Teodoro Petkoff, aceptara el fraude. Mientras, Luis Miquelena y la periodista Ángela Zago, estaban en desacuerdo, con la conducta traicionera asumida por las cabezas de los principales dirigentes de las organizaciones políticas.

Durante meses atrás, habíamos recorrido buena parte de Venezuela, mi amigo César Caballero, el Poeta, la italiana y, otros grupos de venezolanos, preparando la paralización nacional. El día del referéndum a las 6: 00 pm, llegamos Parsifal y yo, a la sede del diario El Nacional y, vimos con preocupación, que todos estaban tristes, presagiando una segura derrota electoral, en ese momento me encuentro con Miguel Henrique Otero, el director del periódico, y pregunté:

- ¿Qué pasa, que la gente está desanimada?

Me dijo,

-Pablo, es que los exit poll dan ganador a Chávez.

En ese momento nos dimos cuenta del peligro; y, comenzamos a activar el Plan de movilización en Venezuela. Llamamos a mi hermana Yolanda, a Patricia Poleo, al recién fallecido Pedro Mena, quienes habían organizado la prensa. En diferentes medios internacionales denuncié el fraude en marcha y convocamos a un Alerta Nacional.

Sabíamos por fuentes militares, porque ellos son quienes custodian los centros de votación, que la cifra a favor del Sí, es decir, que era a favor de Chávez alcanzaba apenas al 32% del total de votos. Con tan bajos resultados, muy temeroso, decidió asilarse en la embajada de Cuba, pero el Sauron Fidel, rechazó la idea del asilo y, lo conmina, a que acepte la derrota, pero que debía maquillar las cifras en el CNE, de tal forma, que pareciera casi un empate. El propio dictador cubano se encargó de llamar telefónicamente desde La Habana, a algunos rectores del máximo organismo electoral. Fue esa la razón, por la cual, los árbitros electorales basados en la tecnología Smarmatic dieron el resultado muchas horas después, provocando múltiples cacerolazos y protestas, a las 12:30 am del 3 de diciembre. Buscaban tiempo, porque necesitaban manipular las cifras, de acuerdo con las indicaciones que les dictaban desde La Habana.

La presidenta del órgano comicial, Tibisay Lucena, anunció el triunfo del "No", con un margen muy pequeño, que Chávez no tardó en reconocer, impidiendo de esa manera, que la "Operación 11 de abril" como fue denominada, pudiera activarse, detenerlo y juzgarlo. De hecho, los militares comprometidos de la Casa Militar y el Destacamento de Honor desistieron en el momento en que reconoció su derrota.

Hugo Chávez calificó el triunfo del "No" como "Una Victoria de Mierda". Además, dijo que presentaría de nuevo la Reforma, aun cuando la ley lo prohíbe expresamente. Esa noche, se quedó sin totalizar un millón ochocientos mil votos. La mente criminal del perverso Sauron cubano sacó una baraja en el momento decisivo, equivalente al 11-A y lo volvió a salvar por segunda vez. Pero años después, el mismo Fidel Castro, se encargaría de ajustarle o borrarle la verruga de la cara. Quedó en el ánimo popular el sabor de que a Chávez si se le podía derrotar. Hay que reconocer que las Fuerzas Armadas jugaron papel decisivo para que se produjera esa derrota.

Vale la pena referir el enigma, de lo sucedido en diciembre de 2007, cuando vencimos a Hugo Chávez, Sin embargo, en el 2006 si fuimos derrotados, con la misma maquina manipulable de Smarmatic. Es evidente que el problema radicó en el liderazgo político de los partidos. En el 2006, tres dirigentes colocaron el interés crematístico por encima de Venezuela. Y en el 2007, cuando derrotamos la Reforma, la decisión no estuvo en manos de esa dirigencia opositora.

Capítulo XXXIII

Precipicio Económico

En el año 2007, la inflación alcanzó la cifra de 22.5 % y 17% en el 2006, cifras del Banco Central de Venezuela (BCV) y, en el 2008, cerró en 30, 9 %. Nuevamente el BCV en su informe alerta que el sector menos favorecido económicamente del país, calculado en el 25% de la población, ha sido impactado con un crecimiento en los precios del 35 %. En fin, en el informe reconocieron, que los pobres eran los más golpeados por la inflación revolucionaria.

En marzo 2008, Chávez nacionalizó la cadena de frigoríficos y lácteos los Andes, y la del Banco de Venezuela. De igual manera, la Siderúrgica del Orinoco, que estaba en manos del consorcio argentino Techint, produciendo por primera vez, más de cuatro millones de toneladas métricas de acero, así como otros productos. Estatizó las minas "Las Cristinas" en el Estado Bolívar, que se hallaba en manos de los canadienses y, que él había otorgado la concesión. Continua la aplicación de la Ley de Tierra, creando un "Estado Latifundista" con casi cinco millones de hectáreas.

En marzo del año 1999, Hugo Chávez me invita a su despacho, e inmediatamente sin mirarme a los ojos me pronostica que un día cualquiera podría amanecer colgado de ese poste de Miraflores. Tenía razón, entonces el director del diario El Nuevo País Rafael Poleo cuando en el programa Ciudadano con Leopoldo Castillo hizo referencias de la forma en que fue colgado Benito Mussolini y comentó que a Chávez le podría correr la misma suerte. La Asamblea Nacional controlada por el chavismo, ignoró la Ley de Amnistía, para dar libertad a los presos políticos. El 3 de junio, asesinan a balazos a Pierre Fould Gerges, vicepresidente del periódico "Reporte Diario de la Economía" por publicaciones incómodos contra el gobierno y, amenazan, a varios ejecutivos. En ese momento, el país se hallaba convulsionado. Colocaban artefactos explosivos, en La Nunciatura Apostólica. La chavista Lina Ron tomó el Arzobispado. Hubo un apagón eléctrico que afectó 17

Estados. Al periodista Javier García lo encuentran asesinado en su casa. Realizaron atentados contra Fedecámaras, amenazas contra el canal de televisión Globovisión. Los periodistas Leopoldo Castillo y Rafael Poleo, señalaron que Hugo Chávez podría correr la misma suerte de Benito Mussolini.

Capítulo XXXIV

Rueda Libre al Narcotráfico

En agosto 2008, liberan a Ceferino García, autor del crimen de Mauro Marcano. De esa forma quedó demostrado los lazos del dictador con el Cartel de los Soles. Mauro había sido el único dirigente popular que se atrevió a desafiar a esa mafia.

Los precios del petróleo nuevamente se dispararon, pero ese sobre ingreso no fue para el bienestar de los venezolanos, sino que fue a parar, como en la IV República, a la corrupta casta militar, ahora bolivariana y clase política Socialista. Antes, en la 4ta., el crudo de la industria petrolera era el único ingreso económico. Pero en ese momento, el chavismo, tendría otra fuente de ingreso, pero ilegal, el del oscuro y criminal mundillo del narcotráfico. Al igual, que en la 4ta., sin ningún pudor ideológico, la clase política y alta esfera militar chavista amasaron fortunas en los bancos internacionales. Fue tanto el robo, que decidieron construir túneles para guardar el fruto de lo mal habido. Oswaldo Álvarez Paz, se las cantó bien claro, señalando que el único apoyo que tenían era el que les otorga el dinero negro proveniente del petróleo y el que le concede las estructuras del crimen organizado que Chávez protegía en ese tiempo, vinculados al narcotráfico.

Al tirano Chávez no había necesidad de torturarlo para que dijera que iba a hacer o que hizo, así como confesó, en la Asamblea Nacional un año después, que él había provocado los acontecimientos del 11-A de 2002. En el 2008, lanzó otra frase para la historia "Venezuela limita por el occidente con la FARC". Después fue acusado de recibir 300 millones de esa guerrilla colombiana; y, el Presidente de Colombia Álvaro Uribe Vélez, pidió abrirle un juicio.

En ese mismo período, el Padre José Palmar y el periodista Leocenis García, presentan ante la Asamblea Nacional la documentación probatoria de 65 casos de corrupción en PDVSA, estimados por un monto de 7 mil 500 millones de dólares. Entre los que se señalan las corruptelas en la compraventa de los contratos de los taladros chinos, sin que las empresas favorecidas entregaran los equipos requeridos, establecidos en el documento. Papeles que fueron trasladados en una carretilla hasta la sede de la AN por el sacerdote y comunicador social. En esos expedientes estaban incluidas serias acusaciones contra los propietarios de los tanqueros petroleros de PDVSA, quienes transportaban camuflados los enormes volúmenes de cocaína, que ya mercadeaba hacia el exterior la revolución bolivariana. La cantidad de tanqueros detenidos, 11 en total, por las patrulleras norteamericanas en altamar, originaron un escándalo internacional.

CaraE'Crimen respondió a las documentadas acusaciones, señalando que respaldaba al Presidente de PDVSA, para ese entonces, Rafael Ramírez, expresando groseramente "Hay Ramírez para rato". Por supuesto, además, esa frase encerraba a Asdrúbal Chávez "para rato", quien era el gerente del Departamento de Comercialización de PDVSA, de vínculo consanguíneo con Chávez.

Mientras, en Venezuela aumentaba la inflación y se impulsaba una política de nacionalización y expropiaciones estatales, arruinando la gran mayoría de esas empresas. Generando, asimismo, un masivo desempleo de mano de obra especializada; y, de alta experiencia, en el manejo operativo de la industria. De igual manera, afianzaba los nexos con el narcotráfico, moldeando la estructura del Estado en función del transporte de la maligna droga, llegando incluso, a la producción y refinación de esas sustancias.

En el 2006, cuando ocurrió el secuestro y posterior asesinato de los niños Faddoul, del empresario Filippo Sindoni y de Carolina Lucía Di Lucca (23 años), hija del coronel Roberto Di Lucca, jefe de Estado Mayor del Teatro de Operaciones número 5 de la GN, en el estado Bolívar, hubo algo en común en todos esos crímenes, es que el Cuerpo de Investigaciones Científicas, Penales y Criminalísticas (CICPC), es decir, la policía científica criminal del chavismo, tuvo la posibilidad de observar los videos en los peajes de autopistas, que determinaban el desplazamiento de los secuestrados y secuestradores, entonces, porqué habiendo ese control se pasó por alto. A raíz de esos sucesos, Chávez dictó un decreto, en el cual, los peajes, puertos y aeropuertos pasaran al control del Poder Ejecutivo, dándole un manotazo al federalismo descentralizado.

Por otro lado, la administración del muelle de Puerto Cabello le fue cedido al narcotraficante Walid Makled, quien también compró al régimen la segunda línea aérea más importante del país, "la Línea Aeropostal Venezolana". Y utilizaba la rampa número 4, la presidencial del aeropuerto "Internacional Simón Bolívar" en Maiquetía, estado Vargas, ahora estado la Guaira, para transportar la droga, siendo uno de esos cargamentos, retenido por la Policía Nacional de México. El nuevo Rey de Puerto Cabello, había donado varios millones de dólares a la campaña de Hugo Chávez, para el referéndum de la Reforma, y en "agradecimiento" Cara E Crimen le otorga esas asignaciones relacionadas al transporte aéreo y marítimo.

En el 2008 el tirano Chávez decretó la nacionalización de las plantas de cemento, que, con algunos productos petroquímicos, en particular la urea junto a la gasolina, forman parte de la materia prima para producir la cocaína.

Ante la denuncia documentada del Padre Palmar que en los tanqueros de PDVSA transportaban droga, el déspota Chávez inventó otra fórmula, para continuar con su perversidad. La alternativa era que, además de comprar, armamentos, aviones, fusiles y tanques al Presidente de Rusia, Vladimir Putin, declaró ante la prensa la necesidad de comprar tres submarinos rusos. Al escucharlo, inmediatamente pensé que el único sentido de esa compra era para utilizarlos como transporte del narcotráfico; y, así lo denuncié en el semanario La Razón.

Llegó un momento, en que, en medio del desastroso escenario, las FARC y el ELN, no sólo limitaban geográficamente por el occidente del país como señalaba Chávez, sino que éste invitó y trasladó a las mencionadas guerrillas al interior de Venezuela. Confraternizaban con oficiales y soldados en los Cuarteles de Guasdualito y Elorza. El criminal comandante "Tiro Fijo" hacía turismo libremente por el territorio venezolano. Paseó por Barquisimeto, Cubiro, Puerto Ordaz y se operó de la próstata en una clínica en Barinas. El "Mono Jojoy" se reunió con el comandante Clíver Alcalá Cordones, en su oficina de la Comandancia del Ejército.

Hay que recordar que las relaciones entre el Gobierno de Venezuela y las FARC, se originaron en el segundo mandato de Rafael Caldera. En Caracas, establecieron una oficina de coordinación, donde las FARC tenía un delegado en forma permanente. Esto respondía a una decisión ajustada a la situación delicada que existía entre ambos, ya que flotaba en el ambiente, el incidente de la incursión de la Corbeta de la Armada colombiana, el Caldas en aguas del Golfo de Venezuela, colocada en el lago de Maracaibo, provocando una gran preocupación nacional a todos los niveles políticos. Se habló en su momento, de apoyo en dinero y armas. En una guerra provocada por Colombia, iniciar relaciones con la guerrilla de ese hermano país en ese momento, era un hecho inevitable y conveniente a los intereses de Venezuela. Desde ese punto de vista, la relación del presidente Caldera con la Farc se consideraba correcta.

Posteriormente, la prensa internacional comenzó a hablar de la FARC como una organización narcoguerrillera. En 1998, fui a Guasdualito a una reunión con dirigentes campesinos del PPT. Ellos me advirtieron que los miembros de la FARC estaban involucrados con la droga. En 1999, cuando estaba en su apogeo la Constituyente, Chávez alardeó varias veces "Me lanzaré de un avión con un paracaídas y aterrizaré en un campamento de las FARC para reunirme con Marulanda". En ese mismo año, realizaron conversaciones entre el gobierno del presidente Pastrana y la FARC, en San Vicente del Caguán.

Por medio del dirigente del PPT, Rafael Uzcátegui, nos invitaron a viajar a la zona de las Conversaciones de Paz; y a reunirnos con varios de la Comandancia guerrillera. Después de llegar a San Vicente del Caguán y, hacer contacto con una periodista, en la noche nos condujeron a un campamento. Luego, a otro campamento hasta llegar a un tercero, donde se encontraba "Tiro Fijo". La primera reunión se realizó en la tarde, la cual, duró una hora. Después del saludo, el comandante guerrillero se mantuvo en silencio, se dedicó a mirar y a escuchar. Estuvimos sentados en una silla rústica debajo de unos árboles, yo también permanecí callado, tal como él. Y dije para mis adentros "Si este carajo no habla, yo tampoco hablo"

Al día siguiente, la conversación giró en relación con la Constituyente en Venezuela, la deuda externa. Marulanda comenzó a hablar del proceso de paz con el Gobierno de Pastrana. Argumentó que no había la suficiente seguridad para presentarse en el momento de la firma. Después se refirió a una propuesta como condición de aumentar o ampliar territorialmente el espacio de la zona de paz. Se evidenciaba que era una treta para ampliar el territorio desmilitarizado, pero sin hacer concesiones concretas que condujeran a la paz.

Al final de la reunión, de manera directa le pregunté:

-Manuel, ¿Cuál es la relación de ustedes con el narcotráfico?

Respondió,

-Bueno diputado, nosotros no producimos cocaína. Nosotros le ponemos un impuesto a los productores.

Le dije,

-Venezuela no es productora de cocaína, es simplemente zona o país de tránsito. Pero nuestra juventud está afectada por la droga, que ustedes protegen en Colombia mediante ese impuesto.

Guardó silencio y la reunión finalizó. Sólo hubo un saludo. Pensé, hoy es un impuesto, pero después serán productores y llegarán a ser el Cartel más importante a nivel internacional. No me equivoqué. Actualmente, la suma de dinero acumulada producto del narcotráfico se estima en varios centenares de miles de millones de dólares. Ahora, en este 2021, ocupan territorios estratégicos en Venezuela y, han llegado, junto a los rusos y cubanos en diferentes regiones, a efectuar ejercicios militares conjuntos en el país, teniendo planes de todo tipo. Mientras los dirigentes de los partidos de oposición venezolanos guardan silencio frente a esta dominación del narcotráfico internacional; y, para colmo de los colmos, rechazaron públicamente la cooperación antidroga ofertada por el presidente Donald Trump.

En el primer día de enero del 2009, **CaraECrimen** inició su perfidia, mancillando la memoria de nuestros Padres Fundadores, al defecarse en el Panteón Nacional, cuando ordenó izar la bandera de Cuba y, él como presidente, posando junto al criminal cubano General Ramiro Valdez, alias "Charco e sangre". Fue la manera que utilizó de humillar y mofarse de los venezolanos, mostrando a los países el dominio del castrismo sobre Venezuela. Esta invasión cubana ha debido romper el Récord Guinness de la historia, en el sentido que fue consentida y financiada por el propio régimen. No fue como las invasiones tradicionales, donde los gobiernos y sus ejércitos defienden la patria, sino, que, grotescamente entregada por ellos, y vergonzosamente silenciosa.

El izar la bandera cubana, formaba parte del libreto de la agenda que le había enviado el Sauron cubano al traidor Chávez desde el año 2001, cuya orientación o lineamiento cumplió a cabalidad. Esa directriz en forma de agenda, entre Fidel y Chávez, fue denunciada por Iván Ballesteros y yo en varios programas radiales. Esa agenda me la entregó la comandante Coral y, ella, la recibió de uno de los babalaos de Fidel, para realizar una ceremonia que garantizaría su éxito.

La invasión cubana, en cambio fue subrepticia, viajaban en las noches a través de puentes aéreos, disfrazados de médicos, entrenadores deportivos, choferes, policías, alfabetizadores, sacamuelas, camilleros falsos médicos y, por supuesto, tropas militares comenzando por los generales. La grosera intervención del castrismo, en la problemática venezolana fue todo un proceso. Se inició con un continuo asesoramiento, desde la sede de la embajada cubana en Venezuela, de cómo encarar la huelga petrolera y el referéndum revocatorio del 2004 y todo el plan, incluso el crimen del Fiscal Anderson. En el año 2003 iniciaron la Misión "Barrio Adentro", ciertamente existía un gran vacío en el sistema de salud. En la IV República diseñaron y construyeron un buen sistema educativo, pero los índices de la salud fueron desastrosos. Aun así,

eso no justificaba la invasión cubana en esta área. A partir del 2006 comenzó la gran oleada.

El número exacto suministrado por militares institucionales fue de 214 mil invasores, estructurado en 49 Misiones inventadas por el Sauron Fidel Castro, para ser utilizadas en varias campañas electorales y represión preventiva. Se fueron apoderando de la columna vertebral, de la cédula de identidad del venezolano, ocupando registros, notarias, con la "Misión Identidad" que les permitió tener acceso a toda la información de cada uno de los 30 millones de ciudadanos. Así como de puertos y aeropuertos del país. El primero y segundo anillo de seguridad de Chávez eran cubanos. Se habló de reconstruir la Gran Colombia y conformar una sola nación; y, descaradamente, se comentó acerca de formar una Cubazuela o Venecuba.

El historiador Agustín Blanco Muñoz tuvo el mérito de alertar sobre esta fusión, que no era tal, sino una descarada ocupación promovida por los jefes de una revolución disfrazada de bolivariana. ¿Una nueva nación dirigida por dos primeros violines? Uno tenía que dominar al otro. Ahí vino la crisis entre Chávez y Fidel Castro. No era la primera vez que se le presentara al dictador Castro este tipo de conflicto por razón de liderazgo. Pero siempre lo resolvió a su manera, tenía su forma y la usaba sin contemplación alguna. El general Ochoa y los morochos de "La Guardia" fueron víctimas. Quizás, el mejor ejemplo de que la revolución como el Dios Saturno en la mitología romana, termina siempre devorando a sus hijos. El próximo engullido sería el propio Hugo Rafael

Chávez Frías, quien en público había adoptado a Fidel Castro como su padre putativo y, hasta, llegó a despedirlo en el aeropuerto de Maiquetía con besos y lágrimas.

Este cuerpo mercenario cubano fue cubierto de loas y cantos amorosos por el propio Hugo, con su distorsionada oración: "Padre Nuestro que estas en la tierra, en el agua y en el aire, Fidel en esta inmensa latitud que te quiere" reza parte del escrito. Lo acompañaban con coros en esta grotesca comedia del jalabolismo rampante "Delcy la fea" como llama el periodista Jaime Bayly, a la hermana del psiquiatra Jorge Rodríguez, alumno aventajado de Edmundo Chirinos. Todos ellos, llegaron a alabar la aberrante invasión expresando "¡invasores sí, pero invasores del Amor!"

El saqueo económico se considera superior al de los países africanos. Aunado al subsidio petrolero de 100 mil barriles diarios de PDVSA, pagaban la presencia de esos médicos a 4 mil dólares al mes, de los cuales, la mayoría iba a engrosar las arcas personales de los generales históricos de la revolución cubana. La refinería de Cienfuegos fue modernizada y regalada al régimen. Se utilizaba la ruta de Cuba para comercializar productos para Venezuela, incluso importando Centrales Eléctricas y azucareros, todas con sobreprecios.

La aplicación y desarrollo de la agenda política mencionada, se fortaleció y ejecutó en atención a directrices que se efectúan a través del Cable Submarino, el tendido entre la Habana y la isla venezolana la Orchila, cuyo rastreo era casi imposible por la inteligencia Norteamérica e israelita. A través de ese medio, ampliaron la política militar, la petrolera, la agenda social, dando instrucciones precisas para destruir los cimientos políticos y culturales venezolanos, y de esta manera, lograr apoderarse de las riquezas energéticas, y mineras de Venezuela para subyugarla y convertirla en una nación del tercer mundo. Caso único en la historia. El Cable Submarino construido y tendido con tecnología europea, tuvo un costo de 36 millones de dólares, cuya plataforma llegaba hasta la isla de la Orchila, donde instalaron una Sala Situacional Cubana, desde allí, imponían las reglas políticas, militares y económicas, al cual, Chávez, daba fiel cumplimiento hasta finales del 2010, cuando comienza las fricciones entre él y Raúl Castro, por disparidad de criterio en relación a la agenda socialista, pues ya Chávez había robustecido su liderazgo y, se consideraba superior, al punto de llegar a enfrentarse con el propio Fidel Castro, en el Continente.

Los mensajes y órdenes recibidos desde la Habana por el Cable Submarino era analizado en la referida Sala Situacional cubana, unas veces por el general Joaquín Quinta Solaz, Viceministro de la Fuerza Revolucionaria de Cuba y, en otros momentos, por el general Ramiro Valdez, alias "Charco de Sangre", quienes llevaban y transmitían al presidente Chávez, cómo se tenía que conducir la revolución bolivariana del Siglo 21 y, esto, lo realizaban a través de grabaciones hechas en Pendrives o CD de lo analizado en esa Sala Situacional. Aquí la gran pregunta y, la respuesta lógica, lo hacían así era para evitar que los aviones estadounidenses espías, aeronaves P8 y aviones E'3 Aracs, con sede en la base aérea de Puerto Rico, rastrearon el contenido de la agenda. Asimismo, impidieron también que el espionaje se efectuara a través del submarino, que tenían los EE. UU anclado en aguas internacionales, a poca profundidad, en la plataforma continental en la isla de Curazao.

Esta forma de manejar e imponer la agenda, se transmitió con mayor seguridad, por el Cable submarino la Habana-la Orchila, ya que anteriormente utilizaban los sistemas de telefonía Black Berry, que posteriormente fueron descodificados, lo que obligó a tener ese tendido Submarino.

Es conveniente recordar las grandes inversiones que realizó Hugo Chávez en el sostenimiento del régimen cubano, entre las cuales, por el volumen de inversión cabe señalar, la reconstrucción de la refinería Cienfuegos, por el orden de 60 millones de dólares, utilizando personal especializado de PDVSA. En adición, construyeron cinco tanques de almacenamiento de crudo, con capacidad de 5 millones de barriles, 24 estaciones de servicio de gasolina y diésel. También donó unas 40 maquinarias para obras de carreteras, tales como: bulldozer caterpillar de gran tamaño, Payloader, Vibro compactadoras gigantes, Tornapull para transportar equipos, Lowboy (trailer), patrones de nivelación y fábricas de equipos calientes por el orden de 170 millones de dólares.

El desfalco contra la nación venezolana incluyó también, las donaciones de 8 aviones del tipo Jet Ejecutivos, de fabricación canadiense, brasilera, francesa y norteamericana, puestos al servicio directo de Fidel Castro, comprados con cargo a PDVSA Internacional. Las aeronaves fueron el Falcon Dassaulp francés modelo 900EX. Otro avión fabricado por Bombadier en Canadá, un tercer avión Lear JET 345 XR. Así como un AERBUS europeo Modelo A340, comprado a la empresa aérea venezolana Avior Air Lines, con sede en Barcelona, Estado Anzoátegui Venezuela. Ese avión fue expropiado por el régimen por su gran autonomía de vuelo y aviónica de última generación.

El Estado Fallido de Chávez además compró y donó, una unidad aérea para el uso personal del Presidente de Bolivia, Evo Morales, a un costo de 52 millones de dólares, un Falcon 900 que le compraron al club Manchester Football Club. De igual manera, pagó un helicóptero S145 modelo Eurocopter de fabricación francesa S145 para 6 pasajeros, más piloto y copiloto. Además, le regaló al mandatario de Ecuador, Rafael Correa un Embraer modelo Megasi 600 con capacidad para 12 personas más piloto y copiloto.

No obstante, la más privilegiada con las donaciones para ese entonces, seguía siendo la dictadura cubana. El régimen chavista les obsequió 200 mil bombonas para gas LPG de uso doméstico. Hoy en día, los venezolanos adolecen de esos cilindros de gas, e incluso ha habido fallecidos a causa de explosiones de bombonas en mal estado. La donación de 100 camiones tipos volteo motor Dieselkcat con capacidad cada uno de 25 mts cúbicos. Durante 5 años fueron dotados de unas 500 camionetas tipo Pickup marca Chevrolet modelo Silverado, de funcionamiento dual: gas y gasolina, que eran desincorporadas casi nuevas en la empresa PDVSA, y que usaba el personal de superficie en los campos petroleros. Igualmente, pasaron a manos de los cubanos 12 grúas marca Komatsu de fabricación japonesa, de alta capacidad de levante de carga hasta 100 toneladas, las cuales, fueron adquiridas en Panamá. Mientras, desde el puerto de Guaraguao, estado Anzoátegui, enviaban semanalmente dos buques tanqueros de petróleo, con capacidad cada uno de 700 mil barriles de crudo, cuya mitad de la carga era negociada en aguas internacionales a traficantes de petróleo y diésel, a precios del valor de la cesta venezolana Merey, que hasta 2014 el precio del barril de 30 grados API era de 105 a 115 dólares el barril, monto que se mantuvo por un espacio de 6 años, operación realizada sobre la base de un acuerdo bilateral Cuba-Venezuela con un crédito a largo precio, durante 20 años, con amortización al fin del convenio y sin intereses.

Por otro lado, el chavismo mediante un convenio entre Petrocasas e Inavi con el régimen cubano, procedió a la construcción de unas 50 viviendas para la jerarquía política militar de la isla caribeña. Las primeras casas edificadas, con plomería de mayor calidad, compradas en EE. UU., Colombia y Venezuela, con un servicio de gas autónomo y de combustible interno, y con planta purificadora de agua.

Se estima; que entre el 2007, cuando el régimen de Chávez ya estaba consolidado, el aporte financiero a la dictadura castrista fue de 120 mil millones de dólares, que incluían el plan de salud, y la presencia de todo personal de servicio en Venezuela.

Otra traición a mi país fue cuando, en un acuerdo personal con los Kirchner, adquirió los bonos de la deuda argentina, llamados los "Bonos Basura" por un monto de 11 mil 220 millones de dólares. Mientras crecía exponencialmente la deuda externa de Venezuela, con sus acreedores chinos y rusos, los compromisos financieros fueron contraídos para la cancelación del material de guerra chatarra. La deuda con los rusos alcanzó un monto de 7 Mil millones de dólares, pero para ese entonces, el ministro de la Defensa José Vicente Rangel, la aumentó a 12 mil millones, apropiándose del diferencial de 5 mil millones de dólares, en ese momento el armamento se cancelaba con intereses al 17 %, las más altas tasas de interés en el sistema financiero internacional.

Días después que Chávez había enterrado el puñal por la espalda, al cometer el acto antipatriótico de izar la bandera cubana, mancillando a nuestros héroes en la sede del Panteón Nacional, Lina Ron, atacó la Sinagoga, ubicada en la urbanización Los Caobos, en Caracas, cometiendo un sacrilegio, una acción imperdonable, al desmontar La Torá judía del Altar, "defecarse sobre el mismo altar y pintar, la Cruz Gamada utilizando su propio excremento en las paredes internas del oratorio". Fue la segunda acción violenta y ofensiva en forma pública contra el Estado de Israel. El primero, fue en los días, cuando asesinaron al Fiscal Danilo Anderson. Recuerdo que antes de su viaje a Rusia; y, a los países árabes, allanó el Club Hebraico, para presentase como un líder contra Israel. Años más tarde, con su inmunda boca, profirió la maldición, al pueblo de Israel, al pueblo de Dios.

Capítulo XXXV

Golpe a la Constitución

Los vasos comunicantes entre el régimen y los prostituidos entes públicos se aceitaban cada vez más, culminando en actos teatrales beneficiándose ambos conjuntos por igual. El 15 de febrero del 2009 se realizó otro Referéndum, pero ya no eran los 69 artículos del 2007, sino uno solo, que consistió en ejercer cargos públicos a perpetuidad, violando un conjunto de artículos, entre ellos, , el de la alternabilidad (art. 6 de la Constitución), el cual, establece: "El gobierno de la República Bolivariana de Venezuela y de las entidades políticas que la componen, es y será siempre democrático, participativo, electivo, descentralizado, Alternativo", de tal forma, que hay limitaciones muy precisas en términos del Tiempo para diferentes cargos públicos. Al Presidente de la República le corresponde un límite de seis años, con una sola reelección, a los diputados 5 años, con una sola reelección, gobernadores y alcaldes cuatro años, con una sola reelección; y Magistrados al TSJ, doce años.

¿Qué hicieron estos bandidos de ambos bandos?

El 15 de febrero de 2009, aproximadamente a las 2:00 pm, recorríamos varios centros electorales como observadores del proceso y, las informaciones, que recibíamos proyectaban que la decisión del pueblo era por el NO, prevaleciendo sobre el Sí. Rechazando así, que los cargos públicos fueran electos a perpetuidad, expresión pura y simple de la Tiranía. El libertario exdiputado Ernesto Alvarenga, quien había sido herido de gravedad en una manifestación de la sociedad civil, en la Plaza Altamira de Chacao, el 16 de agosto de 2004, donde muere la señora Maritza Ron Diez, llamó a sus amigos de la CANTV, por donde retransmiten los votos hasta la Sala Electoral del CNE, y estos le informaron, que en ese momento derrotábamos al régimen por 7 puntos, que significaba una ventaja de 700 mil votos. ¿Qué ocurrió entonces?, que la mafia de los partidos políticos de la falsa oposición, ordenaron a sus militantes abandonar los centros electorales en horas de la tarde, cercano al momento de conteo de los votos, permitiendo el fraude, y, de esa forma, ganó tanto el régimen como ellos, una elección donde todos salieron victoriosos. Esa maniobra, violatoria del principio de la alternabilidad de los cargos públicos, abrió la alfombra roja para que **CaraECrimen**, nuevamente fuera candidato presidencial; es decir, podía reelegirse otra vez en 2012; a sabiendas, que ya había finalizado su período de seis años, con una reelección presidencial. A partir de ese Referéndum, los chavistas y falsos opositores, pueden ser candidatos hasta que la muerte, como en el matrimonio, los separe.

Nació entonces, "El Movimiento 2-D Democracia y Libertad", para intercambiar y promover opiniones contra este lamentable estado de cosas. Se agrupó en torno a tres personalidades, el director del diario El Nacional, Miguel Henrique Otero, el ingeniero y empresario Parsifal De Sola y el escritor y poeta Simón Alberto Consalvi. Las reuniones eran habituales, y participábamos Antonio Sánchez García, Rocío San Miguel, el historiador Elías Pino Iturrieta, el Dr. Gustavo Sosa, la periodista Ángela Zago, y mi persona. El nombre de dicho movimiento se nos ocurrió el 2 de diciembre de 2007, cuando derrotamos a Chávez con la Reforma Constitucional. Se publicaba un documento semanal a fin de orientar a los partidos de oposición, así como a los participantes de la lucha social.

Nos abrimos camino orientados hacia la activa sociedad civil. Hicimos contactos y formamos organizaciones en los Estados Lara, Yaracuy, Carabobo, Aragua y en Caracas. Iniciamos diálogos con algunos mandatarios regionales y rectores universitarios. Igualmente con grupos populares para realizar una marcha desde Barquisimeto hasta Caracas. Así lo acordamos, con "La Coordinadora Democrática" que lideraba Enrique Mendoza. Contamos en ese momento, con los respaldos de los gobernadores de Lara, Henry Falcón, el de Carabobo, Enrique Salas Feo, de igual manera, con la rectora de la Universidad de Carabobo, Dra. Jessy Divo de Romero.

Uno de los objetivos, fue proponer un cambio en el presupuesto nacional para las regiones y universidades. Desde la Plaza Macario Yépez en Barquisimeto, partió la caminata, se calculaba más de 300 marchistas. En la salida participó el Capitán del 4-F Carlos Guyón Celis y su esposa, los luchadores sociales y libertarios Víctor Martínez, dirigente político y defensor de los derechos humanos y Nelson Pineda, Francisco Urdaneta, César Caballero, el Chino de Antímano de la Alcaldía de Caracas, grupos en Morón liderados por Almeyda y el profesor Omar, En Puerto dirigió Cabello César Ojeda. Luego al llegar a Valencia, marchamos con miles de universitarios. Salimos de la ciudad crepuscular el 16 de enero, para llegar el 23 de enero a Capital

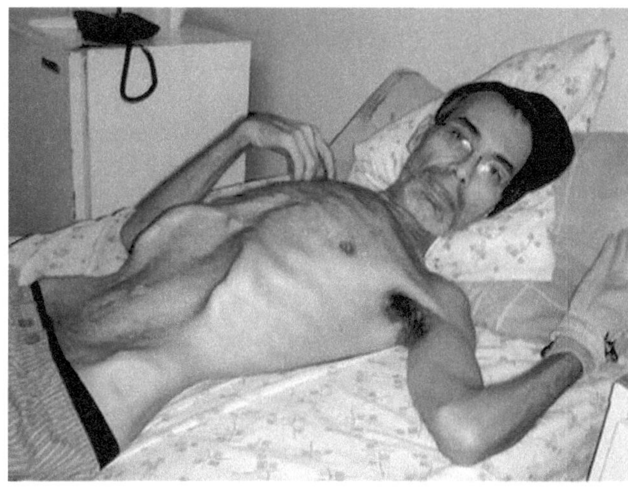

Franklin Brito en el Hospital Militar Carlos Arvelo, fue secuestrado frente a la OEA, y conducido por la fuerza a ese hospital donde fue asesinado

de la República, a fin de recorrer por primera vez, desde los barrios del oeste hacia el Este. El objetivo era cambiar el sentido de las marchas opositoras que se inician siempre en el Este del Distrito Capital, cuando el Poder está en el Oeste de la Ciudad.

Establecimos ese acuerdo con los partidos políticos y, sin embargo, en la medida que nos acercábamos a la zona metropolitana, las organizaciones políticas cambiaron el centro de encuentro, decidiendo como de costumbre, la Plaza Altamira, perdiendo el impacto de la marcha. Con gran coraje y audacia habíamos caminado por ciudades y pueblos, entre ellos, Chivacoa, San Felipe, Morón, Puerto Cabello, Valencia. Se cumplió el compromiso. Ese día se produjo una gran movilización, transitamos por Guacara Maracay, la Victoria y Cagua. Luego se produjo la sorpresa negativa del cambio de dirección, en Caracas.

La huelga de hambre estudiantil y El Gandhi venezolano Franklin Brito. Integraban la marcha, estudiantes de Carabobo, y cuando llegamos a la ciudad de Caracas, los universitarios deciden organizar una huelga de hambre frente a las instalaciones de la Organización de Estados Americanos (OEA), ubicada en la urbanización Las Mercedes. El grupo de líderes estudiantiles estaba conformado por Julio César Rivas, Villcar Fernández, Eduardo Bittar estuvo en la logística, que al igual que las anteriores huelgas, se insistía en el petitorio de libertad para los presos políticos y, además, que una Comisión de los Derechos Humanos visitara las cárceles de Venezuela. Cuando se iban a instalar con sus colchonetas frente a la sede la OEA, se encontraron un espacio ocupado por una pareja, con una colchoneta y un paraguas, quienes llevaban varios meses reclamando justicia. Nadie los visitaba, pero tiempo atrás, el huelguista para llamar la atención se había mutilado un dedo de la mano, en el centro de la ciudad en la plaza Francisco de Miranda, donde se ubicó exigiendo respeto al derecho de su propiedad. El personaje era el profesor de biología, matemáticas, química y física de educación media y, productor agrícola, Franklin Brito y su esposa Helena. Los 30 estudiantes en huelga de hambre eran de la UDO, ULA y UC, quienes inmediatamente se congraciaron con Brito. En esa huelga estuve presente permanente. Me solidaricé con ellos con la finalidad de romper el aislamiento social y político. Hacíamos llamados a la sociedad civil, explicando los motivos de la huelga para que los respaldaran con su presencia.

Mi amigo Parsifal De Sola, observando, que a los 20 días el número de huelguista comenzó a disminuir de treinta a quince, me dijo:

-Pablo esta huelga va a fracasar, a menos que se incorpore nueva gente".

Los estudiantes de las universidades del área metropolitana, no se sumaban y, tampoco, los respaldaban con su presencia.

Parsifal insistió,

-Me parece que un grupo de la sociedad civil debe incorporarse con los muchachos.

En mi vida no había participado en huelgas de hambre. Mi familia era de escasos recursos económicos; por ello, sabía lo que es el hambre con mayúscula. Así que, siempre evité acostarme en una colchoneta con ayuno permanente. Viendo la proximidad que no podía evitar, hablé varias veces con Brito "El Gandhi venezolano", quien llevaba para ese entonces, cerca de setenta días en huelga. Escuché sus consejos, me dijo: "Pablo todo está en la mente. Imagínate tu acostado en la colchoneta, tomando suero cada cierto tiempo, eso te mantiene, no sentirás hambre, podrás estar el tiempo que quieras, la mente lo decide y tú eres fuerte".

En virtud de esta recomendación, solicitamos permiso al comité de huelga, si estaban de acuerdo con nuestra incorporación, con la aclaración que cumpliríamos las normas establecidas por ellos y, que nuestro propósito, era evitar que la huelga de hambre llegara a su fin. El Comité se reunió y aceptó la idea de sumarnos y, de esa forma, nos adherimos César Caballero, un trabajador petrolero, Germán Cortez, dos productores de portuguesa, a quienes Chávez había ordenado arrebatarle sus tierras. Informé a mi familia la decisión de participar en la huelga, lo que originó un debate, que consideré razonable, ya que, a mi Reina Madre, al verme en una colchoneta en huelga de hambre, iba a sufrir más de lo que ha sufrido a lo largo de sus años por mi lucha política que experimentado desde muy joven. Pero, yo la llamaba todos los días en las mañanas; y, en las noches, al escuchar mi voz pidiéndole la bendición, inmediatamente se calmaba.

Así fueron pasando los 15 días de huelga. Al principio los partidos y sus voceros bien pagados, me hicieron fuertes críticas y objeciones, y señalaban que lo que buscaba era protagonismo, que quería dirigirlos, hablaron peste. En todo ese tiempo, jamás fueron a visitar a los estudiantes, tampoco a Franklin Brito. En vista de esto, desde mi colchoneta de huelguista escribí varias cartas a los gobiernos, entre ellas, al Presidente de los EE. UU Barack Obama, a quien le comenté acerca de la lucha de Franklin y Helena de Brito y la de los estudiantes, quienes mantenían constantes conversaciones con el Secretario General de la OEA, el Dr. José Miguel Insulsa.

Los estudiantes también contaban con el asesoramiento del abogado de los Derechos Humanos, Alfredo Romero. Nos visitaba, la gente de la sociedad civil de Santa Fe, así como, la Federación Médica, el Dr. Douglas León Natera y su equipo de médicos, quienes nos asistían dos veces al día. Todas las noches veíamos llegar a un gordito con barba, muy risueño, nada menos que al líder Vasco Da Costa. Al llegar le recordaba su planteamiento que corrió mucho por Venezuela, "Tradición, Familia y Propiedad". Fue para mí un inicio de amistad, que la conservo a través del tiempo. A distancia sufría las torturas, que los cobardes del régimen le aplicaban al amigo Vasco en las cárceles.

Conversé mucho con Franklin Brito de su lucha y de sus sueños. Era un hombre de gran coraje y suprema inteligencia. Percibía las maniobras a distancia, detectaba el engaño de los que querían envolverlo para que desistiera de sus reclamos. La huelga de hambre culminó a los quince días de nuestra parte, con algunos acuerdos entre la OEA y el régimen de Chávez, los cuales no se materializaron. Al suspenderse la huelga de hambre, nos llevaron a diversas clínicas al chequeo correspondiente, incluyendo a Franklin Brito, a quien nuevamente le firmaron varias propuestas.

No nos sorprendió que, a los tres días, Franklin acompañado fielmente por su esposa Helena, volvieran a una colchoneta frente a la OEA. Pero duró pocos días, ya que "CaraECrimen" dio instrucciones de secuestrarlo y llevarlo al Hospital Militar Universitario Dr. Carlos Arvelo, cuyo director era el Dr. Earle Siso, el mismo que elaboró el Protocolo de autopsia del Fiscal Danilo Anderson. El amigo Franklin Brito no estaba en condiciones de defenderse; y fácilmente fue conducido en una ambulancia a dicho centro de salud militar. En protesta duró dos días sin tomar suero, al tercer día, César Caballero y yo, llegamos a verlo; y, nos solicitó suero. Me quedé con él, mientras César compraba la solución. Del tiro se tomó dos de las tres botellas.

Al salir del hospital, me entrevistó Globovisión, y aproveché para hacer un llamado de atención de la tragedia de ese secuestro. Aseguré, que como conocía ese tipo de régimen de naturaleza stalinista, que Franklin Brito corría peligro; y que no saldría con vida del hospital militar, porque ésta era una práctica muy común contra los que se oponían a Stalin. Me enteré de que varios oficiales generales de la Fuerzas Armadas y políticos cercanos al déspota Chávez, le expresaron que no era conveniente que el secuestrado prisionero Brito, muriera de esa manera, por las repercusiones internacionales que ello iba a traer, a lo que el autócrata les respondió airadamente

"No se metan en esa vaina que ese muerto es mío".

Constantemente íbamos a visitarlo, entrábamos como podíamos, apenas me veía gritaba, "mi amigo". A Franklin lo sometieron como en los tiempos de la Unión Soviética, a exámenes psiquiátricos, pero el grupo de médico actuaron como profesionales; y, la conclusión fue que Brito no padecía de trastornos mentales. Se evidenciaba que Chávez, proyectaba su patología en quien no podía dominar con sus sucias artimañas. En varias oportunidades, los militares por órdenes superiores desnudaban a Franklin; y, lo colocaban debajo del aire acondicionado para provocarle enfermedades broncopulmonares, pero su esquelético cuerpo resistía las torturas. En una de esas visitas le propuse ayudarlo a que se fugara, a lo que me respondió,

-Estoy de acuerdo Pablo, y ¿qué hacemos con mi familia?

Respondí,

-Buscaremos la forma de enviarlas a otro país.

Preparamos el plan para fugarlo, pero había dos problemas espinosos, Franklin no podía caminar debido a su estado físico de gran debilidad. El otro era la falta de apoyo económico.

Hasta que el criminal Hugo no soportó más la gran capacidad de resistencia del valiente hombre y, ordenó inyectarle una sustancia mortífera, porque concluyeron que no podían con ese gigante llamado Franklin Brito. El 30 de agosto del 2010, día que amaneció muerto, fuimos César Caballero y yo, al hospital militar a darle apoyo a Helena y a su hija Ángela, quienes se encontraban completamente solas, en medio de la peor tragedia. Solas frente a los sabuesos de la policía en actitud de acecho. César y yo, comenzamos a enviar mensajes en ese peligroso momento, ya que llegaron a rodearnos. Ni un solo diputado opositor o dirigente de la Mesa de la Unidad Democrática (MUD) se acercaron al centro de salud militar. ¡Claro!, eso no da votos y, además, se corren riesgos.

Cuando visitaba a Franklin en el hospital militar, para mí era evidente que en cada encuentro era una despedida, el adiós para siempre de un hermano, un adiós doloroso. Estaba consciente que su vida se apagaba como la débil llama de un cabo de vela, como el último instante de su vida, sin derecho a una tranquila muerte, ya que se hallaba por la fuerza en una cárcel militar, con nombre de hospital. Querían una muerte tormentosa, pero no lo lograron, porque Franklin desafió a la muerte hasta el último segundo de su vida. Sólo llegó a ella a través de una sustancia mortuoria, ordenada por **CaraECrimen**. Era parte de una ceremonia dirigida a un cambio de cabeza, como se denomina en la religión yoruba, la cabeza de Franklin por la de Hugo Chávez. El heroico huelguista fue la joya, la ofrenda viviente que se consumía día tras día. Empero, en la lucha entre el bien y el mal, Franklin Brito no estaba solo; y, después de muchos años, su actitud crística venció de otra manera.

La noche del velorio, vimos desfilar a unos cuantos dirigentes de la MUD, abrazados como plañideras al ataúd, donde reposaba el cuerpo de un valiente, porque, ya su alma había partido hacia la eternidad, el cuerpo mortuorio de un hombre al que jamás visitaron en su lecho de ayuno permanente, defendiendo el derecho humano a la propiedad privada, no únicamente la suya ni la de su familia, sino el derecho de propiedad de todos los venezolanos. Ante esta muerte todos somos responsables, por omisión y por acción, del gigantesco sacrificio que lo llevó a la tumba. Nosotros, no pudimos o no supimos contar con la fuerza para salvarlo, pero otros que pudiéndolo hacer, porque contaban con audiencia nacional, medios de comunicación social y recursos económicos, no impidieron el crimen de Franklin, no lo hicieron por cobardía o por complicidad con el régimen, prefiriendo guardar silencio, mientras continuaban con sus negocios compartidos.

Después de los actos fúnebres, Parsifal De Sola, quien desde temprano había observado a la grotesca dirigencia opositora, me aconsejó "Pablo ese fue tu amigo, deberías ir detrás del féretro hasta Rio Caribe". A la hora estábamos en marcha con "La Burra", la camioneta de muchas luchas, con mi amigo César Caballero, para tratar de estar al día siguiente en el entierro. Cuando llegamos a Barcelona, habían realizado ya un sencillo acto. Siguieron a Puerto La Cruz y la Resistencia le había hecho otra despedida. Cuando llegamos a Santa Fe, la gente había tomado la carretera con la bandera nacional, nos bajamos, expresamos unas palabras y seguimos hacia Cumaná y a la medianoche, continuamos rumbo hacia Carúpano, donde encontramos una tranca en la carretera. Llegamos a Carúpano como a las 4:00 am, para luego inhumarlo en horas de la tarde, en el cementerio de Río Caribe. Mi mayor sorpresa fue que quien inicia los actos fúnebres fue Henry Ramos Allup, habló y se retiró. Entendió que cuando me tocara hablar, iba a comentar algo de ese adeco fariseo.

Tenemos en proyecto, que cuando salgamos del infernal régimen chavista madurista, construiremos un Panteón Nacional para los héroes y mártires como Franklin Brito; y, todos los que perdieron la vida luchando y enfrentando al criminal régimen cubano, la narcoguerrilla, chinos, iraníes y rusos, que invadieron nuestro sagrado territorio patrio.

El crimen de Franklin Brito simbolizó también el asesinato de la República de Venezuela, cuyo autores intelectuales o raíz se encuentra en la propia Cuba. El Sauron cubano cuando bajó de la Sierra Maestra, destruyó a Cuba, una de las naciones más prósperas de América.

¿Cómo era Cuba para ese momento? Después de Estados Unidos, fue el primer país que construyó el sistema ferrocarrilero en 1835, la patria de José Martí. El Reino de España no tenía ferrocarriles; y, sin embargo, su colonia del azúcar construyó con inversión gringa su primera línea. También fue la primera nación, en disfrutar de acceso al teléfono de habla hispana. La Habana con una arquitectura envidiable, fue sometida a la peor barbarie que se conozca. Las paredes, techos y servicios, de cada casa o edificio, actualmente son una ruina que impacta la vista y el corazón de cualquier visitante. Sometida al abandono premeditado con la siguiente ecuación: mientras más pobreza más posibilidad de imponer la revolución. Al control policial, habría que agregar el control demográfico, no es casualidad que Cuba siempre se ha mantenido con una población que no pasa los límites de los 10 a 11 millones de habitantes a lo largo de este miserable régimen. Un control económico estatizando, donde todos los medios de producción forman parte de su estrategia de dominación y de exportación. Además de Babalao Fidel Castro utilizó el Palo Mayombe contra todos sus enemigos para mantenerse en el poder.

CaraECrimen seguía sus instrucciones al cartabón, que el Sauron cubano le envió en el año 2001. Fíjense lo que ocurrió en el 2009. Nacionalizó 60 empresas petroleras conexas con PDVSA. Expropia 10 mil hectáreas de fundos y haciendas en plena producción. Expropió una planta de arroz y otra de pasta de Cargill, empresa norteamericana. Incautó cuatro empresas metalúrgicas a saber: Complejo Siderúrgico de Guayana, (COMSIGUA, C.A.), El fabricante de briquetas Materiales Siderúrgicos (Matesi), venezolana de Prereducidos del Caroní Compañía Anónima (VENPRECAR). Estatalizó la planta compresora Gas Pica. Cerró 34 emisoras de radio en el interior de Venezuela. Detuvo a 30 banqueros que amamantó, junto a los testaferros Pedro Conde Ciliberto de José Vicente Rangel y Ricardo Fernández Berruecos.

La economía decreció, se redujo el Producto interno bruto. Con la mayor inflación de América Latina, después de dos booms petroleros. Y para remediar estos problemas estructurales, ordenó a la presidente de la Asamblea Nacional, Cilia Flores, aprobar la ley 39.147, solicitando nuevos endeudamientos externos, que como ya conocemos por experiencia, toda deuda externa crece como la mala hierba.

Capítulo XXXVI

Signos del estancamientos

Mientras los países de América Latina y del Caribe en el año 2010, alcanzaron un 6 por ciento de crecimiento económico y, baja inflación, sólo dos países quedaron rezagados: Haití y Venezuela. Al primero se entiende la situación, porque sufrió el impacto de un terremoto, el devastador huracán y, por si fuera poco, los afectó la epidemia del cólera. ¿Pero qué pasó con la Venezuela petrolera? Al igual que Haití, a mi patria le cayó sobre su territorio algo mucho más terrorífico que el cólera, la madre de todos los virus, el nefasto Chávez, el terremoto del castrismo y el huracán nacionalizador. Ese año fue declarado el día Nacional de la Iguana, porque según ellos, este pobre animal era culpable de los constantes apagones eléctricos. Habían pasado 11 años de la Asamblea Constituyente, donde Hugo Chávez y Luis Miquelena rechazaron mi propuesta de ley de recuperación y ampliación del Proyecto Eléctrico que yo les había presentado.

La epidemia de nacionalizar siguiendo la orientación castrista continuó. Le tocó el turno a la Agroisleña, empresa que era apreciada por los productores del campo. Ofrecía semillas y financiamiento a cambio de recibir la producción. Contaba cerca de cien puntos de venta y siete silos. Fue un golpe en el mentón a la producción agrícola nacional. El destructor Hugo Decretó la expropiación de Molinos Nacionales (Monaca), de un grupo mejicano. La vaina ya no era el imperialismo yanqui, sino todo lo que significara capital privado. Por venganza política, ordenó a la Superintendencia de las Instituciones del Sector Bancario de Venezuela (Sudeban) la expropiación del Banco Federal, propiedad de Nelson Mezerhane. Lo mismo que hiciera el Dr. Caldera con el Banco Latino, Banco Progreso y Sociedad Financiera Latinoamericana, destapando una crisis financiera. Además, Mezerhrane fue acusado de ser uno de los autores intelectuales del crimen del Fiscal Danilo Anderson, incluso fue privado de libertad.

La furia nacionalizadora continuó. La Asamblea Nacional declaró de

utilidad pública e interés social, la cadena de supermercados ÉXITO, del grupo francés Casino. Chávez firmó también el decreto de expropiación de unos galpones de la empresa Polar. Anunció la adquisición forzosa de las empresas Envases Internacionales y Aventuy, fabricante de aluminio y cartón para alimentos, igualmente los Telares "Los Andes", cerámica "Paso Real", la fábrica de tornillos (Torvenca) y unas 90 medianas empresas de materia prima estratégicas en el eje Turmero-Valencia.

Esa desenfrenada cadena de expropiaciones, el maquiavélico Chávez enfranelado de rojo carmesí, las ordenaba delante de los militantes del PSUV y el Polo Patriótico, a través de Cadena Nacional y, de esa manera, destruía la poca y débil economía venezolana. Al imponer esos decretos, entraba en trance y el público lo aplaudía a rabiar y, en ese estado de frenesí, repetía, y repetía y la gente lo aclamaba gritando: "así, así, así es que se gobierna". Sabía que su Padre Sauron desde lejos lo aplaudía.

Como ya no había mucho que expropiar "la agarró" con una empresa de artículos de ferretería y también se adueñó. El jefe de Planificación y finanzas Jorge Giordani, le recordó que había unos once taladros petroleros, a los que debía aplicarse el puño de hierro de la nacionalización. Eran de la empresa Helmerit. Luego dan otro paso "súper revolucionario" anuncian la nacionalización de la Universidad de Santa Inés en Barinas, por presentar supuestas irregularidades administrativas, como si la del régimen chavista, fuera un dechado de eficacia y virtudes.

Otra vez, la arrodillada Asamblea Nacional, modifica la ley del Banco de Desarrollo Económico y social (Bandes), la maniobra jurídica encerraba el propósito de elevar ocho veces su patrimonio, para manejar el préstamo solicitado a China, es decir, el genio de Giordani buscaba adquirir el préstamo asiático, para oculta la corrupción de esa entidad financiera con otro endeudamiento. Y la corona de la Ley Habilitante no podía faltar, en este hundimiento nacional, por cuarta vez, el corrupto Hugo solicitó poderes habilitantes. Ya había transcurrido año y medio desde el 2008, cuando de nuevo pide esos poderes especiales. Fidel Castro, también se sumó al maléfico coro, "comandante Chávez así, así es que se gobierna".

En el año 2010, correspondía convocar a elecciones, para renovar la Asamblea Nacional por mandato Constitucional. La Coordinadora se cambió de nombre; y, se presentó como "La Mesa de la Unidad Democrática" (MUD). La sociedad civil y el M 2-D les exigió que los candidatos sean escogidos mediante primarias. Asunto que realizaron en muy pocos circuitos y Estados de Venezuela. Claro, ellos se apropiaron de la mayoría de los puestos salidores, para no contarse en las primarias. Con el apoyo personal de Parsifal De Sola y de otros en el M 2-D, escogimos la parroquia Sucre, la más grande, la cual, pertenece a Caracas, ubicada en el oeste del Distrito Metropolitano. Donde la presencia del chavismo era determinante, en términos políticos y por la existencia de los famosos colectivos que habían impuesto el terror nacional. Ganamos las primarias en la oposición en las tres parroquias de Catia, La Pastora y El Junquito, con cierta ventaja, porque en la parroquia había nacido la Causa R. Yo tenía amistades y los activistas me conocían. **CaraECrimen**, en oposición a mi candidatura, lanzó la de Aristóbulo Istúriz y la de Freddy Bernal. Mis seguidores y yo, recorrimos desde la carretera Vieja, Nuevo Horizonte, Casalta 1, Casalta II y Casalta III, que son las zonas más lejanas de la parroquia de Catia. Creamos una fuerza alrededor de la propuesta de la municipalización y parroquializaciòn de Caracas. Contábamos con un equipo integrado por, el abogado Marco Cardozo, Ignacio Muñoz, la profesora Mary Méndez, Carlos Valero, Esther, Andrea y Andreina Flores. Nos enfrentamos a los colectivos chavistas en cinco oportunidades. Faltando una semana antes de las elecciones, me informó la comandante Coral que se iba a realizar una reunión entre Julio Borges, Juan José Caldera y Delsa Solorzano, con Istúriz, Bernal y Darío Vivas, relacionada con los resultados electorales. Esa reunión fue denunciada en el Diario El Nuevo País.

El día de las votaciones, a las 7:00 pm recibimos una información de la Sala Electoral del CNE, donde ganábamos 127 mil votos sobre 105 mil de ellos, en las tres parroquias. Fuimos al CNE, pero no nos permitieron

la entrada, y ya lo habían militarizado. Nos dirigimos de inmediato a las oficinas de la MUD y allí, ningún dirigente nos saludó, todos me daban la espalda y ningún periodista se atrevió a entrevistarme. Me di cuenta de que nos habían negociado. Ya me lo habían advertido.

Horas después dieron el resultado, ganando la MUD al chavismo con un altísimo porcentaje de votos equivalente al 54% contra el 46%. La MUD aceptó, pero la distribución de los diputados no fue de esa manera. Al chavismo le concedieron 98 diputados habiendo obtenido 46% y a la oposición habiendo logrado el 54 % de la votación acepto 67 diputados. Con esto se ve claramente que para la MUD ganar o perder era lo mismo. Ese fue el resultado de la negociación previo a las elecciones. Con esta aberración de la dirigencia de la MUD, mi hermana Pastora Medina, Iván Ballesteros, el alcalde de Naguanagua y cerca de 25 diputados más, fuimos traicionados. Realizamos una protesta en Catia y estudiamos la posibilidad de una huelga de hambre dentro del CNE, pero mi hermana Pastora se negó con suficiente razón, ya que presentía sería un golpe muy grande a nuestra "Reina Madre", había sido suficiente mi incorporación a la huelga de hambre frente a la OEA, y que a mamá le había angustiado demasiado.

El 8 de enero del 2011, al instalarse la Nueva Asamblea Nacional, en la cual, el tirano presentaría su Memoria y Cuenta, lo primero que preguntó, lo que ya sabía de antemano fue:

-Dónde está Pablo Medina?

Y los diputados responden casi al unísono,

-No presidente, Pablo no salió electo.

En ese discurso retó a los parlamentarios a que alguien lo podía acusar de ser responsable de la inseguridad, pero nadie levantó la mano. Lamenté no haber estado en el parlamento, yo me hubiese parado de mi curul, subir al estrado y encararlo diciéndole:

 -Tú eres el responsable de la inseguridad, de los males de la República, comenzando por la invasión cubana y la narcoguerrilla.

Capítulo XXXVII

Rechazo Categórico contra la Profanación de la Memoria y Restos del Libertador Simón Bolívar

En este capítulo rendimos homenaje al político, al Extraordinario Estadista, a su genio militar, a su coraje, a su inteligencia; y a su prosa poética.

El caudaloso Magdalena serpentea el territorio colombiano cuyas aguas vertidas en el Mar de los Caribes fueron el gran testigo del nacimiento de la gloria universal e imperecedera del Libertador. El personaje es un coronel de escasos 26 años quien habiendo recibido la orden del general y trotamundos francés Pierre Labatut de defender el puesto de Barrancas con 70 soldados, optó por otro plan, el cual consistió en guerrear, tomando la margen occidental del rio Magdalena. Así fue engrosando a pocos días sus filas con 250 soldados. Luego, marchó a Tenerife, Santa Cruz de Mompox; y, a otros fuertes militares españoles. En esas consecutivas y relampagueantes batallas estructuró un equipo de oficiales con José Félix Rivas, Luciano D'Elhuyar, Antonio Ricaurte, Atanacio Girardot. En escasas tres semanas de entrenamiento derrotó a las fuerzas españolas liberando todo un territorio que facilitó las comunicaciones a los patriotas neogranadinos con Cartagena. Inmediatamente atravesó la cordillera liberando en varias maniobras a Ocaña y posteriormente el margen oriental de Cúcuta. Con esos servicios a la causa neogradina solicitó permiso al Presidente Camilo Torres y al general Antonio Nariño presidente de Cundinamarca para invadir Venezuela.

En esa travesía conoció personalmente al hijo de Casilda de Santa Ana, quien le advirtió que su yegua que montaba no podía esforzarla mucho ya que pariría un potro que al crecer seria montado por un general predestinado a ser recibido victorioso en grandes ciudades. Que su madre Casilda lo había soñado, que las profecías se cumplían. Seis años después, el Libertador cruzó con su ejército la Cordillera de las Andes y en plena batalla de Pantano de Vargas en un momento difícil para el Libertador apareció el hijo de Casilda con un caballo blanco, el que

Simón Bolívar lo inmortalizaría como Palomo, convirtiéndose realidad la mencionada profecía.

Es también interesante conocer lo relativo a ese rio Magdalena, testigo de sus alegrías y tristezas, Un 1o de abril de 1501 el colonizador Rodrigo de Bastidas descubrió la desembocadura del rio grande bautizándolo como Boca de Ceniza por el color de las aguas. Ese día la iglesia celebraba la conversión de María Magdalena. Quiso el destino que al igual que la Magdalena que siguió la predica y milagros de Jesucristo que lo acompañara en los momentos finales de su crucifixión aferrados a sus pies cuando muchos lo abandonaron.

En sus largas riberas del Magdalena, el Libertador se irguió como el gigante de la historia universal. Estaba consciente de su altura, tanto que el mismo hizo referencia al final de su vida a los tres majaderos de la humanidad, "Jesucristo, Don Quijote y Simón Bolívar". Pero ahora el majestuoso Magdalena, que como todo rio es sensible y buena memoria seria al contrario, testigo del abandono del poder, de su lenta agonía, de sus tristezas y abandonos.

La última gran batalla no fue de carácter militar. Fue de otro tipo, un combate incesante, cotidiano por su propia existencia. Quiso la Providencia que lo librara precisamente a lo largo del rio Magdalena. En efecto, había convocado el Congreso el 15 de enero en Bogotá. Después de los honores militares se retiró el general Nariño del recinto y el Secretario del Congreso leyó el documento de su renuncia irrevocable y en ella clama a la unidad de los colombianos. El 8 de mayo se despidió de Manuelita. Se fue de Bogotá al puerto Honda con el coronel Robert Thomas Wilson como edecán. En el trayecto redactó varias cartas. El 16 de mayo se embarcó en un Champán hacia Cartagena. En Turbaco permaneció 29 días pero las dolencias se acrecentaban. En Cartagena lo esperaba el general Mariano Montilla. En la guarnición La Casa del Pie de Popa reunidos militares y allegados fueron testigos de su brillante oratoria conmoviendo el auditorio. El 1o de julio recibió como un disparo en el pecho la dolorosa noticia del asesinato del Abel de América Mariscal Antonio José de Sucre, en las montañas de Berruecos (Colombia).

El 17 de octubre le escribe al general Mariano Montilla ¨ necesito con mucha urgencia a un médico para ponerme en curación formal para no salir tan pronto de este mundo. por lo que no me costaría mucho, puesto que yo me he quedado contra toda mi voluntad en este país y no se a punto fijo si me fuera muy sensible morirme con tal de salir de Colombia, porque prefiero la muerte que a las medicinas. Les tengo una repugnancia que no puedo vencer".

El 23 de noviembre Simón Bolívar volvió a escribir al general Montilla "mis males van de peor en peor ya no puedo con mi vida".

El primero diciembre lo recibió el Doctor Alejandro Prospero Reverend, quien anota en su diario su opinión al examinar a Libertador. Este largo escrito lleno de determinados detalles consiste en que si bien es cierto que su enfermedad era creciente nunca perdió su clarividencia y algo especial el don sublime de la escritura impactante o sus dictados incluso con varios escribas en forma simultánea.

A lo largo de la historia han aparecido varias tesis sobre la muerte del libertador. Algunas de ellas sin la debida coherencia como la del historiador Jorge Hoffman quien sostiene que Simón Bolívar fue fusilado por orden del presidente de Estados Unidos Andrew Jackson. Esta opinión señala que el Libertador viajaba entre Cartagena y Santa Marta en el bergantín Manuel y fue capturado por soldados americanos del bergantín Grampus y fusilado el 6 de diciembre del 1830. Así mismo el profesor Paul Auwaerter de la Universidad Jhons Hopkins de Estados Unidos arguye la tesis del envenenamiento por arsénico.

Consideramos que todas esas absurdas elucubraciones acerca de la muerte del Héroe de América se caen como un castillo de arena frente a la intrépida ola, cuando colocas en el centro de la balanza entre otras, la carta de despedida a su sobrina Fanny, cuyo escrito de su puño, recordamos para Uds., el último párrafo "Adiós, Fanny, todo ha terminado. Juventud, ilusiones, risas y alegrías se hunden en la nada, solo quedas tu como ilusión Seferina señoreando el infinito dominando la eternidad. Me tocó la misión del relámpago: rasgar un instante las tinieblas, fulgurar apenas sobre el abismo y tornar a perderse en el vacío".

La hermosa y dolorosa carta precisamente fue fechada en Santa Marta el 6 de diciembre de 1830, el día en que según Jorge Hoffman había sido capturado por el bergantín americano. Además me pregunto entonces,

- ¿Puede un hombre envenenado con arsénico escribir esta monumental carta de despedida a su amante? Incluso hay quienes dudan de la autenticidad. Quienes lo hacen es porque no se han molestado en detenerse con atención en su poema en prosa "Mi Delirio sobre el Chimborazo".

O las cartas de amor entre Manuela y Simón Bolívar que junto a su epístola de despedida a Fanny Du Villard conforman una trilogía unidas por un hilo invisible del mismo autor en escenarios diferentes pero enlazados por una armonía o sinfonía suprema de intenso palpitar del corazón que en uno y en otra se eleva espiritualmente como Abraham o Moisés en sus diálogos con Dios y en la tercera la despedida desde su corazón al corazón de Fanny inmortalizándola. Que esa carta de despedida no haya llegado a sus manos no es culpa del Libertador.

Carta premonitoria que sella o aclara ciertos falsos nubarrones. También el día 11 de diciembre de 1830 a seis días de su muerte, escribe su testamento donde llama a la Unión. Su muerte ya que ella ocurrió según el diario del Dr. Reverend el 17 de diciembre, en la presencia de sus íntimos amigos, entre ellos José Palacios quien había jurado a la madre del Libertador en su lecho de muerte que acompañaría a su hijo Simón hasta el fin de los tiempos. Los generales Mariano Montilla, José María Carreño, general Briceño Méndez, José Laurencio Silva, Joaquín de Mier, el Dr. Prosperó Reverend, el notario José Catalino Noguera, su sobrino Fernando Bolívar Tinoco.

Por cierto, durante el llanto de su mayordomo José Palacios, el general Mariano Montilla exclamó: "¡Ha muerto el Sol de Colombia!; y de un sablazo corto el péndulo del reloj en el momento de su muerte: 13,03 con 55 segundos. A esa hora murió Pedro José Antonio de la Santísima Trinidad Bolívar Palacio Ponce y Blanco porque al momento de su bautismo su primo el canónigo Juan Félix Jerez Aristeguieta le cambió el nombre de Pedro por Simón el hombre que cargaría otro tormento, la pesada y dolorosa cruz de la Libertad".

Los restos del Libertador, luego del velatorio fueron sepultados tres días después en la Catedral de Santa Marta, el 20 de diciembre de 1830, como consta en el acta de defunción, libro 7 folio 13 que permaneció oculta por más de cien años.

Recordamos la grosera caricatura del mandatario Chávez simulando el retrato del Libertador Simón Bolívar, para crear un ambiente favorable y poder justificar el diabólico propósito de profanar su tumba. Dijo que su cráneo estuvo fuera del féretro, que andaba de lugar en lugar, que eso era un irrespeto. Desde luego, imitando a Fidel Castro que según sus íntimos babalaos, depositaba el vino u otro licor en el cráneo de una de su víctimas; y después de beber una parte del aguardiente, la otra la derramaba sobre un Caldero con huesos y metales para exigir y cumplir peticiones. En otras palabras, este autócrata quería emular a Fidel instrumentado el cráneo de Simón Bolívar.

Es importante recordar la información confidencial que me suministró en diciembre de 1994, la comandante Coral, relacionada con la ceremonia del Santo que le hicieron a Chávez en su primer viaje a Cuba, el 13 de diciembre de 1994. Eso ocurrió en la Isla de la Juventud con la participación del Babalao Gallo, uno de los sacerdotes de Fidel Castro,

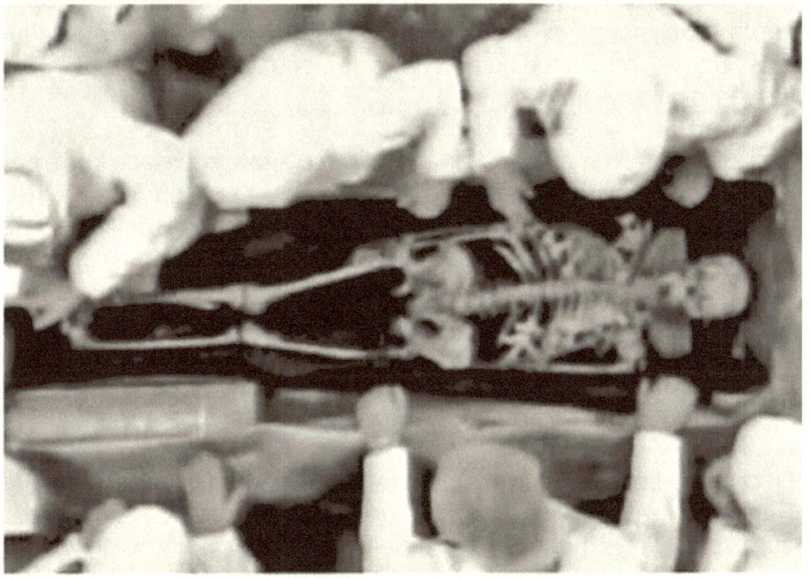

saliéndole el signo Ogbe She. Dicen, que la persona que recibe ese símbolo está predestinada a padecer de locura, la carne de su cuerpo es cancerosa, padece de enfermedades del estómago y de las vísceras. Es un signo de perversión, de delirios de grandeza, surge también la figura del espía, que la persona sufriría de desaparición, pero no sabían en ese momento si se referían a desaparición física o si se alejaba de la política. Ya sabemos cuáles fueron los acontecimientos posteriores del 11 de abril de 2002. También la persona era motivo de burlas y maldiciones, que nombrarlo a él, era sinónimo de enfrentar a la gente de Dios.

El 16 de julio de 2010 a las 1:14 am, Chávez, junto a sus allegados realizó una ceremonia como ritual de la antesala a la profanación de la tumba del Libertador Simón Bolívar, a casi doscientos años de su muerte e irrespetando y desmitificando la figura del héroe. Nos preguntamos ¿Acaso esa investigación obedeció o fue solicitada por algún heredero del Libertador, con el propósito de aclarar las teorías que se han tejido sobre el verdadero origen de la muerte del Sol de Colombia? Extrapolando la muerte del Emperador Napoleón Bonaparte, quien, si fue envenado y demostrado en investigación posteriores, Chávez llegó a afirmar, que la muerte de Bolívar fue originada a base de arsénico o anhídrido arsenioso. Pero lo del arsénico era un truco para justificar la exhumación, porque si Napoleón con toda su grandeza fue envenenado con arsénico, Bolívar no podía quedarse atrás del francés. En todo caso fue una acto puro y simple de necrofilia y de profanación al sagrado Mausoleo del Libertador. Lo cierto es que la mayoría de los venezolanos entendieron que se trataba de una vulgar manipulación a fin de sortear la profunda crisis global que sufría Venezuela; y ¿qué mejor artimaña que profanar la tumba de Simón Bolívar? para montar a los venezolanos en el carril informativo sobre si el Libertador murió como lo señaló el Dr. Alejandro Próspero Reverend o fue un desequilibrio electrolítico, agregando ahora el cuento del arsénico.

Posterior a la ceremonia, profanaron el sarcófago, comenzado el viernes a la 1:34 am. tiempo apropiado para comunicarse con los espíritus según la creencia de los Masones, que hicieron el ritual de limpieza a su hermano Simón Bolívar. Sin embargo, otra cosa, fue la manipulación del rito o la orientación a cumplir que consistió en la decisión de unir los huesos del Libertador con los restos simbólicos de Manuelita Sáenz, supuestamente para producir la reencarnación de Hugo Chávez, como un nuevo prócer de la independencia. Ese ritual es lo que explica su presencia en ese acto, sin ser médico ni especialista en exhumaciones.

El capitán Leansy Salazar, jefe de seguridad; y la enfermera de Hugo Chávez, revelaron ante diferentes organismos en Estados Unidos que el presidente murió el 30 de diciembre del 2012. Contradiciendo por supuesto, el teatro mortuorio liderado por Nicolas Maduro el 5 de marzo del 213 desde el Hospital Militar Carlos Arvelo, en Caracas, Venezuela.

Sin embargo, hay algo sumamente interesante en esa declaración del colombiano Maduro porque ese es el primer comentario en relación al origen del cáncer de Chávez. Él sostiene que fue incoado, y anunció que sería investigado.

La gran pregunta que se hacen los abogados penalistas es, a quién favoreció el crimen. No se conoce hasta ahora la versión de la enfermera sobre si efectivamente fue incoado o no el cáncer. sobre la humanidad de Chávez Frías. Pero de haber ocurrido, los primeros sospechosos y beneficiarios han sido Nicolas Maduro Moros, Fidel Castro y el régimen cubano.

La ceremonia realizada esa noche 16 de julio a ocho días de cumplirse un nuevo aniversario de su nacimiento del Libertador, la profanación continuó. A la 1, 14 am cuando un grupo de soldados uniformados de color blanco sobre sus hombros trasladan el supuesto féretro de Simón Bolívar, que el dictador orgulloso profanó, y con descaro levantó con su mano zurda la tapa del ataúd. De inmediato inició el acto de nigromancia, el cual consiste en que durante una hora, el sujeto profanador debe mantenerse acostado durante una hora sobre la osamenta, y al lado del esqueleto colocar la tierra traída de Paita, del pueblo donde murió su amante Manuela Sáenz a objeto de unir y mezclar la conjunción de fuerzas oscuras en la humanidad de Hugo Rafael Chávez Frías, para remozarlo e imitándolo, proclamarlo como el nuevo Libertador de América.

Por la Comandante Coral nos enteramos que un mes antes de la profanación, la osamenta o lo que quedaba de ella fue sustituida por otro esqueleto que llamó la atención de médicos expertos; que no pasó desapercibida para algunos profesionales de la salud, puesto que después de 180 años se haya conservado de esa manera, debido a que la tendencia es que el colágeno de los huesos se vuelve polvo. Además hay un detalle que no podemos olvidar es que en 1842 el Dr. Vargas fue enviado a Santa Marta por el Presidente José Antonio Páez para repatriar los restos de Simón Bolívar. El Dr. Vargas unió cada hueso con un hilo de cobre conservando la estructura del esqueleto y también recubrió el féretro con ese material. Ese detalle no se percibe en las imágenes mostradas a la opinión nacional. Surge entonces la inquietud, cuál osamenta entonces, utilizaron los cubanos y Nicolas Maduro porque esa noche, él no estuvo entre las primeras figuras. A sabiendas que era una persona relevante ya que siendo el Canciller debería observar ese acontecimiento como una de las principales figuras. En fin, el dictador Maduro esperaba su momento. El plan de Fidel Castro para que su hombre o agente en Venezuela accediera a la Presidencia se había concretado, su pupilo había subido otro importante peldaño.

Dos años después del 26 de octubre del 2012, Chávez con la muerte en un costado, luego de las elecciones presidenciales lo designó como su Vicepresidente; y, el 8 de diciembre en su última rueda de prensa en Caracas le traspasa el mando como Presidente y candidato para las elecciones que se llevaron a cabo en abril del 2013 q, comicios que Henrique Capriles ganó por de 1 millón y medio de votos de ventaja pero que no defendió y nos mandó a bailar salsa.

Esa profanación se convirtió en un bumerang, ya que varios del círculo íntimo de Chávez y, empezando por él mismo, sufrieron algo parecido, a quienes violaron la tumba del último Emperador Egipcio Tutankamón, que murieron en forma inmediata y extraña. En el caso venezolano, entre los chavistas que fallecieron figuran el gobernador William Lara, Clodosbaldo Russián, Lina Ron, Luis Tascón, el general Müller Rojas, el diputado Robert Serra, Guillermo García Ponce, y entonces, esto dio pie para hablar de la Maldición de Bolívar. Hugo Chávez también fue afectado con ese extraño maleficio que lo llevó a la tumba, pero de otra manera. En ese tiempo me encontré con la comandante Coral en un restaurant cerca del Cerro el Ávila, en Caracas.

Ella me dijo,

-Recibí información de un médico del círculo íntimo de Chávez. Me dijo que tiene Cáncer en sus partes íntimas.

El Dr. Salvador Navarrete que formó parte de su equipo, afirmó que al presidente venezolano le quedaría apenas un par de años de vida, porque el cáncer que tenía era "muy agresivo", pero sin precisar el lugar, Chávez negó la declaración, pero al galeno lo obligaron a salir de Venezuela junto a su familia.

En 1994 cuando Hugo se hizo el Santo, había avanzado al nivel de Babalao y usaba el Palo Mayombe del Congo. Afirman, que los que hacen ese pacto directo con Satanás, deben alimentarlo con sangre humana o sacrificando grandes animales. También se les llama Rayados y no pueden tener cerca a sus seres queridos por que la sed de sangre los devora y deben ser sacrificados. Por esa razón, desaparecían en Caracas los llamados lateros, mendigos. A ellos los secuestraban, los bañaban, afeitaban y, luego, los sacrificaban en los sótanos del Palacio de Miraflores, para bañarse con esa sangre. El tigre del zoológico del Pinar corrió con igual suerte. La Comandante Coral, me informó que el felino fue sacrificado en el patio central de las viviendas en una guarnición ubicada en el Fuerte Guaicaipuro en Charallave. En otro rito que hicieron, lo guindaron del techo, con un afilado cuchillo, le cortaron la yugular y **CaraECrimen**, debajo y desnudo, se bañó con la sangre del animal. En el caso de los tres hermanos Faddoul, además de venganza y cobrar el dinero para las FARC, esos crímenes se relacionaban con la ceremonia que se llama, "La Liga del Amor" usando el Caldero que tiene cada Rayado.

En relación con Franklin Brito, Chávez practicó otro tipo de ritual llamado el "Amor Viviente" para que se consumiera lentamente como ocurrió. No obstante, al lado de Franklin Brito había un fuerte creyente con mucho poder espiritual en nuestro Señor Jesucristo, que juró que el criminal Hugo se consumiría también lentamente, pero inflándose como un globo

Capítulo XXXVIII

El hechizo de Coral

La mayoría de los venezolanos conocemos el bien en toda su dimensión y, sufrimos el mal, pero no sabemos cómo es la naturaleza de esa oscura fuerza, cómo se genera, cómo nace, y, además, quienes intervienen en la extensión de esa lucha espiritual y eterna entre el bien y el mal. Pero Dios me dio la oportunidad de conocerla y vivirla. En 1992, en mi destino se presentó la comandante Coral, en la ciudad de Sao Paulo, Brasil, había culminado la primera reunión del Foro de Sao Paulo, y me fui solo a comer en una churrasquería; y, en una mesa contigua a la mía, sentada se encontraba una chica. La saludé con cortesía. El mesonero con un pincho en la mano y un cuchillo en la otra me pregunta después de haberme servido y yo degustado la parte inicial del rico alimento, qué tipo de carne prefería, y le digo en una mezcla de palabras "deme de ésta, pero solo un peliño", vocablo que no existe, pero eso agradó a Coral, que soltó una sonora carcajada que se escuchó en todo el restaurant. La invité a mi mesa e iniciamos un diálogo sorprendente. Me contó que era hija de un norteamericano con madre nicaragüense. Ella es una mujer de 1,70 cm de estatura, de tez blanca, ojos color esmeralda, en ese momento tenía 20 años de edad, representaba a una empresa de productos petroquímicos. Luego de almorzar, nos fuimos caminando a un café, de repente se me quedó mirando desde la cabeza a los pies varios minutos, para decirme tienes un aura dorada, pero la gente que te acompaña no aprecia lo que tú vales. Eres líder de algo, pero te vas a quedar solo. Prometió que mantendríamos el contacto telefónico, que me llamaría; pero no supe más de ella.

Al final de diciembre de 1994, cuando yo me había olvidado de Coral, dos años después del primer encuentro, ella visitó Caracas, se alojó en un hotel en la urbanización Altamira; y me llamó a mí celular. Nos reunimos en un agradable restaurant al pie del cerro Ávila:

La conversación se inició así,

-Creías que te escaparías de mí.

Yo le respondí,

-Bueno, ciertamente me había olvidado de tu existencia y de la promesa que me llamarías.

Allí, me contó con detalles la ceremonia del Santo que le ordenó el Sauron cubano a Hugo Chávez. Me dijo que había conocido en Managua, a uno de los babalaos de confianza de Fidel:

-Tú sabes cómo somos las mujeres cuando queremos obtener algo.

Le dije,

-Lo sé por experiencia.

Ella soltó su peculiar carcajada, mostrando una perfecta dentadura. Lugo me preguntó

- ¿Qué edad tienes?

Le contesté,

- 47 años.

Ella comentó,

-Sin duda, un hombre de experiencia. Has corrido mucho trecho, pero en el campo espiritual eres neófito.

Acto seguido comenzó a hablarme del budismo tibetano y del líder espiritual el Dalái Lama, a quien ella había conocido. Con soltura me hablaba de la reencarnación, de la religión Yoruba. Así fue transcurriendo el tiempo, oyéndola con la mayor ignorancia, sorpresa ¿y por qué no? Seducido. Ella manejaba, palabras y símbolos con dominio que me sonaban tan lejanos, como de un mundo extraño. Nos despedimos, nos abrazamos y, sus provocadores labios, rozaron la última comisura de los míos, sentí que mi sangre palpitaba. La invité para ir a La Guaira. Al siguiente día, temprano, fui a buscarla al hotel, desayunamos y nos marchamos hacia una playa que tenía rompe olas que permitía que el agua llegara suave a la orilla. Alquilamos un hotel para cambiarnos, cuando salió del baño mis ojos se deleitaron con su monumental escultura que me hizo enmudecer.

Muy coqueta y sensual, me preguntó,

- *¿Qué te pasa, nunca has visto a una mujer en traje de baño?*

Le dije,

-*Claro que las he visto, pero nunca a una sirena.*

Me dio un golpecito por la cintura. Mientras caminábamos, le describí las virtudes de la playa. Había una fresca brisa, nos detuvimos y nos sentamos en la arena, tomé el bronceador, le froté la espalda, y suavemente con las yemas de mis dedos lo fui aplicando en su rostro, me regaló una sonrisa. Me volví poeta:

-*Quiero besar tus ojos de color esmeralda, sentir tu embriagado corazón, cada latido, besar con el ritmo de tu sangre, tus labios volcánicos.*

Me respondió entrelazando su mano con la mía.

Nos adentramos en el inmenso mar, a cierta distancia de la orilla, y nuestras manos se entretejían con las olas, tomé un puño de agua y se lo rocié en su espalda, escuché un suave grito casi un susurro y miré su leve sonrisa como la de una diosa, después me sumergí y, entre sus piernas, me levanté como un fuerte árbol, la elevé sobre mis hombros, de nuevo sonrió.

Delicadamente la bajé y frente a frente quedamos atrapados en un abrazo, con el vaivén de las olas llegamos al éxtasis, fui un río desbordado con la fuerza de un volcán enamorado y, ella, abrió sus pétalos entre las aguas, como una hermosa rosa marina. Cuando salimos, ya en la arena, miré al cielo y luego al mar y recité la primera estrofa del Canto a España del gran poeta venezolano Andrés Eloy Blanco "Yo me hundí hasta los hombros en el Mar de Occidente, yo me hundí hasta los hombros en el mar de Colón, frente al sol las pupilas, contra el viento la frente y en la arena sin mancha sepultado el talón".

 En esos días, recorrimos las playas de Barlovento. La enseñé a comer con las manos el pescado asado, disfrutando los tostones, bebiendo agua de coco y saboreando las tradicionales conservas de papelón. Los salitres arenas ya conocían nuestras huellas, las mañaneras olas saludaban nuestra presencia y sus ondulaciones eran como una cama de agua, en el momento, que el cielo nos regalaba un largo e intenso arcoíris.

Capítulo XXXIX

El Estado Forajido

Después de una década de "revolución bolivariana", no era apropiado o exacto, conceptualizar al Estado simplemente como eso, porque habían pasado tantos acontecimientos relacionados con el infierno del narcotráfico, para que los medios de comunicación y los organismos internacionales, lo calificaran de esa manera, la realidad era un complejo Narcoestado o Estado Forajido. El capo Walid Makled García, alias "El Turco" o "El Árabe" y, sus hermanos, montaron un cartel con el acuerdo de **CaraE'Crimen**. Le concedieron para sus actividades ilícitas la administración del puerto más grande de Venezuela, el ubicado en Puerto Cabello, así como la Línea Aeropostal de Venezuela. Utilizaba también la Rampa Presidencial número 4, que requiere el permiso del Presidente de la República, para poder transitar por esa rampa. Y, El Turco" la utilizaba a sus anchas. Uno de sus vuelos fue detenido en México. Su empresa Inversiones Makled CA, obtuvo una licencia en exclusividad con la Petroquímica, para comercializar 600 millones de toneladas métricas, anuales de Urea. Hugo Chávez en un discurso en el auditorio de la Petroquímica, el 25 de marzo del 2006, la desafilió de PDVSA:

-Hay muchas filiales de PDVSA que están pisadas por la estructura y no pueden volar, no tienen alas. Vamos a darle alas para volar", dijo

Con ese discurso de alas para volar, quiso decir, desafiliarla PDVSA, para hacer los negocios directos sin pasar por la estructura. Fíjense como Chávez daba pasos concretos hacia el NarcoEstado. En el 2006, aprovechó los crímenes que planificó, entre otros objetivos, para centralizar puertos y aeropuertos. Luego designó al ingeniero Saúl Ameliach, hermano del capitán Francisco Ameliach, en el estado Carabobo, centro de operaciones del capo Makled, quien era uno de sus cinco diputados que formaban parte de la nómina del cartel. Al igual que 40 Generales de la FANB, entre ellos, el General Clíver Alcalá Cordones y el mayor general Hugo Armando Carvajal Barrios, jefe de la poderosa Dirección de Inteligencia Militar DIM, quien recibía un pago de comisión por un millón de dólares mensuales, por la protección que le brindaban al entonces poderosos narcotraficante Walid Makled.

En acto público, el capo del Cartel de Miraflores Hugo Chávez llamó a Makled "Ciudadano Cívico" quien le había aportado dinero a su campaña, dándole las gracias y felicitándolo. En el 2007, en la campaña del referéndum por la Reforma de la Constitución, "el turco" divulgó

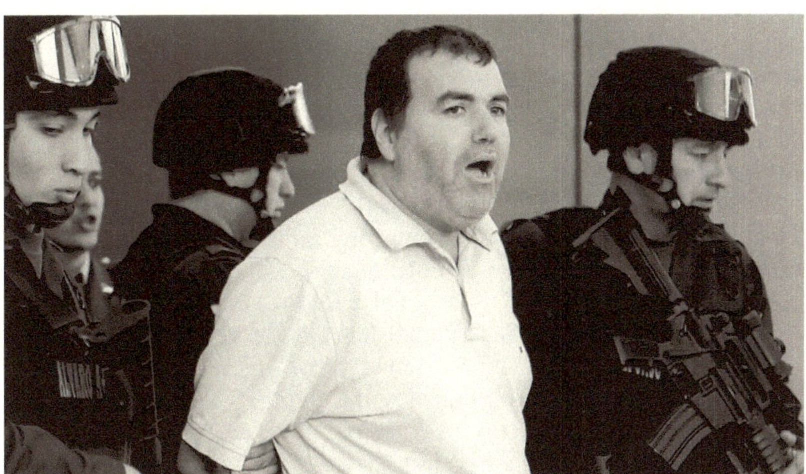

Walid Makled

su aporte por colaboración de dos millones de dólares, acto que se retransmitió por televisión, en presencia del gobernador del estado Carabobo, general Luis Acosta Carlez, alias "el Señor de los eructos", quien entregó un cheque en ese evento, que había recibido de manos de Makled y, lo calificó como un donativo humanista para grandes obras sociales.

Los hermanos Makled, deciden incursionar directamente en la política como lo hizo otro capo en Colombia, Pablo Escobar Gaviria. Entonces, organizan un movimiento pro-chavista, compitiendo con el PSUV para elecciones regionales de gobernador en Carabobo. Esas rivalidades se fueron ensanchando y Chávez, a través del General Hugo "Pollo" Carvajal, ordenó la detención de todo el Cartel. Walid Makled huyó a Colombia y es detenido en Cúcuta.

Interpol se había hecho eco de una alerta roja, emitido por Hugo Chávez para extraditarlo a Venezuela. El poderoso Fiscal del Distrito Sur de New York, Preet Bharara, también hizo la solicitud a Colombia. El Fiscal Bharara estaba consciente que el "árabe" había construido un vasto imperio de la droga. El presidente Juan Manuel Santos, a pesar del gran apoyo que le había brindado EE. UU, en la lucha contra el narcotráfico, se creó la expectativa que aceptaría la solicitud del Fiscal de New York porque la causa estaba abierta, pero no fue así. ¿Qué hubiese pasado si el Presidente Santos lo extradita a Estados Unidos? Con una declaración del capo Walid Makled en el tribunal norteamericano en el año 2011, quedaría demostrado que lo de Chávez no era una revolución bolivariana, sino un vulgar Narcoestado, sobre la base de la droga, el terrorismo, crímenes y lavado de dinero, cuya dirección y cuentadante de esos milmillonarios recursos, estaba bajo la administración de la exsenadora Piedad Córdoba, que los canalizaba a través del filántropo judío-húngaro George Soros, a quien señalan en las redes sociales, que es un hombre muy comprometido con las finanzas del partido demócrata, que llevaron a varios Presidentes de los Estados Unidos.

Finalizada la década de los 70, se produjo una inesperada reunión en la zona desmilitarizada en el Putumayo y San Vicente del Caguán. Entre los jefes de la FARC se hallaba Pedro Antonio Marín Marín, conocido por sus alias de Manuel Marulanda Vélez o Tirofijo, Luis Édgar Devia Silva (alias Raúl Reyes) y Víctor Julio Suárez Rojas (alias Jorge Briceño Suárez o Mono Jojoy) ;y, algunos representantes del Movimiento M19, junto con los máximos jefes de la Merca (cocaína en Colombia), José Gonzalo Rodríguez Gacha, apodado "El Mexicano", Gilberto José Rodríguez Orejuela, Carlos Enrique Lehder y Pablo Escobar Gaviria, reunión que trascendió a la prensa mundial, en razón de que, George Soros, sería el albacea de toda la masa monetaria en dólares americanos, provenientes del mercadeo de la cocaína hacia Europa (Marsella, Francia) y de los carteles mexicanos, Cuba, y más recientemente Honduras, bajo el gobierno de Manuel Zelaya.

De allí la inmensa fortuna, de la cual, George Soros hace alarde, la cual utiliza para hacer sus grandes negocios en la bolsa de Londres, quebrar instituciones bancarias en Inglaterra y, financiar unas 25 fundaciones, cuyo objetivo político es la expansión comunista, la subversión en las débiles democracias hispanoamericanas, utilizando el Foro de Sao Paulo como instrumento para impulsar y llevar a cabo en esos fallidos sistemas democráticos, las tesis del globalismo, la transnacional del crimen organizado, la creación y fundación de estas organizaciones, Antifa, Open Societe, la Fundación que propende al aborto y la Corporación Soros, de la cual, forma parte el expresidente de Colombia Juan Manuel Santos.

Regresando al destino de Makled, el presidente Santos, Premio Nobel de la pobre Paz, decide extraditarlo a Venezuela, quitándole un fuerte dolor de cabeza a Hugo Chávez ¿A cambio de qué? A cambio de que, a las empresas petroleras de Santos, le otorgaran concesiones en el Golfo de Venezuela y otras áreas. Ese acuerdo fue logrado por el caliche Canciller Nicolás Maduro. Pero no sólo concesiones petroleras, sino también; que, en abril firman 13 acuerdos en el área textil, construcción, metalmecánica, aluminio, acero y vidrio. Se Autorizan pagos, por orden de 710 millones dólares, para saldar las cuentas de algunos exportadores que ascendían a 800 millones de dólares.

En abril de 2009, Chávez comenzó a importar electricidad de Colombia. El nueve de abril, otra reunión entre los dos presidentes. La sede fue en Cartagena de India. Allí firmaron 16 nuevos acuerdos, entre ellos, la lucha contra el narcotráfico. ¿Habrase visto mayor descaro? Pronto el mundo conoció un nuevo capítulo de la farsa de estos dos falseadores, cuando el hipócrita Santos extraditó al capo Walid Makled a Venezuela, dejando con las manos vacías a su principal aliado de Colombia, como es los EE. UU. Al día siguiente, el otro chapucero, sin el dolor de cabeza que representaba Makled, se fue a Cuba para iniciar su operación contra un enemigo peor que Makled, un cáncer agresivo que le carcomía las extrañas.

En esos días que Chávez viajó a La Habana, inmediatamente Henrique Capriles, que era el Gobernador de Miranda, anunció su decisión de participar en las primarias de la oposición, para contender con el candidato presidente, quien haba sido derrotado en su propuesta de Reforma de la Constitución en el año 2007; y la replanteó en el 2008. Una propuesta legal, enmascarada en forma de Enmienda, con una sola finalidad, la elección en forma continua para todos los cargos. que los partidos de la oposición aceptaron a conciencia de la inconstitucionalidad. Chávez había derrotado en el año 2000, al comandante Arias Cárdenas. También había vencido en forma fraudulenta a Manuel Rosales en el 2006 y, su mandato culminaba, en el 2012. Ya que el período presidencial dura 6 años con una sola reelección, es decir, para el 2012, finalizaba su mandato. Crearon un conflicto sombrío, pero estos perversos opositores de olores mortecinos nos chantajeaban con sus poetas y escritores bien pagados, para fabricar frases en el siguiente estilo "Si no sumas no critiques". Un chantaje comunicacional que obligaba, a la sociedad civil y a la Resistencia a participar en esos shows con un pañuelo en la nariz. La decisión del lanzamiento de Capriles estaba unido al cordón umbilical de la hipocresía política.

En medio de este panorama político, recibí dos llamadas, una de Parsifal De Sola en la que me decía:

- Pablo vamos a conversar.

Pablo Precandidato en Debate en las Primarias

Y por otro parte, la de Eric Evans:

-Pablo vamos a echar vaina.

Ambas llamadas fueron realizadas al enterarse del lanzamiento de Capriles a las primarias. El movimiento Laborista que preside el Dr. Froilán Barrios, de amplia experiencia sindical y constituyente, propuso convocar a una Asamblea de Laboristas, a fin de abrir un debate acerca de la candidatura, de la cual, resulté favorecido para participar en esas primarias opositoras. Conformamos un gabinete de sombra con profesionales de diferentes disciplinas.

Había un gran obstáculo, una piedra difícil de bordear, los requisitos establecidos para ser precandidato por la MUD. Exigían una colaboración de 700.000 dólares a cada candidato presidencial. De igual manera, otra suma por candidato a gobernador, asimismo, a los alcaldes y otra para concejales. El argumento era que había que pagar el uso de las máquinas Smarmatic, al Consejo Nacional Electoral. Tesis insostenible porque las máquinas de votación pertenecen a la Republica y, de hecho, unos años después, el 7 de marzo en el 2020, cuando un voraz incendio destruyó 40.408 máquinas de votación, en las instalaciones del CNE, en Mariche, al este de Caracas, la presidenta del organismo, para ese entonces, Tibisay Lucena, dijo que eso había dejado daños para el sistema electoral de la Nación.

Para el momento de esas primarias del 2012, se contaba con una fuerte estructura confiable como era la Organización Súmate. Por esa razón denuncié ante el Tribunal Supremo de Justicia (TSJ), la violación de ese derecho democrático, interponiendo un amparo constitucional ante la Sala Constitucional del máximo tribunal. Eso generó un revuelo, que al menos permitió la inscripción.

Cuando fuimos a formalizarla, el presidente de la Comisión Electoral solicitó el cheque como uno de los requisitos. Entonces, mi abogado, el Dr. Marcos Cardozo se abrió el paltó; y les dijo "aquí está"; y, colocó sobre la mesa el amparo constitucional. Los 15 miembros de la Comisión quedaron sorprendidos. Fue así como admitieron de manera temporal mi candidatura. Parsifal se reunió con un personaje de la Comisión electoral, colaboró con una determinada cantidad y seguimos adelante. Estábamos en noviembre del 2011. Las primarias habían sido programadas para el 12 de febrero del 2012.

El lanzamiento de mi candidatura fue a sala llena en el Teatro Chacaíto en Caracas. En la tarima, se encontraba una estructura respetable de dirigentes sindicales del transporte, de la empresa Polar, sindicato de Harina, empleados públicos, hoteleros, empleados universitarios. Eran aproximadamente 40 dirigentes, los cuales, a los pocos días se desconectaron de mi candidatura., porque el régimen había comenzado con las amenazas. Desde luego que nos afectó, porque era el momento en que íbamos a tomar vuelo.

El primer debate fue en la Universidad Católica Andrés Bello con María Corina Machado, Henrique Capriles Radonski, Leopoldo López, Pablo Pérez y Diego Arria, quien denunció el por qué yo no había sido invitado. El segundo debate fue en el canal 4 de Venevisión, el cual generó gran expectativa. Mis asesores fueron Parsifal De Sola, Froilán Barrios y el Padre Palmar. Una semana antes llegó a mi apartamento Eric Evans, y me dijo:

-Pablo, la MUD no va a permitir que tú seas el ganador. Bájate de esa nube si tienes esos planes. Pero es muy importante que participes, porque tú puedes ser la diferencia, decir cosas que más nadie las va a decir.

Aprovechando la oportunidad de mi participación en la televisión, denuncié a los árbitros del CNE, los crímenes de Chávez, la corrupción, me Salí del esquema de las preguntas programas, para presentar una acusación frontal contra Chávez y su régimen. Desde luego, esto generó contradicciones, pero yo estaba claro cuál era mi rol. Después el debate fue en la Universidad Metropolitana, televisada por Globovisión, con el periodista Román Lozinsky de moderador. Al concluir vino el programa

CARA E'CRIMEN

"Buenas Noches" con un el periodista Ricardo Ríos para evaluar el debate de la precandidatura. Ríos señaló su sorpresa por la manera como respondí las preguntas al moderador, otros dijeron lo mismo.

El próximo encuentro, se dio en los primeros días de diciembre, en la ciudad de Maracaibo, estado Zulia, en las oficinas del diario Panorama. A partir de ahí, se acabaron las reuniones. Venevisión tenía previsto organizar dos debates más, pero tanto la MUD, como Capriles, se negaron. La gente notaba la diferencia y, comenzaron las maniobras para imponer a Capriles. La noche que debatimos en Globovisión, Leopoldo López renunció a la candidatura en forma intempestiva, dejando muy mal ambiente por la forma en que lo hizo.

El favoritismo se inclinaba hacia Capriles y Pablo Pérez; y, con franqueza, puedo decir que se veían parejos. La Comandante Coral ya me había advertido, que Chávez, en vista de que eran unas primarias abiertas, iba a sumarle un millón de votos a Henrique. Además, contando con el control del CNE, era muy fácil realizarlo con las máquinas Smarmatic. Debo admitir, que logró su objetivo. Pablo Pérez obtuvo 901.100 votos y Capriles 1.900.000 votos, con una participación de 3.200.000 electores, lo cual, resulta abultado para unas primarias. Esa noche fuimos los candidatos a reconocer a Capriles, cuando llego a su oficina, Julio Borges, no permitió que yo ingresara, porque él tenía un particular brillo en los ojos. Sin embargo, el acto se efectuó frente al edificio de Primero Justicia. Sólo habló el supuesto ganador, no permitieron que los precandidatos lo reconocieran. Siempre en silencio y en una foto colectiva acompañando a HCR en la tarima. Después no hubo más reuniones. Sólo al final en el cierre de campaña en la Avenida Bolívar a la cual asistí.

La gente en Venezuela sentía la necesidad de salir de Chávez ¡Cómo sea y con quién sea! Los actos eran ríos de gente esperanzados en un cambio urgente y necesario. Masas humanas, grandes eventos en ciudades y pueblos, en toda la geografía nacional.

La noche del siete de octubre 2012, día de las votaciones presidenciales, se encontraba el Comisario General J. Eduardo Guzmán Pérez, monitoreando el proceso comicial, desde el Departamento de Telemática de la Dirección de Inteligencia Militar (DIM), la actual, Dirección General de Contrainteligencia Militar (DGCIM). En donde ya se conocían los resultados, de esa nueva emboscada electoral, con el propósito, de narrar más adelante acontecimientos certeros y, decisivos, sobre la salud crónica de Chávez.

Mientras esto ocurría y, de lo cual, el pueblo desconocía, yo me las ingenié para entrar al comando de campaña de Capriles, en el que aprecié un ambiente de triunfo. Percibí señales muy claras, que la mayoría de los oficiales de las FANB, estaban dispuestos a recibir órdenes de un nuevo Comandante en Jefe. Parsifal De Sola y yo, habíamos promovido una gran organización en los diferentes componentes de las Fuerzas Armadas y cuerpos policiales. Sin embargo, en la alta dirigencia de los partidos políticos, no había ánimo de la victoria ni de cobrar el triunfo, porque una cosa era Venezuela y, otra, los dirigentes que hacían análisis fríos, en donde hablaban de escenarios sin contar con la capacidad de movilización del país que estaba deseoso de cambio.

Posteriormente, casi de inmediato, se produjo la reunión entre el Comando de Campaña de Capriles y los partidos de la MUD C.A., en la cual, yo estuve presente. Al llegar, la primera frase que lanzó Capriles fue "No nos vamos a encallejonar". Cómo podíamos encallejonarnos, si no habíamos dado el primer paso. Entendí el mensaje. Llamé a Parsifal; y le di mi opinión, "este carajo no va a pelear". La única que dijo que había que llamar a la gente a la calle fue María Corina Machado, y como no quisieron que yo hablara, solo comenté "Estoy de acuerdo con María Corina". Vino la rueda de prensa, y hablaba con palabras sin fuerza, sin mensaje, a los millones de electores que fueron a las urnas electorales interesados en un cambio.

El dictador le envió un mensaje intimidatorio a Capriles y le dijo:

-Quieres la guerra o quieres la paz.

Y HCR le respondió,

-La paz, presidente.

Chávez le ordenó,

-Entonces vete para tu gobernación.

Mientras esa noche, movilizaba tanquetas en Caracas y en varias capitales de estados como Valencia, Maracay, Maracaibo, Barquisimeto. Por su parte, Capriles organizó un grupo liderado por Leopoldo López, para recibir las boletas electorales. Y, en el primer lote, luego del conteo, se evidenciaba que ganaba Henrique. Pero, con la amenaza de Chávez disolvió esa estructura electoral. Pocos minutos después, nos informan que la tarima presidencial fue desmontada por órdenes directas de Hugo. Lo trasladaban a Miraflores en el hospital rodante. Esa desmontada de la tarima que se hallaba frente al Palacio, era extraño, porque siempre en cada elección, Chávez desde allí se dirigía al país.

Seguidamente, la comandante Coral me informó, que algo en ese momento estaba sucediéndole a Chávez. Al día siguiente, se creó una gran expectativa en la nación, debido a que Capriles tendría una alocución. La gente deseaba un mensaje para cobrar la victoria obtenida, esperaba un llamado de movilización nacional, dispuesta a viajar a Caracas y, dispuesta también, a pelear en el terreno en que las circunstancias lo exigieran. Era un día sublime, determinante, de coraje supremo. Sin embargo, nuevamente al líder principal se le "aguó el guarapo" e invitó a los venezolanos a bailar salsa. Fue una estrategia aplicada por el eje de la oscuridad. Primero la puso en práctica, cuando participó Arias Cárdenas en las primeras elecciones presidenciales. Luego cuando Manuel Rosales dobló la cerviz y: por último, H.C.R.

Todo comenzó con una solicitud de Hugo a su amigo José Vicente Rangel, quien a pesar de haber sido destituido de la Vicepresidencia de la República todavía mantenían cordiales relaciones. Le dijo consígueme un candidato como Manuel Rosales. Veloz como el rayo, JVR contactó a la mamá de Capriles, la señora Mónica Radonsky, y le preguntó si estaba dispuesta; y, que él, colaboraría con 10 millones dólares, para fortalecer la campaña electoral de su hijo, lo cual cumplió. Rangel llamó a CaraECrimen y le informó "Capriles aceptó, además, ese carajo es marico y memo".

De esta manera, el lector crítico; y, también, el desprevenido, puede ver cómo se manejan las elecciones y cómo los árbitros electorales del CNE, impuestos por Chávez, manejaban a los partidos políticos de esas franquicias, simples marionetas, por ejemplo, en las elecciones de gobernadores del 2004, fueron adelantadas para aprovechar el impacto del fraude en el referéndum revocatorio, realizado un mes anterior, y, les funcionó, también en el 2012, después de las elecciones presidenciales que Capriles ganó y no cobró. Los comicios de los mandatarios regionales fueron pautados para el 16 de diciembre, cuando en Venezuela, esa fecha comienza las misas de aguinaldos; y la posibilidad de abstención es grande.

Ahora pregunto, ¿Cómo pudo haber ganado Capriles la gobernación de Miranda? si precisamente existía una molestia significativa por su posición pusilánime y su llamado a bailar salsa. Una semana antes, Diego Arria había recibido de la oficina del CNE, un informe, donde casi todas las gobernaciones iban a ser controladas por el PSUV, entre ellas, Miranda. ¿Qué pasó entonces? ¿Qué ocurrió el día de las votaciones? Algo inesperado, Julio César Reyes el candidato de la MUD, esa noche le había ganado a Adán Chávez en Barinas y, sencillamente, eso no era admisible para el régimen, que le ganaran al hermano de Hugo Chávez. Se prendieron las alarmas. Y, se produjo una negociación, esa misma noche. La MUD cedió Barinas a Adán Chávez, a cambio que le entregaran Miranda a Capriles, puesto que Elías Jagua le había ganado a Capriles 52 % a 47 %. Elías Jagua por su parte, aceptó la negociación con la condición de que fuera designado como Canciller de la República y, así ocurrió, en enero 2013 e incluso, ya Chávez muerto.

Mientras, en el Estado Bolívar, el boletín de la réproba y rufiana Tibisay Lucena, desde la presidencia del CNE, informa que el candidato Andrés Velásquez pierde por 0,5 de los votos. Al día siguiente, recibí llamadas de amigos desde varias regiones del país, por supuesto también de Guayana, en las cuales, me solicitaban que fuera a apoyar a Andrés Velásquez, en esa jurisdicción electoral. La verdad era una idea, que no me atraía en lo absoluto, por mi experiencia del año de 1993. Ese día 17, le recordé a mis amigos esos tristes momentos, sin embargo, insistían:

-Pablo, ¿Te imaginas que con tu apoyo pudiéramos recuperar esa gobernación?

Comentaban. Uno de ellos, fue mi amigo Luis Ortiz.

Finalmente accedí, por la amistad, pero con una condición, reunirnos en Ciudad Bolívar, porque no quería volver a pasar malos ratos con Andrés. El día 18 llegué a esa ciudad y, allá, me encontré con mi hermana Pastora, Luis Ortiz y otros amigos. Al arribar, me doy cuenta que el triunfo de Andrés lo defendía la gente en la calle. La victoria es como un perfume original, se esparce en el ambiente y se mantiene como brisa fresca que engalana. El día 19, vino María Corina Machado e Ismael García, recorrimos las calles y se hizo un acto frente al CNE. Los jóvenes con carpas rechazando el fraude. El 20 de diciembre se hace una reunión en el Comando de Campaña y antes de comenzar la reunión, increpo a Andrés Velásquez, y le digo:

-Mira Andrés, tu ganaste las elecciones, pero la solución no es técnica electoral, no es buscar las boletas, la solución es política, quiero saber si estás dispuesto a defender tu triunfo hasta el final, de ser así, entonces, yo me quedo y te acompaño. Te sugiero te declarares ganador, y comienza a producir decretos, nombra a los directores del nuevo gobierno regional y, algo más, si te mantienes en rebeldía, no le quedará al régimen otro camino, que reconocer tu triunfo, por una poderosa razón, que Chávez se está muriendo.

Andrés, respondió:

-Yo llego hasta el 23 de diciembre.

Entonces le dije "Ok". Así terminó el diálogo; y regresé a Caracas.
Un tiempo atrás, cuando la comandante Coral me llamó muy temprano para felicitarme por mi cumpleaños, era el 30 de junio del 2011 y, también, por el onomástico, el 29 día de San Pedro y San Pablo, y me preguntó

-¿Sabes la noticia?

-No, sólo he estado atendiendo llamadas de felicitaciones y mensajes de mi familia y amigos.

-Bueno cumpleañero.

-Hugo Rafael admitió hoy, ante la prensa, que tiene un cáncer ¿qué te parece?

Le respondí,

-Coño, bien bonito que le quedó, haber escogido el día de mi cumpleaños para dar esa noticia, porque no otro momento.

Coral lo consideró y lo expresó detallando:

-Puede ser una coincidencia o no, sin embargo, también podría ser un mensaje hacia ti, ya que a pesar de las graves denuncias que has presentado ante el país, él te tiene mucho respeto y nunca ha atentado contra ti. Yo diría que hasta te aprecia a su manera. Fíjate, que te mencionó hace un año, y dijo que te llevaba en el corazón.

Le dije a Coral,

-Ciertamente Coral, eso es verdad, a lo mejor una manera de despedirse de mí, porque fuimos grandes amigos, pero él ha hecho mucho daño irreparable. Cómo olvidar los crímenes del 11 de abril, o los niños Faddoul o Franklin Brito, lo del narcotráfico y haber promovido la invasión cubana.

Y, continúo hablando,

-Recuerda que, en enero 2006, me envió un mensaje para reunirnos y sabíamos cuál era su intención. Adorada amiga, dejemos las cosas así. Soy de los que piensa que el infierno está en la tierra y él está pagando lo que debe pagar. No me alegro por su suerte, pero tampoco te voy a decir que me entristece, yo lo califiqué como lo que él es, un criminal y no me arrepiento".

-Eso lo recuerdo. Sólo te quiero apuntar Pablo, que él te respeta. Fíjate que no olvida que en aquel momento en que te opusiste a su candidatura en el 98, siendo tú el Secretario General del PPT; y, luego en otro momento, en la AN, refiriéndose a ti cuando lo conociste, que usabas afro y te dedicó su intervención, era una forma de hablar bien de ti, frente a la gente que lo rodeaba.

Quise cortar esa conversación y le cambié el tema.

Le pregunté,

-Vamos a hablar mejor de otras cosas, ¿Qué vamos a hacer en mi día?

Me respondió,

-Te invito ir a la playa.

Coral me hizo ese hermoso regalo y me envolvió de amor.

Capítulo XL

El Cáncer Misterioso

A partir de esa fecha 30 de junio 2011, prácticamente Chávez no gobernó. Viajaba a Cuba constantemente y, él mismo, daba sus partes médicos, era paciente, galeno y vocero de su propio drama. No recuerdo haber visto a Fidel o a Raúl Castro a su lado, quienes lo obligaron a suspender el tratamiento en Brasil, ofrecido por el presidente Lula, como lo denunció el coronel que era su asistente, y no le permitieron tratarlo en el Centro Oncológico de Orlando, en los Estados Unidos, donde conocían de su cáncer inducido, porque allí, se realizaban los estudios de tejido enviados desde Cuba para determinar los niveles de avance de su enfermedad. Los mismos Castros que movían los hilos en las sombras, para mantener el control total de los que ellos llamaban "su Vaca Lechera", es decir, nuestra querida Venezuela, único sostén junto con el tráfico de cocaína que mantiene a la llamada revolución cubana.

Un año después, el 30 de junio del 2012, Chávez imploró al Santo Cristo de La Grita, en el estado Táchira, que le diera vida, que no se lo llevara todavía. Mientras hacia ese ruego de vida al Dios todopoderoso, a la vez, se entregaba en los brazos de Fidel y Raúl Castro imitando a Fernando VII ante Napoleón Bonaparte. Los diputados de la Asamblea Nacional, del régimen como los de la falsaria oposición MUD, C.A., se pasaban por alto preceptos Constitucionales que obliga al TSJ a conformar una Junta Médica, que examine al paciente Presidente y, elaborar un informe, y enviarlo a la AN, para que lo consideraran y tomaran decisiones, que en este caso, es la aplicación del artículo 233 de la Carta Magna, lo cual establece, que una vez el Presidente abandone el cargo, debía asumir la Presidencia interina de Venezuela, quien ejercía la Vicepresidencia.

En agosto del 2010, la Comandante Coral me había informado del cáncer que padecía la humanidad de Chávez, el cual había sido

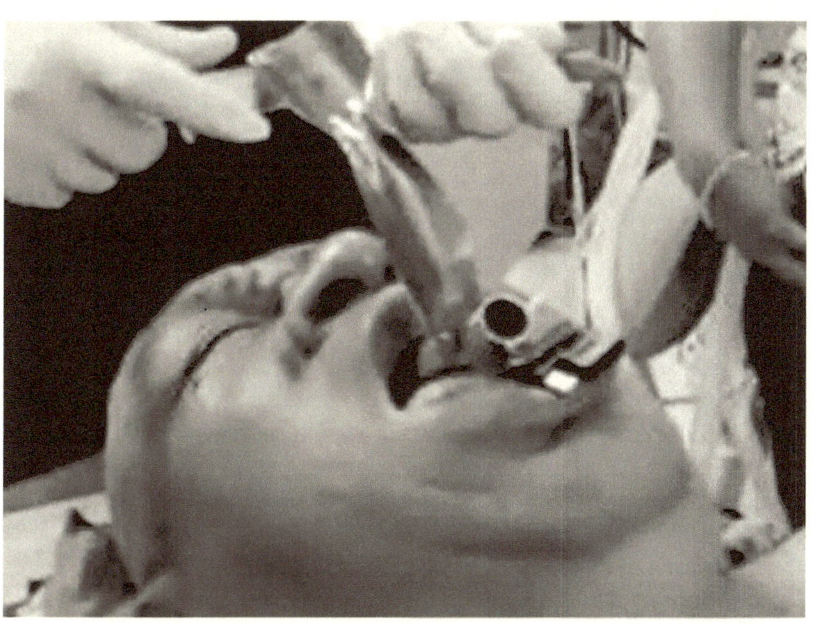

El aparato metálico es un Fast Track, usado para entubación difícil, cuando la practican por tiempo prolongado. Según médicos, causa daños en las cuerdas vocales. Un oficial de la Casa Militar me informó que fue una orden de Fidel Castro, cortar las cuerdas vocales a Chávez.

localizado en un principio en el estómago. Posteriormente el médico cirujano Salvador Navarrete Aulestia conmovió al país, con su versión de que el mandatario tenía un sarcoma letal suscitado en el tejido del suelo de la pelvis, de muy mal pronóstico, y que la expectativa de vida era de dos años. No obstante, fue el 30 de junio del 2011 que el mismo paciente lo hizo público. El pésimo tratamiento por parte del equipo de médicos cubanos y una desgastadora campaña electoral aceleraron su enfermedad. Así que enfermo en fase terminal, el 30 de junio del 2012 se le vio suplicando clemencia al Santo Cristo de la Grita en el estado Táchira. Le imploró por su vida, que estaba dispuesto a cargar con su corona de espinas; pero que no lo dejara morir. Esa reacción de angustia me recordó al Libertador Simón Bolívar cuando libraba la Campaña Admirable en 1813, que se fue a venerar al Santo Cristo y se retiró sin darle la espalda.

Así, con su cáncer a cuestas, el 25 de agosto de ese mismo año, con motivo de la impetuosa explosión ocurrida en la refinería de Amuay ubicada en la costa occidental de la península de Paraguaná, municipio Los Taques del estado Falcón, el mandatario expresó "El show debe continuar, la vida sigue", ante la gran algarabía que ocasionó su visita.

Consideramos que ese manejo gubernamental de la crisis de la explosión de la refinería no solo se hubo podido evitar, si no que fue manipulado con fines diabólicos ya que tres días antes en la ciudad de Punto fijo predominó una nube gris con un gas que impedía la respiración y visión de todos los habitantes. Muchos trabajadores advirtieron a directivos del peligro inminente no solo para PDVSA sino para todas las familias. Pero el presidente de la empresa petrolera Rafael Ramírez, ante ese peligro inminente, aun cuando contaba con tres días para evitar la tragedia no movió un solo dedo. Muchos han interpretado el manejo gubernamental de la crisis como una prueba para el mandatario, quien se presentó en la refinería un día después de la explosión anunciando que no tenía temor en adentrarse lo más posible a inspeccionar la labor de los bomberos con sus propios ojos.

Como en casos anteriores el palero Hugo Chávez habiendo fracasado en sus operaciones de cambio de cabeza como la de Franklin Brito, con los Niños Faddoul o con los lateros de Caracas u otras ceremonias de igual calibre, ordenó a su rojo rojito Rafael Ramírez que la función debería continuar provocando inmensos daños y mucho dolor.

En ese momento, ejercía la Vicepresidencia Elías Jagua, persona aparentemente de su confianza, ha podido transferir temporalmente el poder y dedicarse a su enfermedad, pero no tenía voluntad de hacerlo. Fidel Castro siempre supo mantenerlo bajo su control, Chávez era una araña enredado y atrapado en la red del Sauron cubano.

Para los intereses y planes del déspota castrista, faltaba todavía sangre que correr. El Sauron tenía todo espectacularmente calculado. Su ojo oscuro le permitía prevenir acontecimientos y actuar como las hienas frente a sus víctimas, primero lo persiguen, lo agotan, lo matan y lo devoran. Fidel Castro lo empujó con fuerza hacia el precipicio de la candidatura presidencial, a sabiendas de la gravedad de su salud. Del 11 de julio, día de la inscripción, al 7 de octubre, día de la elección, era un candidato agónico, aceptando sin voluntad un tratamiento inadecuado según los expertos. Sin embargo, sacó fuerza, para imponerse como siempre a base de engaños, a un ratón de laboratorio como era Henrique Capriles Radonsky.

A lo largo de ese mes de octubre 2012, Chávez cumplía, las instrucciones cruciales de Castro y su infierno revolucionario. Designó al principal agente cubano Nicolás Maduro como Vicepresidente. Ordenó trasladar el oro que recuperó en septiembre del 2009, calculado en 50 tm, a la Habana en un avión ruso. Adicionalmente, transfirió 50 mil millones de dólares del BCV al Banco Central de Cuba. Sauron se preparaba para lo peor, pero confiaba en su principal agente Nicolás Maduro, un hombre sin historia, sin huella de lucha en Venezuela, pero Fidel Castro lo protegía con el signo de Baba Obye, reforzado, además, con el hindú Say Baba, quien le aseguró que sería Presidente de Venezuela y, a Aristóbulo (ManoEmuerto), le pronosticó que siempre formaría parte del gobierno, hasta que el régimen se derrumbara, pero al parecer la parca se adelantó y tocó la puerta del hijo de Curiepe.

Hago esta narrativa, para las generaciones que no están comprometidas con los horrores del pasado, ni con las complicaciones del presente. Relato cosas con crudeza para que los venezolanos entendamos que nuestra lucha, primeramente, es espiritual, del bien contra el mal y, no hay término medio, porque es una lucha a muerte.

El comienzo del fin para Hugo Chávez se inició la noche del 8 de diciembre del 2012, cerrando otro capítulo cruento. Esa noche, propone en su agonía violar su propia Constitución, porque a quien le correspondía en forma clara y por mandato constitucional, asumir la Presidencia interina, era al presidente de la AN, en ese momento el diputado Diosdado Cabello.

Si esta situación sobrevenida se hubiese presentado en la primera mitad de su mandato, entonces reitero, quien debía reemplazarlo en esa aguda crisis era el Vicepresidente, que para esa circunstancia especial era Elías Jagua, nunca Maduro. Pero en esta delicada situación se impuso la decisión de Fidel y Raúl Castro y, Hugo Chávez, obedeció las órdenes, designando esa noche al caliche cucuteño, su nuevo hombre en su condición de procónsul cubano en el país, además como presidente interino, a quien también revistió de candidato presidencial del PSUV, olvidando la obligatoriedad de que todo funcionario público debe renunciar al cargo que ostenta, para poder optar a cualquier candidatura. Con ese decreto de transición Chávez se llevó por delante a la moribunda Constitución Bolivariana, colocándola dentro de su féretro para luego ser enterrado en la Habana.

Por nuestra parte cumplimos con la Carta Magna. En tres oportunidades acudimos al TSJ, como simples ciudadanos, haciendo la solicitud constitucional, que designaran la Junta Médica. Mientras tanto, la Asamblea Nacional en forma unánime, le otorgaban permiso al paciente presidente para que se tratara su enfermedad en Cuba. Era grotesco la actitud de los diputados, porque ni siquiera se colocaban la hoja de parra, para ocultar el vasallaje. No le solicitaron tampoco a Hugo Chávez, al regresar de Cuba, un informe médico, sobre su estado físico y mental, necesario para continuar en el ejercicio del cargo de presidente. Esa fue la AN, que, en las elecciones del 2010, la oposición habiendo ganado con 54 % aceptó tener menos diputados, entregándose al CNE y a Chávez para impedir acciones como éstas.

Yo estaba consciente de ese perverso escenario, que se cernía sobre Venezuela, recordaba aquella carta de Fernando VII a Napoleón Bonaparte, cuando éste último, ordenó a su hermano José Bonaparte, que invadiera a España. Misiva que había leído años atrás, cito textual:

-Mi mayor deseo es ser hijo adoptivo de S.M: el emperador nuestro soberano. Yo me creo merecedor de esta adopción que verdaderamente haría la felicidad de mi vida, tanto por mi amor y afecto a la sagrada persona de S.M, como por mi sumisión y entera obediencia a sus intenciones y deseos.

Esta carta la guardaba mi padre Alberto José Medina, en su modesta biblioteca Juan Montalvo, como un recordatorio de la antítesis de lo que no deben hacer los hombres públicos, la actitud inaceptable para cualquier gobernante, un gesto grotesco sinónimo de un vulgar vasallo. La epístola la redactó y firmó, el prisionero Fernando VII Rey de España en Bayona, Francia, a su carcelero el Emperador Napoleón Bonaparte.

CaraE'Crimen, en este teatro necrofílico representaba a Fernando VII; y Fidel Castro era la mímesis de Napoleón Bonaparte. Fidel, su padre putativo como el mismo Chávez lo expresó, lo llegó a elevar al Olimpo como un Dios revolucionario. Seguía sus consejos médicos al pie de la letra, como un corderito que lo conducían al altar del sacrificio, a esa ceremonia del Palo Mayombe para quedar prendado al Caldero Satánico de Baba Yobe y hacer lo que se llama en ese satanismo, "el cambio de cabeza".

Resulta inexplicable que después de esas operaciones y tratamientos de quimioterapia que se administraban a Chávez, que representa un enorme sacrificio, y millones de células muertas, un tipo de tratamiento fuertemente criticado por los expertos oncólogos. LLa jefatura cubana le ordena, inscribirse como candidato Presidencial para unas nuevas elecciones. El cumplió con el mandato cubano. El 11 de julio del 2012, inscribió su candidatura. Se le vio montado en un camión desde el Palacio de Miraflores hasta el CNE, en el área de El Silencio. Una corta distancia, pero se evidenciaba sus disminuidas capacidades de otros tiempos. La complicidad de los llamados chavistas con las órdenes que desde la Habana dictaba el Sauron, fue impresionante. Los Magistrados del TSJ, guardaron silencio, frente al enorme peligro que, como una sombra negra, avanzaba cada día sobre Venezuela. Los diputados de la Asamblea Nacional levantaban la mano cómplice y aprobaban el permiso para que se tratara en Cuba.

Asimismo, la totalidad de los Rectores del CNE, le recibieron su solicitud de inscripción como candidato presidencial y, hasta apoyaron, ese circo romano electoral, cambiando por vez primera, la fecha de inscripción al 11 de julio y las votaciones el 7 de octubre. Comicios que siempre eran en diciembre. El cuerpo rectoral del CNE, guardaban el silencio propio de los cómplices y seguían el guion del Sauron cubano. De igual manera, el generalato, los guardianes de la seguridad de la República, con algunas excepciones, no solo bailaban al son que les tocaba el dictador cubano, sino que estaban dedicados a la "dolce vita" y a la corrupción, para ellos todo estaba normal.

En esta trágica y dolorosa historia, que incluso no sé si forma parte de un destino determinado, que afecta y envuelve a toda nuestra nación, apareció en forma repentina, la figura descollante en su profesión, el Dr., José Rafael Marquina, médico formado en la Universidad de Mérida, habiendo realizado postgrado en EEUU, en el Hospital Jackson de Florida, a quien conocí personalmente en el año 2014, cuando escribía el libro "El Gran Engaño", sobre la extraña muerte de Hugo Chávez, y requería de su versión para concluirlo. El Dr. Marquina nos invitó a mi hermana Yolanda, a mí y a Patricia Poleo, a pasar un fin de semana en Naples, donde residía junto a su gentil esposa e hijos. Patricia no pudo viajar. Un fin de semana que no olvido.
El Doctor Marquina, cuando supo de la enfermedad de Chávez, de

la gravedad que representaba y, sus consecuencias, actuó en forma cabal, como todo un gran profesional. El 27 de febrero del 2012, Hugo Chávez, confirmó en una grabación, que su segundo tumor era maligno. En un video desde el hospital CIMEQ, en la Habana. Esta era la tercera operación que se había practicado, el Primer Mandatario de Venezuela en la isla caribeña, todas ellas rodeada del más oscuro secretismo, hasta que el propio Chávez dio a conocer sobre la evolución de su enfermedad. Y existía una gran posibilidad, que aun con la terapia correcta, el cáncer avanzara rápidamente, esto lo advirtió Marquina.

El 7 de marzo del 2012, Marquina escribió en su cuenta de twitter, una recomendación para que a Chávez, se le aplicara un tratamiento de radio con quimioterapia; y de esa manera, el mandatario llegase en buenas condiciones físicas a las elecciones del 7 de octubre.

El 8 de marzo, en el diario El Comercio, Luis Fernando Osquera comentó, que el Dr. Marquina, desde su consultorio en la ciudad de Naples, dividía su tiempo entre atender pacientes, hacer investigaciones médicas; y navegar en las redes sociales de internet para informar sobre la salud del presidente venezolano. Además, dijo, que Marquina aseguraba tener acceso a parte de la información clínica de Chávez, pese a que, la salud del mandatario era considerada por los venezolanos un secreto de Estado:

-Hay un hermetismo gigante -señaló Marquina-, han aumentado muchísimo la seguridad y, cada vez, es más difícil obtener información de las fuentes, e incluso en Venezuela, todas las personas allegadas al presidente se encontraban totalmente desinformadas.

Y es correcto lo que narra el Dr. Marquina al periodista Osquera, la información era cierta, porque para ese momento, con la excepción del Mayor General Hugo Carvajal jefe de la DIGCIM; y, el Comisario General adscrito al Despacho del director, Eduardo Guzmán Pérez, todo el círculo íntimo del mandatario se hallaba desinformado totalmente de la gravedad del presidente.

Las declaraciones del médico estuvieron causando furor por las redes, especialmente en Twitter, con sus despachos de 140 caracteres sobre la condición de Chávez, el tratamiento que recibe y la complejidad del cáncer que padece. Sus evaluaciones sobre los datos que recibe son categóricas. Chávez batalla contra un tumor maligno y poco común, estacionado sobre el tejido muscular. De acuerdo, con la información dada por el Dr. Marquina, el tumor, posiblemente se inició en la vejiga del paciente y no identificado como tal en su primera etapa. El resultado, según Marquina, es que hizo metástasis, incluidos, el hígado, las glándulas suprarrenales, y el área retroperitoneal (entre el abdomen y la pelvis) y fue abordado como si se tratara de un cáncer de colon, pero después llegaron a la conclusión que era un cáncer en la vejiga

La versión profesional del doctor venezolano demócrata resultaba evidente que no simpatizaba al paciente, pero el galeno se hallaba consciente del enorme significado, que la enfermedad del mandatario tendría para Venezuela. El médico nunca politizó sus continuos twitters, que a diario aumentaba el número de sus seguidores, preocupados por la suerte y las implicaciones que traería esta extraña muerte.

A la fecha, no tenemos elementos probatorios que demuestren si el cáncer de Chávez, como lo afirmó Nicolás Maduro el 5 de marzo del 2013, en forma solemne al país, cuando dio la noticia del falso deceso, notificando que el comandante Hugo Chávez había muerto producto de una larga enfermedad, aseverando que ese cáncer había sido inoculado por agentes del imperialismo yanqui, lo que fue ratificado por Iris Valera, alias Fosforito, quien en rueda de prensa nacional, aseguró que al Presidente Chávez, lo mataron en Cuba y anunciaron que se había conformado una Comisión de expertos para investigar el origen del crimen y los autores.

Lo cierto es que esta opinión del Doctor Marquina, sobre la ubicación del cáncer en la vejiga, de alguna forma, se aproxima a la primera opinión de la comandante Coral, cuando me comunicó a mediados del año 2010, que, en un análisis médico realizado a Hugo Chávez, se halló evidencias de un tumor altamente peligroso, ubicado en los órganos sexuales. De igual manera, el profesor, sociólogo, agrónomo y oficial de inteligencia, José Eduardo Guzmán Pérez, además, de coincidir con estas dos calificadas versiones, sostiene que, a Chávez, después de las elecciones de octubre, le extirparon los órganos sexuales. Operación efectuada entre finales de octubre y el 8 de diciembre, cuando pronunció su última alocución, prácticamente despidiéndose de Venezuela.

Imaginarme la castración, me causa un fuerte estremecimiento. Un hombre sin órgano sexual es como un tronco seco, un río sin agua, un cielo sin estrella. El sublime acto de la creación es la unión de un hombre y una mujer en una desbordante pasión. Soy varón de fe y, recuerdo la pintura de "La Creación", obra del genio italiano Miguel Ángel, en la Capilla Sixtina, expresando el Génesis, un Adán con su órgano sexual diminuto, pero órgano al fin, porque sin esa particularidad, esa pintura no tendría sentido.

Resulta inconcebible un hombre o una mujer castrada, una práctica común en la antigüedad, vale recordar los dictámenes de Emperadores de Asia y Europa, cuando ordenaban las castraciones, bien para tenerlos a su servicio en las cámaras de la Corte o como cantantes para los teatros. Hasta una película existe interpretando a Farinelli il Castrato ¿Cómo imaginarse, a un Hugo Chávez castrado? Una mutilación en la cual, debe haberlo enmudecido. Que debilitó aún más su personalidad, sin la producción de testosterona que en cierta forma moldea la masculinidad, el echar pa'lante cuando las circunstancia lo ameritan. Un Chávez sin órgano sexual, era definidamente un hombre domado para aceptar cualquier orden, era en ese preciso momento, una máquina dañada y, ya había dejado de ser, el dueño de Venezuela.

Cuando visité la Habana en 1996, llevando adelante la campaña internacional de la deuda externa, me motivó, sobremanera, la idea de hablar con el embajador venezolano, el poeta Gonzalito García Bustillos, persona gentil, buen parlante e inteligente. Me regaló su nuevo poemario del Mamut. Aparte de saludarlo, quería conocer, su apreciación relacionada con la visita del primer viaje de Hugo Chávez, en diciembre de 1994 y, específicamente, el impacto en el genio de Fidel Castro. Gonzalito me contó, que después del acto en la universidad de la Habana, fueron a visitar diversos lugares y, que llegaron en la madrugada, tocando la puerta de la residencia de la embajada y pidiendo comida, les cocinó y, se mantuvieron dos horas más.

Le repregunto:

-¿Qué pensaba Fidel de Hugo en ese momento?

El embajador me responde,

-Cuando le hice la pregunta a Fidel, se agarró la barba, me miró a los ojos, alzó la voz y levantando la mano, me dijo, se cree un predestinado.

Después de esta confesión, el poeta y diplomático me preguntó:

-Y ahora, ¿qué piensas tú de esta opinión de Fidel?

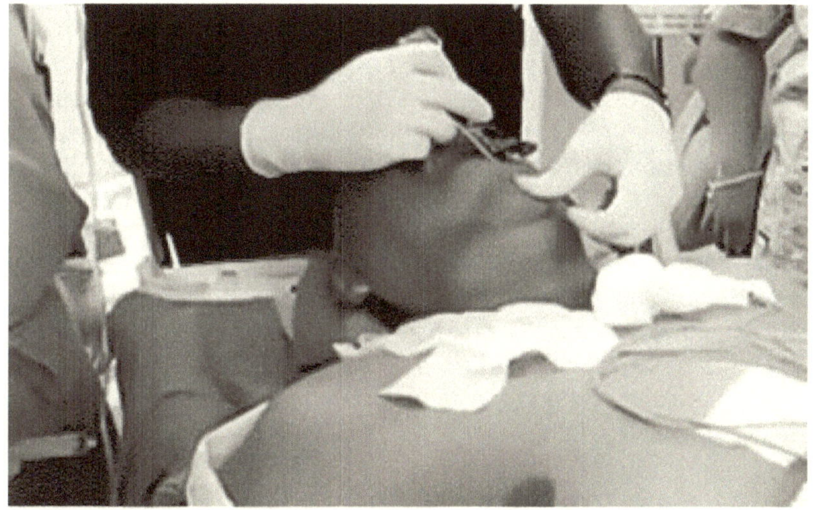

Le expresé,

-El problema poeta, es que Fidel también se cree un predestinado y dos predestinados juntos, eso no existe en la historia, dos primeros violines juntos no pueden convivir.

Gonzalito soltó una carcajada y exclamó,

- ¡Qué vaina tan buena!, esa opinión tuya.

De allí nos fuimos a comer.

El anterior comentario, permite narrar una situación de amplia repercusión entre los dos países, ya que la gran experiencia de Fidel Castro había permitido a Hugo Chávez sobrevivir en varias situaciones adversas, mejor dicho, catastróficas, pero a cambio, del flujo continuo de petróleo a Cuba, las inversiones, y el negocio ilegal del tráfico de cocaína, facilitándole a la dictadura cubana sobrevivir y, fortaleciéndose así, las relaciones entre los dos regímenes. Las vinculaciones políticas y también las personales, entre dos facinerosos comandantes, que más allá de los mimos públicos, eran en apariencia, la de un padre putativo y un obediente hijo primogénito. Chávez en forma continua promovía la Gran Colombia y, llegó a hablar de VeneCuba, mientras los cubanos, se referían a esa misma relación como Cubazuela. Situación ésta última, que no era aceptaba por Raúl Castro, lo que generó una definitiva ruptura con Chávez.

Era evidente, que en el escenario internacional, Hugo Chávez había desplazado a Fidel Castro, por su juventud, impetuosidad, con esa manipuladora verborrea, evidente carisma y, los inmensos recursos de "esa chequera que camina" que llegó a comprar a opinadores y medios de comunicación. Asimismo, las simpatías de tres figuras cubanas, la del embajador Germán Sánchez Otero, la del Vicepresidente Carlos Lage y el canciller Felipe Pérez Roque, quienes fueron motivo de una crisis política en la isla caribeña, el 3 de marzo del año 2009, cuando Chávez iba disparado como un cohete. A partir de esos momentos, en los cuales, ha debido recordar su opinión ante el embajador García Bustillo, de que Chávez, se creía un predestinado, Fidel debería haber hecho también, múltiples ajustes, en su relación con su pupilo tirano, que, por su larga experiencia en el mando, le resultó fácil, para meter en cintura al otro predestinado.

En medios médicos y, en investigación científica, expertos sostienen que el cáncer no puede ser inoculado, otros opinan lo contrario. Hay también, quienes consideran que le suministraron una sustancia rusa denominada Polonio 214, en todo caso, no hay duda de que el manejo de la situación de salud del presidente Chávez, con el tratamiento administrado por los médicos cubanos, aceleraron el desarrollo del maligno tumor.

Capítulo XLI

"El historiador Eduardo Guzmán Pérez descorre el telón"

Es propicia la ocasión, para continuar con esta narrativa de hechos históricos que hemos venido desarrollando, conocer la opinión del analista político de Inteligencia y Seguridad Nacional, J. Eduardo Guzmán Pérez, quien, a lo largo de los últimos 36 años, ha estado escribiendo buena parte de la historia contemporánea de Venezuela y, con quien tenemos similitud de ideas, en los aportes que haga, en esta investigación historiográfica acerca de Hugo Chávez.

Cito textualmente la información de Guzmán Pérez:

"Posteriormente al cierre de la campaña electoral que finalizo el 7 de octubre del 2012 en la Plaza Caracas, ubicada entre las Torres del Centro Simón Bolívar, ordenó al final de su mitin por sentirse indispuesto, desmontar la tarima que había sido armada frente al Palacio de Miraflores y dispuso la movilización de unidades mecanizadas en distintas ciudades del país, como una acción intimidatoria contra Venezuela.

Esta indisposición del presidente se debe a que fue impactado por una fuerte lluvia lo que obligó al equipo médico a reaccionar y trasladarlo a una clínica rodante, en la que fue llevado a Miraflores e introducido en la cámara hiperbárica, donde llegaron a estabilizarlo momentáneamente.

Las características que mostró fue una especie de letargo y desvanecimiento corporal. Lograron que recuperara la totalidad de su conciencia, pues había presentado un estado de letargo, estado corporal que los médicos tratantes le aplicaron sueros especiales por vía endovenosa con una respuesta favorable, e inmediata. Todo este escenario fue el resultado de la lluvia que ocurrió mientras cerraba el mitin de su campaña electoral. A los fines de esta narrativa histórica es importante que los venezolanos y todos aquellos interesados en la suerte del país conozcan al detalle, hechos que han tratado de mutilarse del conocimiento de los conciudadanos y el mundo".

Guzmán sigue con su relato,

-Cuando es trasladado desde el lugar del acto electoral hacia el hospital de Miraflores en el corto trayecto sufre de dos bajas de presión arterial y la presencia del flujo sanguíneo por la fosa nasal derecha, esto acelera el traslado inmediatamente como les narre y los someten a la cámara hiperbárica, de esta manera lo estabilizan, le administraron algunos medicamentos para frenar el potasio qué significa la sangre por la nariz.

-Una vez, realizado los análisis respectivos, y ya en Miraflores, es que detectaron que, en el pulmón derecho, se reflejaba en la tomografía una sombra muy pronunciada que indicaba que había una fuerte lesión al nivel alveolar, lo que para los médicos tratantes denotaban que podía ser carcinoma. Esa fue la discusión inicial de los médicos tratantes. Una vez estabilizado y ya fuera de la cámara hiperbárica fue trasladado a una cama clínica en donde el presidente alcanzó el sueño inducido, a eso de las 9:00 de la noche.

-Yo me encontraba en mi habitación- continúa contando Guzmán- en el piso cuatro del edificio sede .de la Dirección General de Inteligencia Militar como plaza que era de esa Institución, Un oficial General me comunica que el Presidente Chávez estaba drenando sangre por la boca que caía en la almohada. Inmediatamente, llamé a una médica, directora de la Escuela de Medicina de la Universidad de Oriente y del Servicio de Oncología del Hospital Universitario Luis Razzeti, y le hice las consultas de que estaba ocurriendo con la salud del presidente Chávez y me dijo,

-Si eso ocurrió hay una hemoptisis. ¿Qué es una hemoptisis? Una invasión alveolar de algún cáncer qué está rompiendo los alvéolos y estás drenando la sangre-. Ante esa situación planteada, los médicos recomiendan qué lo trasladen inmediatamente a Cuba para internado en el CIMEQ, hospital de última generación donado por Chávez a la familia Castro. Siendo trasladado a las 2:00 de la mañana de ese día. El

Presidente fue llevado en helicóptero presidencial de Miraflores desde el aeropuerto Internacional de Maiquetía, a la rampa 4 y desde allí lo trasladan a Cuba".

-En la fase final, -sigue comentando el analista político de Inteligencia y Seguridad Nacional, J. Eduardo Guzmán Pérez- ante el agravamiento del paciente se discutieron varias alternativas entre las cuales se barajaron varios escenarios. La primera propuesta y de mayor fuerza fue trasladarlo al Mont Sinaí en Brasil para el tratamiento en el cual estaba involucrado un oncólogo de ciudadanía brasileña norteamericano propuesta que fuese desechada inmediatamente por los Castros. La segunda fue trasladar al Presidente al Centro Ecológico de Orlando, propuesta que fue planteada por su madre, la señora Helena que también fue desestimada por los hermanitos Castro. Los cubanos se oponían a esa decisión en el entendido de que si lo trasladaban lo iban a matar en los Estados Unidos o lo iban a matar en Brasil. El ayudante de él, no recuerdo el nombre del Coronel declaró que cuando estuvo en Brasil en un hospital por recomendación de Lula, llegó una comisión de los cubanos y ordenaron que lo trasladaran a Cuba. Eso significaba que había una malsana intención de que se tratara realmente el problema del cáncer del Presidente que venía siendo manejado por médicos españoles y no por médicos cubanos en el CIMEC.

Cuando estuvo internado en el CIMEQ, en ese Centro, toda la actividad y los actos médicos practicados sobre el Presidente la llevaron a cabo médicos oncólogos y cirujanos españoles del Hospital Gregorio Marañón, incluyendo al eminente medico Julio García, jefe de los servicios de Oncología de ese hospital.

En su relato, Guzmán señala:

"En el ambiente de ese escenario había una extraña oposición de evitar o de no permitir que el Presidente Chávez sea llevado fuera de la influencia cubana, bien a Brasil donde el Presidente Lula lo había invitado o bien a los Estados Unidos donde su mamá estuvo de acuerdo en que se trasladará a ese país al centro oncológico de Houston. Esto evidencia que si había razones para decir, como dijo el general Jacinto Pérez Arcaya: "A Chávez, lo mataron".

Sí, en el velatorio en la sala principal de la Academia Militar, el Gran Salón cuando le toca decir las palabras ante el féretro con relación a la muerte del presidente Chávez, el general Jacinto Pérez Arcaya, con quien estuve mucho tiempo en el servicio de la Dirección de Historia del Ejercito, expresó estas palabras "Hijo, Viniste de Cuba a despedirte como el Negro Primero". Fin de la cita de toda la narrativa del analista político de Inteligencia y Seguridad Nacional, J. Eduardo Guzmán Pérez.

Este cúmulo de sucesos ocurridos a lo largo de la fase terminal de la salud del Presidente, a la que se suman las informaciones anteriores, minuciosamente descritas aquí en esta investigación, son irrebatibles, sobre el macabro ocultamiento de la fecha de la muerte de Chávez, para definir realmente la verdad de lo que hay detrás del tratamiento aplicado y todo lo circunscrito en el control y medicamentos administrados, entre ellos, los esteroides en grandes cantidades, contrariando lo dispuesto por el médico tratante español, que generó la deformación facial del mandatario, en los últimos meses. Este cuadro crítico que presentó en su fase final obligó a que debido a su inestabilidad para mantenerse en pie, y a los fuertes dolores que manifestaba, verse obligado a usar una silla de rueda para trasladarse dentro de su oficina en Miraflores, situación que también se le ocultó al país.

Certificados médicos provenientes de España indicaban que nunca más se intervino al presidente Chávez en el mismo lugar del tumor. No obstante, los medios de comunicación de Venezuela y Cuba publicaban que el presidente venezolano había sido operado con la técnica de la laparoscopia láser, con el fin de extraerle restos del carcinoma que había allí. Informaciones que manejan directamente los médicos que hacen estudios de tejidos en el Centro Médico de Orlando, para precisar el avance del cáncer, dijeron que todos los estudios de tejidos en donde se les hacían los análisis respectivos mostraban que el cáncer era invasivo, vale decir indetenible.

El 16 de septiembre en Cuba, se produce una reunión de emergencia entre Raúl y Fidel Castro; el jefe de la inteligencia cubana, general Fruto Weeden y el general responsable de mantener el control militar sobre Venezuela, el carnicero Ramiro Valdez, alias Charco e Sangre. Ese día toman la decisión de informarle al presidente Chávez, que le quedaban pocos días de vida, debido a que ya tenían los resultados de los exámenes finales que le habían practicado el día anterior y, le ordenan, que ante la gravedad de su situación se traslade a Venezuela, con el objetivo de reorganizar el gabinete en los cargos de la cúpula, que garantizara la subsistencia del régimen venezolano, que es la fuente de sustentación de la tiranía cubana, la cual, procedió a cumplir, una vez que fue trasladado a Caracas. Movió a Nicolás Maduro de la Cancillería a la Vicepresidencia Ejecutiva de la República, quien venía ejerciendo ese cargo durante 6 años. Seguidamente procedió a destituir al militar más fuerte del régimen; manifiestamente anticubano, su mero hombre de confianza; y jefe de la Dirección de Inteligencia Militar, al Mayor General Hugo Armando Carvajal. La tercera orden de los Castros fue que ubicara y decidiera el sitio donde iba a ser sepultado.

A su regreso de Cuba, Chávez, cerró la campaña electoral y ejecutó los cambios ordenados. El 26 de octubre, cambió a Nicolas Maduro (el nuevo hombre agente de los Castro), del ministerio de Relaciones Exteriores a la Vicepresidencia de la República. Ya se tenía ya la certeza, de que una vez que se produjese el abandono del cargo por enfermedad e incapacidad, desde la posición que tenía el cucuteño Maduro, contraviniendo lo dispuesto en la Constitución, es decir, la figura de lo alterno, obviarían al presidente de la Asamblea Nacional, para ese entonces, Diosdado Cabello, a quién por mandato de la misma Constitución del artículo 233, si le correspondía reemplazar al Presidente Chávez y, convocar, a unas elecciones en los próximos 30 días.

El 8 de diciembre de 2012, a las 7:30 pm en cadena nacional, Chávez dictó su última alocución fúnebre al país. A su mano derecha estaba Diosdado Cabello, y a su izquierda Nicolás Maduro, de tal manera, que al trasladarse a Cuba el día 10 de diciembre, el mandatario venezolano fue sometido nuevamente a unos exámenes minuciosos en el Centro de Investigaciones Médicas Quirúrgicas (CIMEQ). Seguidamente fue sometido a un coma profundo, para continuar practicándole nuevos exámenes y, determinar, cuál era la condición que tenía en su fase terminal. El 10 de diciembre llegaron a la conclusión que no pasaría del 30 de diciembre. En este sentido, el día 14 cuando lo sacaron del coma inducido, Hugo Chávez pronunció estas palabras: ¿Dónde está Adán, ¿Dónde está mi hermano?, ¡Llámenlo!

Frase y actitud que conmovió a los presentes, entre los cuales, se encontraban sus dos hijas, Nicolás Maduro, capitán Leamsy Salazar y Elías Jagua. Inmediatamente volvieron a inducirle el coma.

El 29 de diciembre en horas de la mañana, le participaron a su padre, el maestro Hugo Chávez y a su madre, Helena Chávez Frías y, a otros miembros cercanos a su familia, que su hijo estaba en fase terminal.

Entre el 11 al 20 de diciembre, realizaron de once a doce vuelos desde Caracas a La Habana. Iba toda la familia en primero y en segundo grado de consanguinidad del presidente. Solamente quedó en el estado Barinas, Nelson, el hijo de Adán Chávez, economista graduado en la Universidad de Los Andes, quien no quiso viajar. A este grupo de 29 personas, hermanos, primos hermanos, sobrinos, padre y madre, les informaron del cuadro crítico insalvable; y les consultaron, si estaban de acuerdo en desconectar la vida artificial con la que lo mantenían vivo desde hacía unas tres semanas al mandatario; porque ya no había posibilidad que superara la situación, que sobreviviera 4 días más. Ante esta grave circunstancia, trasladan al moribundo Chávez del Cimec a un lugar exclusivo llamado El Laguito en la Habana, la Casa Venezuela, donde le siguieron aplicando el tratamiento médico. Sin embargo, murió a consecuencia de un shock séptico, o sea una infección generalizada en todo el cuerpo. Ese cambio del sitio de reclusión del fallecido fue lo que impidió que haya sido visitado o visto desde una ventana al menos, por sus amigos, los expresidentes, Manuel Correa de Ecuador, de Argentina Cristina Kirchner y Evo Morales de Bolivia. Este secretismo se explicaba porque fue lo que permitió su traslado a su tumba en La Habana. De no haberse hecho esta operación, su muerte hubiera conmocionado los alrededores del CIMEQ, creando una alarma pública nacional e internacional. El 29 le consultan a su mamá qué opina ella, dice que lo desconecten, el padre no hizo ninguna declaración, afirmación o negación.

Es de hacer notar que no hubo un vocero familiar, que leyera los partes médicos anteriores, que notificara el deceso de Chávez, porque por instrucciones del gobierno de la Habana había que guardar ese secreto. La familia estaba en conocimiento que los presidentes Correa, Morales y Kirchner se habían trasladado a la isla caribeña en varias oportunidades, para dar un espaldarazo moral, porque era del conocimiento de ellos, que el tratamiento se iba a hacer en el hospital Monte Sinaí en Sao Paulo, pero los Castros se opusieron extrañamente, y, por ello, siempre los mandatarios, lo acompañaban y le daban respaldo en la Habana como expresando que Chávez no estaba solo. Sin embargo, la familia no consideró estos importantes hechos, que venían ocurriendo desde hacía dos años atrás.

El día 29 de diciembre a las 3:00 de la tarde, La Junta Médica tomó la decisión de desconectar la ventilación mecánica, la oxigenación y el suministro de sueros, al presidente Chávez, desde ese momento, cesaron todas sus funciones vitales, es de observar, que el día 30, 7:00 am recibí una llamada muy escueta de Coral quien me dijo "fue desconectado". Del día 29 al 30 de diciembre del 2012, se cumplió el mandato del presidente Chávez, quien había dejado escrito y, dispuesto en su testamento, redactado en Caracas el día 20 de octubre, "quiero que me entierren en La Habana"

En la investigación sobre estos sucesos, en mi libro titulado "El Gran Engaño", publicado en el 2014, narré la visita que realicé a la cárcel pública de Guanare (estado Portuguesa), para entrevistar al sobrino de Doña Helena de Chávez, que se encontraba preso y había sido acusado de una falsa estafa por uno de los Chávez. Durante la conversación, me manifestó que su tío, el presidente Chávez está enterrado en la Habana. Finalizada la entrevista, me trasladé a Barinas para constatar los comentarios de que Hugo, se hallaba enterrado en Barinas, al lado de la tumba de su abuela Rosa Inés, quien lo crio cuando era niño. Al cementerio, fui acompañado de un grupo de personas, entre ellos, el coronel Cazorla de la GN, los abogados Jameiro Aranguren y Robert Veraz. Allí constatamos que no existe tal tumba.

El cuerpo de Chávez, una vez fallecido, lo sumergieron de inmediato en formol, técnica equivocada, porque cuando vinieron los embalsamadores del Vaticano a la Habana el 5 de enero del 2013, contratados por la cifra de 800.000 dólares, gente especializada en taxidermia, quienes momificaron a los Papas en Roma, jeques árabes y miembros de la Realeza Europea, autoridades del mundo musulmán, al revisar el cadáver, dijeron que no podían embalsamarlo, porque habían equivocado la conservación del cuerpo del presidente venezolano, al meterlo en formol. Los restos de Chávez lo prepararon, vistieron de civil y lo trasladaron en secreto al cementerio de la Habana. Lo sabemos, porque tenemos la información precisa. Además, ya él lo había expresado con anterioridad:

-Yo no quiero que me entierren en Venezuela, porque muerto yo, se acaba la revolución. Van a agarrar mi cadáver para llevarlo a lo largo del país, como hizo Juana la loca con Felipe el Hermoso. Así también, como con el cadáver de Mussolini y el de su amante, Clara Petacci, por eso quiero que me entierren en la Habana.

Es fundamental explicar; que informaciones médicas que damos a conocer en este libro; y que las tenemos en nuestro poder, nos fueron suministradas por agentes de inteligencia de Cuba y de Venezuela, que muestran que entre finales de octubre y 8 de diciembre 2012, al presidente Chávez, le hicieron una colostomía para mantenerlo vivo. En otras palabras, le extirparon los testículos y resto de los órganos genitales, en un intento de detener las células cancerígenas acumuladas en esos lugares del cuerpo. Los exámenes señalaban que había un 300% de crecimiento y expansión a otros órganos de las células malignas y, las trataron de reducir. Es la primera vez que esto sale a relucir, debido a que hubo tergiversación con propósitos inconfesables, para no decirle a los venezolanos las causas, el momento y, las situaciones, que se presentaron en la sufrida, dolorosa y horrible fase de la enfermedad, en los últimos 6 meses de la vida del mandatario venezolano.

De tal manera, que, a partir de junio 2012, el país quedó en manos de Nicolás Maduro, aun siendo canciller, porque el presidente Chávez gobernó prácticamente hasta el 30 de junio de 2012. Él se desconectó del gobierno totalmente; y, se concentró en pedirle el milagro a Dios. Le rogaba por su salud, inclusive el 30 de junio, fecha en se celebra al Santo Cristo de la Grita en Táchira, exclamó: "¡Por qué me ha pasado esto a mí!

De ahí en adelante, Chávez entró en una fase de decaimiento general, que no le permitía articular, incluso una conversación sostenida de más de 30 minutos.

Esta narrativa es distinta y veraz en relación con las otras informaciones que han publicado, que no son ni tienen nada que ver con la muerte del presidente Chávez, ni con todo el escenario que montaron previo al espectáculo del deceso supuestamente el 5 de marzo, según el parte dado por Maduro, de que el mandatario había sido trasladado desde Cuba hasta el hospital militar Carlos Arvelo, en Caracas, porque se encontraba en franca mejoría, fue toda una gran patraña. Elaboraron un reemplazo fisonómico por medio del Museo de cera de España. Especialistas en la materia. Moldearon una figura del presidente y lo introdujeron en la urna vestido de civil con una cara muy risueña, cuando Chávez al ser preparado en la Habana, pesaba 43 kg. Apenas, la piel de la cara cubría los pómulos. Impresionante el deterioro de su fisonomía entre el 15 de diciembre que lo sacan del coma y el 29 lo desconectan.

De España trajeron dos muñecos, del "Museo del Prado'" En ese Museo están las representaciones de Reyes y Reinas de España y Europa.

Cuando el gobernador Adán Chávez, dio el discurso para cerrar el funeral en el Museo Militar, no vio la urna, sino miró al cielo como dirigiendo su mirada hacia Cuba, dijo: "Hugo, por qué nos hiciste esto".

Eso y el gesto, la forma en cómo se comportó en los ritos, la cara, la mirada hacia el cielo, significaba que su hermano no estaba en la urna.

De tal forma que, este relato que hago, veraz e incontrastable, es el producto de una investigación profunda, cuyo propósito es contribuir al conocimiento que deben tener las nuevas generaciones de venezolanos, sobre cómo y de qué manera, el dictador mediático Hugo Chávez, entró y salió de la Historia de Venezuela.

El historiador, oficial y analista de inteligencia Guzmán Pérez, nos explica en su narrativa el por qué escogieron a Maduro y no a Diosdado, "porque este último, siempre mantuvo una actitud distante con el régimen de los Castro. Cabello es un hombre de extrema derecha, es un hombre que cuenta con los intereses muy poderosos de sectores económicos caraqueños con los cuales está vinculado. Y el G2 cubano venía estudiando las conductas; y siguiendo la trayectoria del personaje de marras; y, su negativa a ir por cuarta vez a invitaciones hechas por la Habana. No iba y no entendía esas invitaciones en los meses a partir de junio, octubre, septiembre de 2012. Cabello temía que pudiera ser apresado o liquidado físicamente para borrar del camino al obstáculo mayor que tenía Fidel y Raúl Castro para colocar a Maduro en la vía hacia la presidencia de la República".

Le preguntamos al historiador Guzmán Pérez,

- ¿Por qué a Maduro?

Guzmán Pérez me argumentó,

-Porque el nuevo hombre de los Castros, en el año 1986 la Habana giró instrucciones a sus embajadas en América Latina para reclutar jóvenes. En ese año había en Cuba un proceso de ideologización y formación política, esos cursos duraban 16 meses, se dictaban en el Centro de ideologización y entrenamiento, en el Valle de Picadura, en las antiguas instalaciones de la KGB. Los participantes tuvieron entre 1986 y el 87 un proceso ideológico y en adoctrinamiento para llevar a cabo actividades de proselitismo, de penetración en los grandes sectores marginales de las

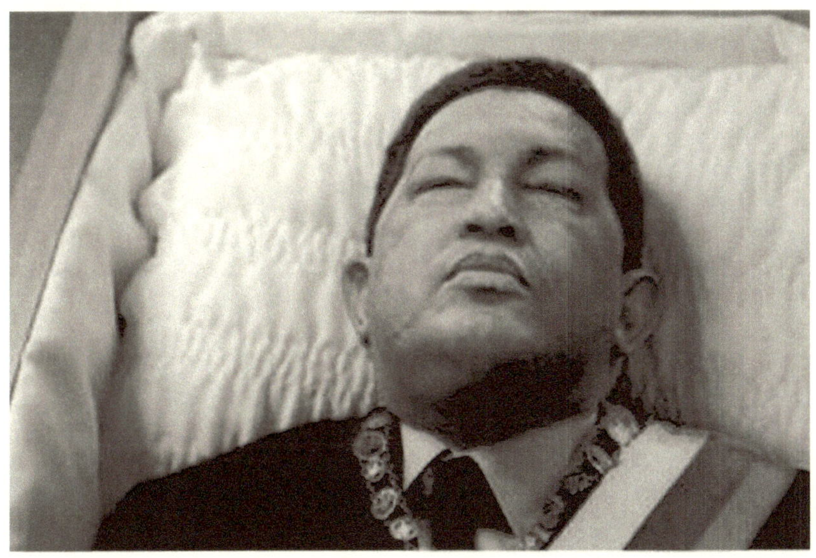

capitales de los países americanos y, evidenció en ese curso, la certeza de que el nuevo hombre de los Castros era Nicolás Maduro.

Hay antecedentes, que la relación entre el presidente Chávez y Raúl Castro nunca fueron buenas y, cada vez, se agrietaban más. Raúl no tenía ninguna intención de permitir qué Diosdado Cabello, accediera a la presidencia provisional de Venezuela por 30 días, porque ellos estaban seguros, de que daría un golpe desde el alto mando militar, se quedaría con el poder y hasta ahí llegaría la revolución. En cambio, con Nicolás Maduro, al que yo lo llamo el procónsul cubano en Venezuela, tenían garantizado, una vez que se arma todas las tramas, su existencia en el poder después de las elecciones del 13 de abril del 2013.

La cúpula de oficiales de las Fuerzas Armadas venezolanas fue llevada a Cuba, entre ellos, el ministro de la Defensa, los 5 directores, el jefe de Estado Mayor, los 4 comandantes de Fuerza, los jefes de Estados Mayores de los Comandos de Fuerza, los Inspectores Generales, tanto del Ministerio de la Defensa de las FAN como de los distintos componentes, para solicitarles y obligarlos al reconocimiento del régimen que iba a iniciar Maduro, una vez se realizaran las elecciones. Indudablemente fraudulentas, legitimadas por la oposición, porque el candidato opositor Enrique Capriles, asistió a unos comicios presidenciales convocados ilegítimamente, para competir con un candidato ilegítimo, como era Nicolás Maduro. Así que, a partir de abril, todo lo que se ha venido haciendo en Venezuela, entre 2013 hasta el 2021, es ilegítimo, ilegal e inconstitucional, todo acto hecho en nombre de la República de Venezuela desde que comienza a gobernar hasta el presente.

Quiero cerrar este capítulo recordando lo que el usurpador Nicolás Maduro, dijo en cadena nacional el 24 de mayo, mes y medio después de asumir ilegalmente la presidencia de la República, quien descaradamente anunció al país, lo siguiente: "De ahora en adelante, duélale a quien le duela, los problemas de Venezuela se resuelven en la Habana". Y así ha ocurrido.

Agradezco a mi querido amigo el profesor J. Eduardo Guzmán Pérez, oficial de inteligencia por su destacada participación tanto en la narrativa del capítulo anterior, como aportando información e ideas para desentrañar la tragedia de Venezuela.

El problema más grave para los Castros y sus aliados internacionales, los presidentes Juan Manuel Santos, Lula da Silva, Vladimir Putin, Xi Jinping y no sé en qué medida Barack Obama, era lograr la transición con un personaje colombiano, formado en Cuba sin historial de lucha, sin la huella del sudor combatiente. Por ello, prepararon meticulosamente la transición, valiéndose de todos los recursos, la mentira, la trampa, las presiones, y especialmente la utilización al máximo, de la falsaria oposición de los partidos de la MUD, que le sirvió del disfraz perfecto, para tratar de ocultar la muerte y el entierro de Chávez en la Habana.

El sacerdote guajiro José Palmar, fue el primero que alertó vía Twitter, cuyo disparo dio en la diana de la mentira de esos farsantes, señalando: "El 12'12'12' tuvo muerte cerebral, el 30'12'12' lo desconectaron. Su muerte estuvo oculta con falsedades".

El 5 de marzo escribió otro trino: "Si la muerte los tenía tan triste, por qué el círculo hasta esa anoche celebraba eufóricos el carnaval. ¿Serían bipolares como el muerto?

En la banda del chavismo y la tramposa oposición, había un asunto pendiente, la designación de Elías Jagua como Canciller, en vista de que había renunciado su triunfo en la gobernación de Miranda, facilitando la negociación para que se instalaran, tanto en Barinas como en Miranda a los perdedores, Adán Chávez y Henrique Capriles se detuvo frente al grupo. No sabemos qué negociación hizo Julio César Reyes, pero lo de Jagua fue exigir la Cancillería.

Yo recibía la información de Coral, quien estaba atenta a todos los movimientos. Ella me decía muy segura, que esa designación en la cancillería la harían a través de una firma electrónica. Coral, con un babalao cercano al Sauron cubano, nos permitía estar atentos a todos esos pasos. Mi querido amigo Parsifal De Sola siendo accionista del diario El Nacional, logró que yo pudiera publicar con frecuencia cintillos en ese periódico, denunciando la gran mentira, el gran engaño con relación a que Chávez se mantenía enfermo bajo cuidados intensivos.

La firma electrónica con la rúbrica del dictador fue preparada anticipadamente y anunciada por él mismo en Miraflores, a solicitud del Sauron de Cuba. El documento presentado por el agente cubano, vicepresidente Nicolás Maduro, con la rúbrica de Chávez, designando a Jagua con la firma al estilo de "raboecochino" (expresión venezolana), como el mismo mandatario la llamaba. Por cierto, cuando él, la presentó públicamente por vez primera, escribí un documento donde llamé la atención del impacto que producía esa firma, en la que destacaban dos cachos, un cuerpo y un enorme rabo. Ese autógrafo en color rojo escarlata es lo parecido al tercio aquel en la tierra, que mis abuelas me enseñaron que nunca debería pronunciarse, porque aparece de una u otra forma.

La lucha por la verdad la dábamos desde la Resistencia en su más amplia acepción. En los días de enero de 2013, frente a la sede de la

OEA pernoctaba un grupo de estudiantes en protesta. Se solicitaba información sobre Hugo Chávez. Y; qué casualidad, trotando, se detuvo frente al grupo de Henrique Capriles, sólo para solicitar que abandonaran la protesta, que se fueran a sus casas. La gente se molestó y mandó a H.C.R a bailar salsa. Después, la preocupación aumentó considerablemente, que motivó a acercarse por primera vez frente a la propia sede de la embajada de Cuba. Recuerdo que, por ese lugar, muy pocos pasaron a apoyar la resistencia de los jóvenes. Los dirigentes de la fulana oposición, se mantenían en silencio, esperando órdenes desde arriba, desde Miraflores.

El Sauron cubano y su hermano desataron una ofensiva. Primero, lanzaron el globo de ensayo de la firma electrónica, después el acto público con las invitaciones a Evo Morales, Daniel Ortega y Pepe Mujica de Uruguay, que fue la prueba inicial del agente cubano Nicolás Maduro. Ahí se cubrió de gloria el actor Winston Vallenilla, cuando se colocó en posición de "rodilla en tierra" frente a un enemigo externo inexistente. La gente lo calificó como un payaso con suerte. Continuaron después con una cadena informativa. preparando el final, es decir, el reconocimiento de la muerte de Hugo Chávez Frías. Todo esto era necesario porque necesitaban desesperadamente ese tiempo, para una transición tranquila con Maduro, que por cierto Diosdado se tragó ese anzuelo, que todavía lo lleva en enganchado en la "Manzana de Adán".

Ser el vocero de una cadena montañosa de mentira oficial, de una noticia de carácter criminal y penal, debe ofrecer múltiples dividendos en lo inmediato. Pero cargar con esa paparruchada sobre sus espaldas las 24 horas del día, debe ser pesado, consciente de que se trata de barnizar y, colorear, una realidad para mentir y manejar a un pueblo, estar en el bochornoso papel de títere, y ocultar a quienes están detrás de las luces, moviendo los hilos reales a objeto de fabricar una aparente realidad en la que hay dificultades, pero que todo estará mejor con el Procónsul cubano, pues ese vergonzoso rol lo cumplió a cabalidad el periodista vocero oficial del régimen, Ernesto Villegas, cuando leía algunos supuestos partes médicos:

7 de enero. Situación estacionaria. Sigue el tratamiento. El paciente reacciono bien. Tiene una pequeña infección respiratoria.

13 de enero. A pesar de la delicada situación se recupera, respiración controlada. Está consciente y en comunicación con su familia y con los ministros del gobierno.

21 de enero. La evolución del presidente Chávez es favorable. Atiende asuntos del gobierno y mantiene comunicación con la familia.

15 de febrero. Después de un proceso difícil se mantiene consciente al frente del gobierno, la enfermedad fue controlada, respira a través de una canuca traqueal.

Cuando están dando el parte médico, interviene en ese momento el yerno de Chávez, Jorge Arreaza rebosante de amor y dijo "ayer fue 14 de febrero" mostrándose apasionado por el día de los enamorados y presentó unas fotos donde aparece Hugo Chávez leyendo El Granma, periódico oficial de la dictadura cubana, rodeado de sus dos hijas.

21 de febrero. Vuelve-mentirita-Ernesto Villegas,

-Como ya fue anunciado, llegó al país el presidente Chávez; y se encuentra en el Hospital Carlos Arvelo. Persiste la enfermedad. El paciente se encuentra en comunicación con sus familiares.

El presidente de Bolivia, Evo Morales, quien había fracasado en el intento de ver a su amigo Chávez en la Habana, en el CIMEQ, trató nuevamente de verlo, creyendo que se encontraba en el hospital militar Carlos Arvelo de Caracas, seguramente motivado por los partes médicos del vocero oficial, el periodista Villegas, quien comunicaba que el paciente estaba mejorando, que hablaba con su familia y que se hallaba al frente del gobierno. Su ruta fue entonces hacia Caracas, para entrevistarse con su amigo, fracasando otra vez. Desde luego, que no hay respuesta o explicación del suceso, porque si Hugo, supuestamente se comunicaba con su familia; y, se mantenía al frente al gobierno, era la oportunidad de oro para que su amigo boliviano lo visitara. Evo Morales frustrado declaró a la prensa internacional, que no lo vio y no lo podía ver porque Chávez había fallecido en los días finales de diciembre, y había sido enterrado en la Habana.

Mientras tanto, cuando se realizaban las protestas estudiantiles frente a la embajada de Cuba, el embajador de Panamá en la OEA, Guillermo "Willy" Cochez, alzó la voz de la dignidad, y denunció que Chávez estaba muerto; y retó al régimen a que lo desmientan. Por otra parte, la gente que me acompañaba, entre ellos, el ingeniero Parsifal De Sola, redactábamos cintillos en el periódico, El Nacional, denunciando la patraña, el gran engaño. No era fácil, teníamos al G2 cubano encima y los cuerpos represivos nos pisaban los talones. Nuestra única puerta para la denuncia internacional era la periodista Juana Iza en la Voz de América, siempre atenta, siempre a la orden.

Debo reconocer, la perfección del plan del cártel cubano, para imponer al Pro-cónsul cubano Maduro. Hay también un detalle significativo, que expresa quizás la rivalidad entre los "dos predestinados" el Sauron del

Caribe y Hugo Chávez, fue la fecha escogida por ellos, para anunciar su deceso el 5 de marzo, ya que otro 5 de marzo, pero de 1953, fallecía Iósif Stalin, dictador criminal de la Unión Soviética envenenado por Beria. ¿Fue una simple coincidencia o el último pase de factura?

El 5 de marzo, 4:25 pm, en cadena nacional, el agente del G2 cubano, de nacionalidad colombiana Nicolás Maduro dio la noticia, derramando "lágrimas de cocodrilo" (Refrán venezolano); y, acompañado por la dirigencia chavista, que se sumaron como plañideras al teatro de lágrimas, en una escena que podríamos llamar "La Tarde luctuosa de los Cocodrilos".

Decretaron capilla ardiente; y, el viernes 8 de marzo, en el Hospital Carlos Arvelo, ubicado en la parroquia San Martin, Caracas, realizaron un protocolo en la entrada del centro de salud militar, una ceremonia donde habló Maduro y la madre del presidente fallecido, Helena Chávez de Frías. Luego, empezaron las pompas fúnebres con una marcha de una camioneta y dos carros fúnebres, que fueron contratados a la Funeraria San Vicente en Medellín, Colombia. Continuó el teatro mortuorio, en un nivel máximo de asombro por el incesante engaño a los venezolanos. Hicieron un recorrido de 13 kms, bajo un inclemente sol, seguido por miles de sus partidarios, quienes vestidos franelas y gorras rojas, lanzaron flores al féretro durante todo el trayecto. Iban sin ninguna malicia, confiando en que ese carroza fúnebre descansaba su máximo líder. No sabían que, en ese cajón de madera, a donde se dirigían todas las miradas, todo el llanto y, el desgarramiento de alma de manera sincera, habían introducido, entre gallos y medianoche, un muñeco de cera traído del Museo del Prado de España. Todo herméticamente manejado. En realidad, fueron dos muñecos.

Suplantar a un muerto. Ya había ocurrido en Venezuela en la época de la IV República, cuando se estrelló una avioneta en el estado Amazonas en el año de 1981. Dieron por muerta a la Doctora Raíza Ruiz y los forenses reemplazaron el cuerpo de Raíza e introdujeron, huesos de animales y cal en la urna, siendo enterrada con llantos y oraciones. Sólo que a pocos días apareció la médica, generando un escándalo nacional e internacional. Pero esta vez, el caso que nos ocupa, la falsificación fue con un muñeco de cera, que en la realidad no semejaba al cadáver del mandatario, reducido a 43 kilos y, con la cara deformada, por el cáncer que lo consumió.

Sobre estos eventos, narrados al detalle, de la verdad inédita del fin del tirano Hugo Chávez, recuerdo cuando iban a destapar la urna, encontrándose frente al féretro, sus progenitores, la señora Helena Frías de Chávez, y el maestro Hugo Chávez, varios hermanos, entre ellos, el gobernador de Barinas Adán Chávez. A través de VTV Canal 8, que era el único canal de televisión transmitiendo el acto, cuando levantaron la tapa del ataúd se produjo un silencio mortuorio de miedo y veneración. La única que se inclinó confiada para mirar hacia el interior de la urna, quizás queriendo ver a su hijo por última vez, fue la señora Helena, se nota su ansiedad, pero en un instante vuelve a su posición original, realizando una mueca de total rechazo hacia el féretro y, le dice a su esposo:

-Ese no es mi hijo.

En ese preciso momento, privó su instinto materno, con la seguridad que no era el mismo que quería despedir para siempre y, además, lo había visto en el mes de diciembre. Inmediatamente cortaron la transmisión del Canal de televisión y el vídeo también desapareció como por arte de magia.

Todos estos satánicos personajes que manejaron con maestría esta estrategia de maldad infinita y de horror: Sauron, Chávez, Raúl Castro, Maduro, José Vicente Rangel, los generalatos cubanos y venezolanos. Igualmente, Diosdado Cabello, los dos Tarek, sus sacerdotes. Esta gentuza pareciese ser parte de otro mundo; o, figuras mitológicas sin corazón, que beben, se bañan, defecan sangre y realizan ceremonias donde sacrifican niños, porque se lo pide una fuerza mayor insaciable del líquido rojo para transferirle poder y honores. Estos maquiavélicos personajes de la trama cubana-venezolana merecen todo nuestro repudio permanente y sin esguinces.

Para conversar este serio problema de la existencia humana, entrevisté al amigo Franklin Baratxarte, mejor conocido como Baratcharte, de ascendencia vasca, junto a su compañera la conocida tarotista Adriana Azzi. Honestamente fue una noche memorable. Sentados alrededor de una mesa en su acogedora casa en Coral Gables, Florida, inicié la charla con una pregunta:

- ¿A cuál infierno están destinados toda esta especie de caníbales? No creo que ni siquiera merecen el cielo establecido en "El Libro de los Muertos" que para proteger al difunto de las fuerzas hostiles lo guían a través de los obstáculos al inframundo. Así está escrito:

-Los fallecidos viajan a través del cielo en el Arca Solar, como uno de los muertos benditos. Por la noche desciende al inframundo para presentarse ante Osiris y tras haber sido reivindicado, el fallecido asume poder en el universo, como uno de los dioses". Recuerdo que en la Odisea, tampoco tienen derecho al Hades, "donde bajó Odiseo e hizo una ceremonia de sacrificios para hablar con el argüir Tiresias, su madre y una legión de combatientes y amigos".

Franklin y Adriana me escuchaban con mucha atención. Finalicé mi intervención con este comentario:

-A estos personajes diabólicos realizadores de la trama continental y mundial, se podría quizás, si estuviera en nuestras manos, echarlos de la tierra y condenarlos a consumirse en la brea perpetua del infierno, tal como lo escribió el Dante Alighieri en su Divina Comedia, sin derecho a entrar al Purgatorio y al Cielo.

Franklin, por supuesto había leído la Divina Comedia. También el Libro de los Muertos de los egipcios, y todo lo relacionado con el averno. Con detalles muy precisos, demostrando excelente memoria y conocimiento del tema, me dijo lo siguiente:

-Pablo, "La Escala del Novenario" en el mundo infernal y el tránsito del alma que ha sido condenada a transitar las 9 órdenes de espíritus malignos donde recibirá suplicios, es la siguiente: 1) Tentadores y espías. 2) Acusadores y Verdugos. 3) Furias sembradoras de males. 4) Poderes del aire.5) Brujos negros. 6)Vengadores de crímenes. 7) Vasos de iniquidad, 8) Espíritus mentirosos; y 9) Falsos Dioses.

En adición, Franklin, mencionó al poliglota Cornelio Agripa, autor de numerosos escritos relacionados con el alma y su tránsito.

Considero que hay otra clase de gente que merece nuestro desprecio. Me refiero a la siniestra oposición. A continuación copio la lista del programa que en esa ocasión hizo el periodista Daniel Lara Farías, acerca de las principales figuras políticas que despidieron a **"Cara E Crimen"** con mensajes cristianos de paz, porque apartando el incidente personal que tuvimos, reconozco sin egoísmo alguno, que él recogió las frases más elocuentes de la falsaria oposición. Veamos:

Leopoldo López: "Es la hora de la paz y la fraternidad. Mi condolencia a la familia y seguidores del Presidente".

Enrique Capriles R: "Mi solidaridad a toda la familia y seguidores del Presidente Hugo Chávez. Abogamos por la unidad de los venezolanos en este momento".

Julio Borges: "Sólo Venezuela unida puede enfrentar este momento difícil. Mi pésame a la familia y seguidores del Presidente Chávez".

María Corina Machado: "En mi nombre; y, en el de mi familia, envío mi condolencia a sus hijos, a la familia y a sus partidarios de Hugo Chávez".

Manuel Rosales: "ante el mandato divino, atrás quedó el pasado. Miremos alto al futuro. Paz a sus restos".

Ismael García: "Con el Presidente tuve encuentros y desencuentros, pero hay un problema humano, mi solidaridad y respeto a sus familiares y compañeros".

Juan Guaidó: "Que en paz descanse".

Henry Falcón: "Lamento de corazón, desde lo más profundo de mi alma, el fallecimiento del señor Presidente, mis palabras de condolencia. Paz a sus restos".

Y cierra en esta lista de los fariseos, corruptos   mercaderes de la política,

Henry Ramos Allup: "Los difuntos merecen respeto. Los vivos también".

Este último relato, es una de las conclusiones más fundamentales de esta obra. Representa el "Nudo Gordiano" de la historia política de la Venezuela contemporánea. El famoso nudo que, en el pueblo de Gordión, ningún viajero que pasaba por ahí pudo desatar, porque no tenía principio ni fin. Pero hubo un hombre que sí lo hizo tomando una decisión drástica, Alejandro Magno, el único que con el filo de su espada lo corta en dos. Por ello, no es mediante falsos procedimientos como vamos a desatar el "Nudo Gordiano del Narcoestado" que se presenta como un poderoso gigante. Un gigante bicéfalo que con una cabeza se alimenta con sangre de niños y la otra le lava la cara. Esa misma cabeza que bebe sangre destruye nuestra tierra y la otra oculta la destrucción. Esa misma cabeza monta el circo y la otra le sirve de payaso.

Vale recordar el ejemplo bíblico del humilde pastor David, quien con su honda de una pedrada derribó al gigante e invencible Goliat. Corresponde a los venezolanos realizar un esfuerzo supremo para derribar también al actual gigante bicéfalo; y, que el polvo que levante en su caída sirva para limpiar la sangre derramada por la tiranía, a fin de dar pasos hacia la libertad definitiva. Para la cual, invocamos a Dios Todopoderoso que nos guie hacia la gran batalla definitiva, por la libertad de Venezuela; y, con ella, la del Continente americano.

Justo, cuando comenzaba la fase de la diagramación de **CaraE'Crimen**, ocurrieron graves acontecimientos en nuestro país, que no podemos soslayar: el vil crimen del General en Jefe de Las Fuerzas Armadas Raúl Baduel; y la extradición de Saab a la justicia de Estados Unidos.

Capítulo XLII

Filtran una carta de Fidel a Chávez: "A los que se opongan siémbrales delitos"

A continuación transcribimos textualmente la carta enviada por Fidel Castro a Hugo Chávez:

Sabemos Hugo que para lograr acabar con el imperialismo yanqui tenemos que hacer las cosas bien. Los árabes ya están listos, Lula está trabajando en Brasil y Las FARC las has animado tú.

El pueblo del poder está muy cerca, los pobres son mayoría y tienen poca memoria, inyéctales desesperanza y acusa al pasado, a la democracia de todos los males, mantente en línea permanente con tu pueblo, identifícate con ellos, tu verbo es simple, eso les llega muy bien pues tiene la salsa que hace falta, emociónalos, tómalos en cuenta, aprende a manejar la IGNORANCIA, el verbo debe ser encendido, de autoridad y poder.

No te preocupes por los ricos y clase media, no son más que tu 80 % de pobres los que necesitas. Los ricos salen corriendo si les haces Buuuuuu... A los católicos les encantan las menciones de la Biblia o de Cristo, los católicos que son la mayoría en Venezuela no hacen nada con rezar sin acciones que no van a llegar a ninguna parte, son unos bobalicones, mientras la iglesia este dormida aprovecha, cuando decidan moverse ya estarás instalado, recuerda que la iglesia es guabinosa, sigue acusándola, los católicos sin liderazgo no son nadie y ningún curita va a reaccionar, hay dos o tres que quieren reventar pero sus superiores los acorralan.

Si ves algún sacerdote alebrestado, cómpralo, llámalo, gánatelo, si el pueblo cristiano se te revela ese será tu último día pero difícilmente vendrá. Los judíos en Venezuela no cuentan, los evangélicos son unos pobres pendejos y las demás religiones, para que nombrarlas.

Saca al Cristo, siempre habla en su nombre, recuerda que esto a mi medio excelentes resultados, incluye banderas y a Simón Bolívar cuando puedas, genera un nuevo nacionalismo, despierta el odio, divide a los venezolanos, esa etapa te da buenos dividendos, se eliminaran unos a otros, la violencia te ayudara también a instalarte más tarde a la fuerza, mientras tanto háblales de democracia y de constitución.

Pide dinero y compra la fidelidad mientras cumplan los objetivos, cuando logres lo quieres si se oponen o te aconsejan deséchalos, envíalos a las embajadas, dales dinero para que callen o sácalos del país para que la prensa no los utilice.

Por todos los medios mantén mayoría en la asamblea, mantén a tu lado como mínimo a la fiscalía y al tribunal.

Compra a todos los militares con ropa y equipo, todos lo que tengan comandos ponlos donde hay bastante dinero, CORRÓMPELOS para lograr fidelidad, a unos de ellos ponlos en la petrolera para que logres el control militar, en las guarniciones centrales necesitas poner a tu gente, ofrece cursos para cambiar a los indecisos de los puestos clave. Si logras de 200 a 300 militares de alto rango con comando de tropas eres indestructible, si tienes dudas de algunos ponlos aprueba, por ejemplo con un golpe simulado, ahí salen todos los traidores y todos los fieles. Es necesario controlar los medios de producción del estado, a los comerciantes les encanta el dinero, compra a los banqueros, a los grandes comerciantes y a los grandes constructores dales contratos, trabajos y facilidades para esta primera etapa.